经济发展对建设用地
集约利用的影响研究

——以安徽省为例

蔡 俊 著

中国农业出版社

北 京

图书在版编目（CIP）数据

经济发展对建设用地集约利用的影响研究：以安徽
省为例 / 蔡俊著. —北京：中国农业出版社，2022.7
ISBN 978-7-109-29733-3

Ⅰ.①经⋯ Ⅱ.①蔡⋯ Ⅲ.①城乡建设－土地利用－
研究－安徽 Ⅳ.①F299.275.4

中国版本图书馆 CIP 数据核字（2022）第 129554 号

中国农业出版社出版

地址：北京市朝阳区麦子店街 18 号楼
邮编：100125
责任编辑：张　丽
版式设计：杨　婧　　责任校对：刘丽香
印刷：北京中兴印刷有限公司
版次：2022 年 7 月第 1 版
印次：2022 年 7 月北京第 1 次印刷
发行：新华书店北京发行所
开本：700mm×1000mm　1/16
印张：12
字数：230 千字
定价：68.00 元

·前　言·

国家"十四五"规划明确了今后五年发展必须坚持新发展理念，在质量效益明显提升的基础上实现经济持续健康发展。经济持续较快发展使得建设用地供给压力凸显。自国家"十二五"规划要求经济发展降速到 7％开始，2012—2020 年经济增长速度降为年均6.5％（2005—2011 年经济增长速度年均为 11.1％），这标志着我国经济发展由速度型发展向质量型发展转变。在经济高质量发展目标下，基于加快转变经济发展方式，升级产业结构，创新发展新动力的战略部署，影响建设用地集约利用的经济发展各驱动力效应如何变化？其经济发展交互驱动力又如何变化？如何促进两者良好协调发展？同时，针对当前建设用地利用效益低下，如何进行建设用地集约利用？近年来，基于经济高质量发展目标下的建设用地集约利用研究已成为国内社会各界共同关注的重大课题。

2019 年 12 月，国家将安徽省全域纳入长江三角洲区域一体化发展，安徽迎来新的发展机遇；2021 年 4 月，国家审议通过了《关于新时代推动中部地区高质量发展的指导意见》。安徽是长江三角洲区域重要省份，是中部地区腹地，探究安徽建设用地集约利用，为经济高质量发展提供用地保障，实现"双赢"是落实国家发展战略的重要支撑，其实践意义无疑重大。

现有关于经济发展与建设用地集约利用互动影响的研究成果丰硕，为本研究提供了有益借鉴，但经济发展与建设用地集约利用互动影响的研究有待进一步深入。现有研究局限在于：一方面，聚焦于独立考察经济发展某一维度对建设用地集约利用的影响，难以全面反映经济发展对建设用地集约利用的影响效应；另一方面，虽然综合了经济发展的多个维度与建设用地集约利用的互动影响，但深入分析经济发展不同驱动力的影响效应研究欠缺，以致研究结论针对性不强。

鉴于：①经济发展过程中，经济增长、产业结构、技术进步三个维度是相互影响、共同作用的，以实现经济运行速度、质量、效益相统一的总体目标。在经济发展不同阶段，三个维度对建设用地集约利用的驱动力，在理论上必然存在差异，在实践上有必要比较分析不同经济发展阶段每一维度的作用机理与效应，以探究高质量发展目标下，促进建设用地集约利用的经济发展方向。②经济增长、产业结构与技术进步三个维度对建设用地集约利用具有明显的促进作用，但是三个维度不是以孤立方式存在的，而是相互影响、共同作用的，因此，有必要将经济发展三个维度作为一个"总"的系统，探测并比较分析在不同经济发展阶段，三个维度两两驱动力交互作用力大小，评价经济发展与建设用地集约利用协调发展水平，以指导两系统高质量协调发展。

因此，我国经济发展由速度型发展向质量型发展转变，有必要比较分析不同经济发展阶段经济发展对建设用地集约利用的影响效应，以探究基于高质量发展目标的促进建设用地集约利用对策。本书尝试系统构建经济发展三个维度对建设用地集约利用影响的分析框架。以安徽为实证区，按照"总—分—总"的逻辑思路，全面考察经济发展三个维度对建设用地集约利用的影响机理和作用规律。首先，基于"总"的逻辑思路，综合分析经济发展等四方面因素共同作用于建设用地集约利用的机理和过程，重点分析不同经济发展阶段经济发展的主导作用程度；其次，基于不同经济发展阶段，分别从经济增长、产业结构、技术进步三个维度对建设用地集约利用影响机理与效应进行针对性的深入比较分析和验证；最后，将经济发展三个维度作为一个"总"系统来考察其对建设用地集约利用的交互动态作用过程及经济发展与建设用地集约利用的协调发展时空特征，以启发经济发展与建设用地集约利用两系统良好协调发展。

本书的创新之处体现在两点：一是系统地构建经济发展三个维

度对建设用地集约利用影响的分析框架。二是分析视角与方法应用的创新：其一，基于城市间建设用地经济产出不平衡性视角，应用基尼系数测算安徽省 16 个城市间建设用地经济产出不平衡性的特征，进一步运用产业结构与产业集聚效应分解公式计算产业结构调整效应，验证理论分析，探究安徽产业结构调整方向。其二，相关文献与本书从经济发展的单维度视角对建设用地集约利用影响机理进行了分析与验证，而采用传统回归方法只能静态考察驱动力大小，本书应用地理探测器，不仅可以识别经济发展各驱动力大小，还可以在此基础上探测经济发展三个维度两两驱动力之间的交互动态作用，指导经济发展与建设用地集约利用良性协调发展。

著　者

2022 年 3 月

· 目　录 ·

第1章　绪论

本章在阐述研究背景和研究意义的基础上，简要地概述本书的研究目标与研究内容、研究方法与技术路线和研究创新等内容。

1.1　研究背景

1.1.1　经济持续较快发展使得建设用地供给压力凸显

合理利用土地和切实保护耕地是我国的七项基本国策之一。改革开放以来，我国经济发展成效显著，经济持续较快增长，但是随着快速推进的工业化、城市化，城市建设用地急剧扩张，大量良田被侵占，耕地面积不断减少。虽然我国经济发展步入高质量发展阶段，但是经济发展用地量攀升的势头不减。第三次全国国土调查结果显示，2019 年年末全国耕地面积为 19.18 亿亩（1 亩≈666.67 平方米）。自第二次全国国土调查以来，10 年间全国耕地面积减少了 1.13 亿亩，年均减少 0.113 亿亩。2000—2019 年，全国土地利用变更调查结果显示，城市建设用地面积由 2.09 万平方千米扩张到 5.83 万平方千米，年均扩张 0.19 万平方千米[①]。"保耕地、保发展"成为我国土地资源管理的重大战略方针。与此同时，建设用地的高能耗、高排放、低效利用等现象在一定程度上仍然存在，因此亟须开展相关研究，改变建设用地的低效利用现状，以实现建设用地集约利用与经济的高质量可持续发展。

1.1.2　新型城镇化快速发展倒逼建设用地集约利用途径探索

城镇化是发展的必经之路，也是社会进步的标志，我国城镇化率已经达到60.61%，2025 年预计达 65%。我国城镇化发展成效卓著，"十三五"期间实现了 1 亿农业转移人口落户城镇，但也暴露出诸多问题，如早期受片面追求国内生产总值（gross demestic product，GDP）、外延式扩张、"铺摊子"等急功近利思维的影响，出现了城市面积急剧扩张和人口膨胀等问题，直接导致建设用地利用粗放。2019 年年底，我国城市建设用地面积为 5.83 万平方千米，约是 1981 年的 8.11 倍；城市扩展系数（用地增长率/人口增长率）达 2.37，远

---

① 相关数据由国家统计局官方网站数据整理而得。

远高于国际 1.12 的理想系数。2019 年，我国人均 GDP 不足德国、英国、美国等国家的 1/6，地均 GDP 远低于韩国、日本、英国[①]。我国"以人为本"的新型城镇化战略实施处在关键时期：一方面需要保耕地，另一方面需要保障建设用地供给，促进新型城镇化顺利推进，这倒逼各地探索建设用地集约利用途径。因此，提升城市建设用地集约利用度，增加建设用地供给是我国当前可持续发展和绿色城镇化的紧急任务之一。

1.1.3 经济高质量发展助推建设用地利用方式转变

改革开放以来，我国经济增长总量成效显著，一跃成为世界第二大经济体。1979—2011 年，我国经济年均增长 9.7%，高于同阶段的世界各国平均水平。自"十二五"规划纲要确定经济发展速度为 7% 开始，2012—2020 年我国经济增长速度降为年均 6.5%（2020 年为 2.3%），这标志着我国经济发展由速度型发展向质量型发展转变，强调适当速度、高质量、优结构、新驱动力与高效益的高质量发展方式，同时注重集约利用资源（土地）和保护环境，贯彻绿色发展理念，保障可持续发展能力[②]。这不仅为我国加快转变经济发展方式，升级产业结构，驱动创新创造了宽松有利的环境，还为助推建设用地利用方式转变创造了有利条件，要求人们以新发展理念看待建设用地供给途径与利用方式，制定出符合国情的科学的建设用地利用政策。在新的经济形势下，人们会提出以下问题：影响建设用地集约利用的经济发展各驱动力效应如何变化？其经济发展交互驱动力如何变化？如何促进两者良好协调发展？同时，针对当前建设用地利用效益低下情况，如何进行建设用地集约利用？因此，近年来，基于经济高质量发展目标下的建设用地集约利用研究已成为国内社会各界研究学者共同关注的重大课题。

1.1.4 安徽经济发展与建设用地集约利用协调发展迎来新机遇与挑战

2019 年 12 月 1 日，中共中央、国务院发布的《长江三角洲区域一体化发展规划纲要》将安徽省全域纳入长江三角洲区域一体化发展，2021 年 3 月 30 日，中共中央、国务院审议通过了《关于新时代推动中部地区高质量发展的指导意见》，使安徽迎来新的发展机遇。在科技创新策源地建设、新兴产业聚集地建设、绿色发展样板区建设、生态环境共保联治与政务服务一体化建设等众多一体化发展目标下，安徽确立城市"承接江苏、浙江的产业转移，让市场空间更大，增强产业之间的协同、分工、配套能力，尤其是利用先进技术来改造

① 相关数据由国家统计局官方网站数据整理而得。
② 中华人民共和国国民经济和社会发展第十四个五年规划和 2035 年远景目标纲要。

传统产业"的目标。但是,其应如何腾出空间承接产业转移,如何优化国土空间布局促一体化战略实施呢? 这对安徽的建设用地集约利用提出了新的挑战:一方面,不能因为土地问题制约经济发展;另一方面,经济发展不能以牺牲土地作为代价。安徽是长江三角洲区域的重要省份,是中部地区腹地,探究安徽的建设用地集约利用,为经济高质量发展提供用地保障,是落实国家发展战略的重要举措,其实践意义极为重大。因此,探讨经济发展中的经济增长、产业结构、技术进步建设用地集约利用的作用机理与效应,对科学制定建设用地利用的指导方针与政策,加快推进建设用地利用方式转变,助推经济发展方式转变,引导经济发展与建设用地集约利用两个系统良性协调发展具有重要实践指导意义。

1.2　研究意义

1.2.1　理论意义

开展经济发展对建设用地集约利用影响研究的理论意义是创新理论分析框架、拓展分析视角与丰富研究方法。创新理论分析框架是指系统地构建经济发展三个维度(经济增长、产业结构、技术进步)对建设用地集约利用影响的分析框架,全面考察经济发展三个维度对建设用地集约利用的影响机理和作用规律。应用岭回归模型研判经济发展主导作用、协整理论考察经济增长与建设用地扩张动态作用过程、Malmquist 指数模型分解建设用地经济产出的技术进步效率、协调发展度模型评价两者协调发展度、重心转移模型与空间相关性模型分析两者空间特征,在此基础上,进一步拓展分析视角与丰富研究方法:①基于城市间建设用地经济产出不平衡性视角,应用基尼系数测算城市间建设用地经济产出不平衡性特征,进一步运用产业结构与产业集聚效应分解公式计算产业结构调整效应;②应用地理探测器,不仅可以识别经济发展各驱动力大小,还可以在此基础上探测经济发展三个维度两两驱动力之间的交互动态作用,指导两系统良性协调发展。

1.2.2　实践意义

(1) 高质量发展目标下的建设用地集约利用研究有利于贯彻新发展理念。高质量发展是 2017 年党的十九大首次提出的表述,表明我国经济发展由高速增长阶段转向高质量发展阶段;2021 年的两会(中华人民共和国第十三届全国人民代表大会第四次会议和中国人民政治协商会议第十三届全国委员会第四次会议)时期,习近平总书记强调"高质量发展"意义重大,提出"建立健全绿色低碳循环发展的经济体系",为新时代下的高质量发展指明了方向,同时也提出了一个极为重要的时代课题。在实际中，我国自 2012 年开始降低经济增长速度，为高质量发展创造宽松有利的环境。因此，本书研究认为，自 2012 年开始，中国经济发展由高速增长阶段转向高质量发展（启动）阶段。研判高质量发展目标下的经济发展与建设用地集约利用的作用效率、协调发展特征，不仅有利于贯彻新发展理念，还可以实现建立健全绿色低碳循环发展的经济体系，引导两系统良性协调发展。

（2）安徽经济发展与建设用地集约利用协调发展是落实国家发展战略的重要支撑，可以为其他中部地区两系统良性协调发展提供有益参考。

1.3　研究目标与研究内容

1.3.1　研究目标

本书以建设用地集约利用为研究对象，以安徽省为实证区，研判不同经济发展阶段的经济发展对建设用地集约利用的影响程度；构建计量模型，探究不同经济发展阶段的经济增长、产业结构、技术进步对建设用地集约利用的影响机理、规律与程度；探测不同经济发展阶段经济发展三个维度两两驱动力之间的交互动态作用程度；评价经济发展与建设用地集约利用的协调发展度，分析两者相互作用呈现的空间特征，指导两者之间良性协调发展；提出经济高质量发展目标下促进建设用地集约利用的政策建议。

1.3.2　研究内容

本书的具体研究内容如下。

（1）经济发展对建设用地集约利用的影响机理。经济发展与资源禀赋、政策、生态环境等因素共同作用于建设用地集约化利用过程，在理论分析以上因素对建设用地集约利用影响的基础上，运用安徽省 2000—2019 年的时间序列数据实证探讨这些因素对建设用地集约利用的作用程度，重点研判不同经济发展阶段经济发展对建设用地集约利用的作用程度。

（2）经济增长对建设用地集约利用的影响分析。本书按照"演绎归纳—机理分析—途径—实证检验"的逻辑思路研究分析经济增长对建设用地集约利用的影响。①"演绎"经济增长与建设用地集约利用过程与特征，"归纳"两者的互动变化规律。②从投入角度进行经济增长影响建设用地集约利用的"机理分析"。③进一步具体讨论不同的经济增长速度与方式——两个"途径"对建设用地利用方式、建设用地管理方式与配置方式的影响。④"实证检验"两者的全过程动态关系，应用协整理论，基于向量自回归（vector autoregression，VAR）模型进行 Granger（格兰杰）因果检验、向量误差修正（vector error correction，VEC）模型、脉冲响应函数（impluse response function，IRF）和方差分析反映两者的不同经济发展阶段全过程动态关系，探究安徽省经济增长与建设用地集约利用协调发展的对策。

（3）产业结构调整对建设用地集约利用的影响分析。本书按照"演绎归纳—机理分析—途径—实证检验"的逻辑思路研究分析产业结构调整对建设用地集约利用的影响。首先，"演绎"产业结构调整与建设用地集约利用过程与特征，"归纳"两者的互动变化规律。其次，依据主导产业理论进行"机理分析"。再次，从产业结构优化、产业集聚两个"途径"论述产业结构调整对建设用地集约利用的影响。最后，基于安徽省 16 个城市之间建设用地的经济产出不平衡性视角，应用基尼系数测算安徽省 16 个城市 2000—2019 年的建设用地经济产出不平衡性特征，进一步运用产业结构与产业集聚效应分解公式测算产业结构调整效应，研判不同经济发展阶段产业结构调整效应，验证理论分析机理，探究安徽产业结构调整方向。

（4）技术进步对建设用地集约利用的影响分析。本书按照"影响因素—机理分析—途径—实证检验"的逻辑思路研究分析技术进步对建设用地集约利用的影响。首先，从技术进步环境、技术创新（广义技术进步）能力、技术转移（扩散）能力、技术产出绩效四个"影响因素"角度分析技术进步对建设用地利用的影响。其次，从集聚效应、要素替代效应与产业结构调整和优化角度进行技术进步影响建设用地集约利用的"机理分析"。再次，进一步具体讨论技术进步的两个"途径"（技术创新、技术扩散）对建设用地集约利用的影响。最后，基于 Malmquist 指数"实证检验"2000—2019 年安徽省建设用地集约利用效率、规模效率、技术扩散效率、技术创新效率贡献，验证理论分析机理，探究安徽省的技术进步方向。

（5）安徽经济发展与建设用地集约利用协调发展空间特征。本书将经济发展三个维度作为一个"总"的系统，分析其与建设用地集约利用系统的作用过程与时空特征。首先，在介绍安徽经济发展与建设用地集约利用现状基础上，构建衡量两系统的发展水平指标体系与权重，评价两系统发展水平。其次，借助地理探测器探测不同经济发展阶段经济发展三个维度两两驱动力交互作用力大小。最后，构建协调度与协调发展度模型，评价两者协调发展时空特征，构建重心转移模型与空间自相关模型，分析两者空间特征，探究两系统的良性协调发展。

（6）政策建议。基于研究结论，本书提出经济高质量发展目标下促进建设用地集约利用的政策建议。

1.4　研究方法与技术路线

1.4.1　研究方法

本书的研究主要采用定性分析与定量分析、规范研究与实证研究、系统研究与要素研究相结合的研究方法，具体如下。

（1）定性分析与定量分析相结合。本书研究采用定性分析与定量分析相结合的方法对经济发展水平与建设用地集约利用关系等进行研究。定性分析经济发展等四方面因素共同作用于建设用地集约利用的过程；定性分析经济发展三个维度对建设用地集约利用的影响机理。定量分析方法主要包括岭回归模型、协整理论、Malmquist指数模型、协调发展度模型、地理探测器、重心转移模型与空间相关性模型等。

（2）规范研究与实证研究相结合。基于经济发展等四方面因素，规范分析其共同作用于建设用地集约化利用的过程并实证检验影响效应；实证评价经济发展与建设用地集约利用协调发展度、驱动力之间的交互动态作用、空间特征等。

（3）系统研究与要素研究相结合。本书系统地构建了经济发展三个维度对建设用地集约利用影响的分析框架，按照"总—分—总"的逻辑思路全面考察经济发展三个维度对建设用地集约利用的影响机理和作用规律。首先，系统分析经济发展等四个因素共同作用于建设用地集约化利用的机理过程。其次，分别从三个维度对建设用地集约利用影响机理与效应进行针对性的深入分析验证。最后，将经济发展三个维度作为一个总系统，考察其对建设用地集约利用的交互动态作用过程，以及二者之间的协调发展时空特征。

1.4.2　分析框架

1. 研究逻辑

本书按照"问题提出—分析问题—解决问题"的逻辑，分五个层次展开研究，具体如下。

第一个层次——构建研究框架。从现实与理论研究的必要性出发，基于核心概念的内涵，创新性地系统构建经济发展对建设用地集约利用影响的分析框架。①通过提出现实问题与国内外相关研究梳理，明确现实与理论的研究必要性。②明确实现经济发展过程是经济发展三个维度功能结合的结果，该循环经济发展系统中包含三个重要动力要素（三个维度）的相互作用和联系过程，即经济增长、产业结构与技术进步，从而创新性地系统构建经济发展对建设用地集约利用影响机理的分析框架。按照"总—分—总"的逻辑思路，全面考察经济发展对建设用地集约利用的影响机理和作用规律。

第二个层次——研判经济发展对建设用地集约利用的作用程度。基于"总"的逻辑思路，综合分析经济发展等四个因素共同作用于建设用地集约化利用的机理过程，重点研判经济发展对建设用地集约利用的作用程度，为后述内容中的单维度与综合维度分析验证两者作用机理提供依据。

第三个层次——经济发展单维度对建设用地集约利用影响机理与效应。分别从经济增长、产业结构、技术进步三个维度角度对建设用地集约利用的影响机理与效应进行有针对性的深入分析、验证。

第四个层次——经济发展对建设用地集约利用协调发展时空特征。将经济发展的三个维度作为一个"总"系统，考察其对建设用地集约利用的交互动态作用过程，以及二者之间的协调发展时空特征，以指导二者之间的协调发展。

第五个层次——提出基于经济高质量发展的建设用地集约利用的政策建议。

2. 分析框架

本书研究内容的分析框架如图 1-1 所示。

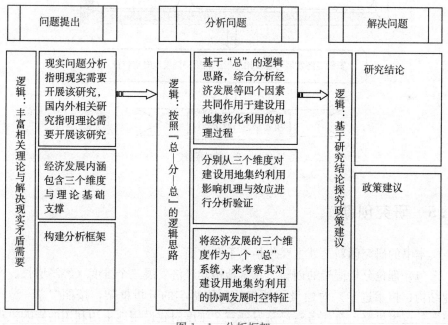

图 1-1 分析框架

1.4.3 技术路线

本书所采用的技术路线如图 1-2 所示。

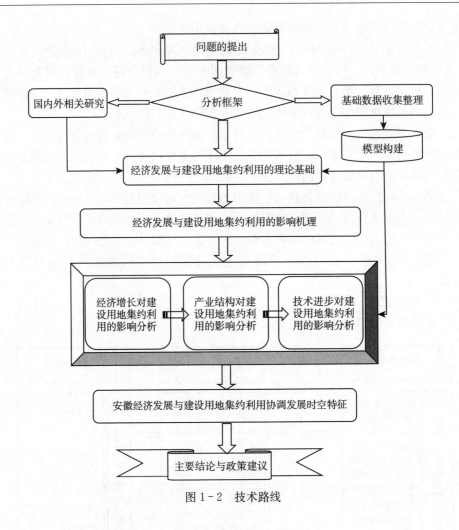

图 1-2 技术路线

1.5 研究创新

本书的研究创新之处主要包括以下两方面。

（1）理论分析框架的创新。系统地构建经济发展三个维度（经济增长、产业结构、技术进步）对建设用地集约利用影响的分析框架，按照"总—分—总"的逻辑思路，全面考察经济发展三个维度对建设用地集约利用的影响机理和作用规律。①基于"总"的逻辑思路，综合分析经济发展、资源禀赋、政策、生态环境四个因素共同作用于建设用地集约利用的机理过程，重点研判不同经济发展阶段经济发展对建设用地集约利用的作用程度，为后文单维度与综合维度分析验证两者作用机理提供依据；②分别从经济增长、产业结构、技进步三个维度对建设用地集约利用的影响机理与效应进行有针对性的深入分析验证；③将经济发展的三个维度作为一个"总"系统，考察其对建设用地集约利用的交互动态作用过程与二者之间的协调发展时空特征，以验证相关理论分析、指导二者之间的协调发展。

（2）分析视角与方法应用的创新。①基于城市间建设用地经济产出不平衡性视角，应用基尼系数测算安徽省 16 个城市之间建设用地的经济产出不平衡性特征，进一步运用产业结构与产业集聚效应分解公式计算产业结构调整效应，验证相关理论分析，启示安徽产业结构调整方向。②国内外相关研究与本书研究从经济发展的单维度视角对建设用地集约利用的影响机理进行了分析与验证。一般，传统回归方法只能静态考察驱动力大小，而本书的研究应用地理探测器，不仅可以识别经济发展各驱动力大小，还可以在此基础上探测经济发展三个维度两两驱动力之间的交互动态作用，以验证相关理论分析、指导经济发展与建设用地集约利用之间的协调发展。

第 2 章 经济发展对建设用地集约 利用的国内外相关研究

为了阐述本书研究的必要性和创新之处，本章将对目前国内外相关研究涉及的文献资料进行梳理与分析。从国内外相关研究来看，关于建设用地集约利用和经济发展的探讨主要体现在三个方面，即建设用地集约利用研究、经济发展研究、经济发展对建设用地集约利用影响研究。因此，本章主要从以上三个方面进行具体分析。

2.1 建设用地集约利用研究

2.1.1 国外研究

国外学者对建设用地集约利用的关注和研究是从对农业用地的集约利用开始的，并逐渐过渡到城市用地和工业用地的集约利用。在研究农业地租问题时，古典经济学家安特生（J. Anderson）、杜尔格（R. J. Turgot）、李嘉图（D. Ricardo）和魏斯特（E. West）等发现报酬递减规律在农业用地集约耕作中也同样存在，即通过农业用地的集约利用产生了级差地租。对此，马克思进一步深化了之前学者的研究成果，并对集约利用做出了自己的界定，即农业土地耕作集约化是指资本集中在同一土地上[①]。

最早提出农业区位论的是德国经济学家杜能（J. H. Thunen），他将农业土地集约利用和空间布局联系起来进行研究，并提出"农业土地利用的合理集约度是随着土地区位地租高低即距离市场远近配置的"观点。随后，与农业区位论相对应的是工业区位论，由德国经济学家韦伯（A. Weber）在其著作《工业区位论》中进行详细阐述。其主要观点如下：由于运输成本、劳动力成本和集聚因素的存在，工业用地的配置应遵循生产费用最小的原则，以集中体现土地利用的集约程度。

最早对建设用地、农业用地等集约利用原理进行深入、全面阐述的是美国著名土地经济学家伊利（R. T. Ely）和莫尔豪斯（E. W. Morehous）。他们的

---

① 马克思. 资本论 [M]. 北京：人民出版社，1975.

主要研究思想和理论精华集中于 20 世纪初期发表的著作《土地经济学原理》，提出"地价昂贵的第一个后果是，使人们不得不注重土地利用的效益，即更加集约利用土地"①。此后，有不同的学者从不同的角度对建设用地集约利用理论进行了研究。例如，巴洛维（R. Barlowe）从投入产出关系的角度研究了建设用地、农业用地的集约利用。一方面，由于不同的土地利用类型，其投入产出具有差异；另一方面，对于特定用途土地而言，由于其特定的用途和利用能力，产生的投入产出具有差异。

随着各国工业化、城镇化的发展，建设用地迅猛扩展，威胁到粮食安全，那种依赖资源和环境的发展模式日益受到人们的诟病。特别是 20 世纪中叶以后，这种人口、资源和环境问题逐渐被世界所重视。学界和政府部门对这种传统发展模式进行了深入的反思，在此基础上，可持续发展理念逐渐被社会所接受。可持续发展模式注重的是人与自然、人与人之间的和谐。它不仅是建立在人口、资源、社会、经济、环境互相协调上的一种发展模式，而且既能够相对满足当代人的发展需求，又不对后代人的发展造成危害（Concepción E. et al.，2016②）。

国外学者同样对建设用地集约利用的内涵、评价指标与评价方法等开展了广泛研究。

（1）关于建设用地集约利用内涵。"建设用地集约利用不仅要追求纯经济效益，社会和环境成本也是必须考虑的要素，这是宏观层面的目标；同时配置的结构与边际效率是具体的微观目标"③④⑤⑥。

（2）评价指标。其研究逐步从产出、投入等单一指标研究转变为综合经

①　ELY R T，MOREHOUSE E W. Elements of land economies [M]. New York：The Macmillan Company，1924.

②　CONCEPCIÓN E D，OBRIST M K，MORETTI M，et al. Impacts of urban sprawl on species richness of plants，butterflies，gastropods and birds：not only built-up area matters [J]. Urban Ecosystems，2016，19 (1)：225-242.

③　BURCHELL R W，LISTOKIN D，GALLEY C C. Smart growth：more than a ghost of urban policy past，less than a bold new horizon [J]. Housing policy debate，2000，11 (4)：821-879.

④　KONO T，KANEKO T. Necessity of a minimum floor area ratio regulation：a second-best policy [J]. The annals of regional science，2008 (8)：1-17.

⑤　JOSHI K K，KONO T. Optimization of floor area tation regulation in a growing city [J]. Regional science and urban economics，2009，39 (4)：502-511.

⑥　ZHU J M. The impact of industrial land use policy on industrial change [J]. Land use policy，2000，17 (1)：21-28.

济、社会和环境因素的多指标测度体系研究①②③④⑤。

（3）评价方法，涉及综合因素评价⑥、回归分析模型⑦和数据包络分析⑧等。总体上，国外关于建设用地集约利用的内涵、评价指标与研究方法基本与国内主流观点与方法一致。

2.1.2　国内研究

国内对建设用地集约利用的研究主要集中在建设用地集约利用内涵、评价、驱动力和途径四个方面，相关研究的文献资料非常多。

1. 建设用地集约利用的内涵

学者对建设用地集约利用的内涵研究也是逐渐发展起来的，目前基本达成共识。在研究初期，人们较为侧重从投入产出角度对建设用地利用是否集约进行评判，即认为对建设用地集约利用就是一种通过增加土地投入以获取更多产出的土地开发经营方式⑨⑩。

在研究后期，学者逐步认识到在建设用地利用中，综合考虑社会、经济

①　OSMAN T，DIVIGALPITIYA P，ARIMA T. Driving factors of urban sprawl in Giza Governorate of Greater Cairo metropolitan region using AHP method [J]. Land use policy，2016，58：21 - 31.

②　FERNANDEZ MILAN B，CREUTZIG F. Municipal policies accelerated urban sprawl and public debts in Spain [J]. Land use policy，2016，54：103 - 115.

③　PENG C，XIAO H，LIU Y，et al. Economic structure and environmental quality and their impact on changing land use efficiency in China [J]. Frontiers of earth science，2017，11（2）：372 - 384.

④　LU X，KUANG B，LI J. Regional difference decomposition and policy implications of China's urban land use efficiency under the environmental restriction [J]. Habitat international，2018，77：32 - 39.

⑤　XIE H，CHEN Q，LU F，et al. Spatial - temporal disparities and influencing factors of total - factor green use efficiency of industrial land in China [J]. Journal of cleaner production，2019，207（1）：1047 - 1058.

⑥　EWING R，HAMIDI S，GRACE J B. Urban sprawl as a risk factor in motor vehicle crashes [J]. Urban studies，2016，53（2）：247 - 266.

⑦　FREGOLENT L，TONIN S. Local public spending and urban sprawl：analysis of this relationship in the veneto region of italy [J]. Journal of urban planning and development，2016，142（3）.

⑧　DADI D，AZADI H，SENBETA F，et al. Urban sprawl and its impacts on land use change in Central Ethiopia [J]. Urban forestry & urban greening，2016，16：132 - 141.

⑨　马克伟. 土地大辞典 [M]. 长春：长春出版社，1991.

⑩　宋春华. 房地产大辞典 [M]. 北京：红旗出版社，1993.

及生态综合效益的才是科学、全面的内涵阐释[1][2][3][4][5][6]；随着基于不同研究视角与侧重点开展的建设用地集约利用研究，越来越多的新发展理念嵌入其内涵，如建设用地集约利用应结合转变经济发展方式[7][8]、循环经济模式[9]、低碳发展[10]、最优集约[11]、生态服务价值功能[12][13]与高质量发展[14][15]等理念与目标。

需要指出的是，关于建设用地集约利用的观点也存在较大差异，主要包括建设用地集约利用[16]、城市土地集约利用[17]、城乡土地集约利用[18]、土地集

① 吴次芳，宋戈. 土地利用学 [M]. 北京：科学出版社，2009.

② 李景刚，张效军，高艳梅，等. 基于改进熵值模型的城市土地集约利用动态评价 [J]. 地域研究与开发，2012，31（4）：118 - 123.

③ 卢新海，陈丹玲，匡兵. 区域一体化对城市土地利用效率的影响：以武汉城市群为例 [J]. 城市问题，2018（3）：19 - 26.

④ 谭勇，徐文海，韩啸，等. 新时代区域建设用地节约集约利用评价：以长沙梅溪湖国际新城为例 [J]. 经济地理，2018，38（9）：200 - 205.

⑤ 张雯熹，吴群，王博，等. 产业专业化、多样化集聚对城市土地利用效率影响的多维研究 [J]. 中国人口·资源与环境，2019，29（11）：100 - 110.

⑥ 刘书畅，叶艳妹，肖武. 基于随机前沿分析的中国城市土地利用效率时空分异研究 [J]. 中国土地科学，2020，34（1）：61 - 69.

⑦ 王少剑，王泽宏. 经济转型背景下长三角城市用地扩张及影响因素的时空差异 [J]. 自然资源学报，2021，36（4）：993 - 1007.

⑧ 田文佳，程宇丹，龚六堂. 基于土地视角的中国城乡结构转型与经济增长 [J]. 经济学（季刊），2021，21（3）：909 - 930.

⑨ 王亮. 循环经济视角下的盐城市土地利用可持续发展研究 [J]. 环境科学与管理，2014，39（11）：156 - 160.

⑩ 周勇，赵伟. 西安市土地利用结构碳排放核算及低碳优化研究 [J]. 生态经济，2018，34（5）：21 - 25.

⑪ 杨俊，黄贤金，王占岐，等. 新时代中国城市土地集约利用若干问题的再认识 [J]. 中国土地科学，2020，34（11）：31 - 37.

⑫ 薛婧妍，刘耕源. 城市生态系统能—水—食物—土地—气候的"物理量与政策效果"双维耦合研究综述 [J]. 应用生态学报，2018，29（12）：4226 - 4238.

⑬ 王玉波，王静. 土地财政模式生态成本形成机理及规模估算：以辽宁省为例 [J]. 南京农业大学学报（社会科学版），2021，21（5）：138 - 151.

⑭ 曲福田，马贤磊，郭贯成. 从政治秩序、经济发展到国家治理：百年土地政策的制度逻辑和基本经验 [J]. 管理世界，2021，37（12）：1 - 15.

⑮ 孙欣，姜海，姜怡航. 建设用地管控对经济增长质量的影响：基于 2005—2017 年省级面板数据实证分析 [J]. 中国土地科学，2021，35（11）：52 - 60，122.

⑯ 谭勇，徐文海，韩啸，等. 新时代区域建设用地节约集约利用评价：以长沙梅溪湖国际新城为例 [J]. 经济地理，2018，38（9）：200 - 205.

⑰ 朱志远，苗建军. 城市土地集约利用的空间极化特征、不均衡性与空间收敛性分析 [J]. 统计与决策，2018，34（18）：131 - 135.

⑱ 黄德辉. 新常态下的城乡土地节约集约利用思考 [J]. 国土资源情报，2016（8）：31 - 35.

约利用[①]、城镇土地集约利用[②]、建成区土地集约利用[③]等。从研究的范畴来看，以上观点均是指建设用地的集约利用，另有其他界定说明的除外。

2. 建设用地集约利用的评价

从研究的内容上来看，建设用地集约利用的评价主要集中在评价方法的选取、评价指标体系构建和评价技术方面。评价方法主要包括层次分析法（analytic hierarchy process，AHP 法）[④]、专家调查法（特尔菲法）[⑤]、主成分分析法[⑥⑦]、模糊综合评价法[⑧⑨]、熵值法[⑩⑪]、神经网络法[⑫⑬]、聚类分析[⑭⑮]、

① 熊鹰，陈云，彭芬，等. 基于土地集约利用的长株潭城市群建设用地供需仿真模拟（英文）[J]. 地理学报（英文版），2019，29（8）：1346-1362.

② WANG J Y，SUN K S，NI J P，et al. Evaluation and factor analysis of the intensive use of urban land based on technical efficiency measurement：a case study of 38 districts and counties in Chongqing，China [J]. Sustainability，2020，12（20）：1-19.

③ 蔡俊，项锦雯，董斌. 基于省域面板数据的中国城镇化与土地集约利用动态关系研究 [J]. 江淮论坛，2016（3）：19-27.

④ YE L，HUANG X，YANG H，et al. Effects of dual land ownerships and different land lease terms on industrial land use efficiency in Wuxi City，East China [J]. Habitat international，2018，78：21-28.

⑤ ZHU X H，ZHANG P F，WEI Y G，et al. Measuring the efficiency and driving factors of urban land use based on the DEA method and the PLS-SEM model：a case study of 35 large and medium-sized cities in China [J]. Sustainable cities and society，2019，50：101646.

⑥ 范辉，王立，周晋. 基于主成分分析和物元模型的河南省城市土地集约利用对比研究 [J]. 水土保持通报，2012，32（3）：160-169.

⑦ XIE H，CHEN Q，LU F，et al. Spatial-temporal disparities and influencing factors of total-factor green use efficiency of industrial land in China [J]. Journal of cleaner production，2019，207（1）：1047-1058.

⑧ 宋戈，崔登攀，陈红霞. 有色金属资源城市土地集约利用评价研究：以安徽省铜陵市为例 [J]. 经济地理，2009，29（2）：280-283.

⑨ 储旭辉，严菁辰. 基于模糊综合评价法的江苏沿江经济带土地集约利用评价 [J]. 湖北农业科学，2017，56（16）：3187-3192.

⑩ 张吉庆. 基于熵值法的城市土地集约利用评价：以四川省为例 [J]. 农村经济与科技，2021，32（12）：25-27.

⑪ 董捷，陈星，安录. 基于"三生"功能的长江中游城市群土地集约利用空间差异研究 [J]. 华中农业大学学报（社会科学版），2017（6）：110-117.

⑫ 陈丹玲，李菁，胡碧霞. 长江中游城市群城市土地利用效率的空间关联特征 [J]. 城市问题，2018（9）：55-64.

⑬ 卢新海，陈丹玲，匡兵. 区域一体化对城市土地利用效率的影响：以武汉城市群为例 [J]. 城市问题，2018（3）：19-26.

⑭ 闫昊生，孙久文，张泽邦. 中国城市建设用地供应的时空演变分析 [J]. 城市发展研究，2021，28（9）：42-49，2.

⑮ 戚丽萍，闫丹丹，李静泰，等. 江苏省生态系统服务价值对土地利用/土地覆盖变化的动态响应 [J]. 北京师范大学学报（自然科学版），2021，57（2）：255-264.

DEA 法[1][2]、综合评价法[3][4]等。

　　建设用地集约利用的评价指标体系一直是学者研究的重点，至今仍然没有达成一致共识。这主要是建设用地集约利用的内涵具有复杂性，以及我国地区发展状况及资源禀赋具有差异性，因此建立一套适合全国的评价指标体系存在较大困难。另外，不同学者运用不同的理论和基于不同的角度，得出的结论肯定也会有所差异。祝小迁等[5]将评价指标体系分为"集约—高效—协调"指标体系、"经济—社会—生态"指标体系、"投入—产出"指标体系；李欣等[6]分别对居住功能区、商业功能区、工业功能区的土地利用程度、土地利用强度、土地利用效益进行集约利用程度进行分析；赵会顺等[7]从"经济—社会—生态"3 个方面选取 19 项指标构建土地集约利用评价指标体系；张俊峰和董捷[8]、黄林秀和何建[9]、张转等[10]、谭勇等[11]、谢语秋等[12]从不同空间（宏观、中观和微观）层次角度构建城市土地集约利用的评价指标体系：宏观层次评价的评价对象是整个城市，评价指标主要包括城市土地合理利用程度、土地利用效率和土地利用可持续度等指标；中观层次评价是以功能有所差异的城市分区为评价对象，依据不同的功能分别设计与其相匹配的评价指

　　① 张俊峰，董捷 . 基于"两型社会"的武汉城市圈土地集约利用评价 [J]. 中国人口·资源与环境，2012，22（1）：111-116.

　　② CAO X，LIU Y，LI T，et al. Analysis of spatial pattern evolution and influencing factors of regional Land Use efficiency in China Based on ESDA-GWR [J]. Scientific Reports. 2019，9（520）.

　　③ 尹君，谢俊奇，王力，等 . 基于 RS 的城市土地集约利用评价方法研究明 [J]. 自然资源学报，2007，22（5）：775-782.

　　④ 孙小祥，秦艺娟 . 基于 PSR 模型的城市土地集约利用评价研究：以苏州市为例 [J]. 西南大学学报（自然科学版），2021，43（4）：100-108.

　　⑤ 祝小迁，程久苗，王娟，等 . 近十年我国城市土地集约利用评价研究进展 [J]. 现代城市研究，2007（7）：69-75.

　　⑥ 李欣，方斌，施龙博，等 . 基于集对分析法的城市土地利用集约水平研究：以南京市江宁区为例 [J]. 南京师大学报（自然科学版），2018，41（1）：130-139，148.

　　⑦ 赵会顺，陈超，高素芳 . 城市土地集约利用评价及驱动因子分析 [J]. 西南大学学报（自然科学版），2019，41（5）：112-119.

　　⑧ 张俊峰，董捷 . 基于"两型社会"的武汉城市圈土地集约利用评价 [J]. 中国人口·资源与环境，2012，22（1）：111-116.

　　⑨ 黄林秀，何建 . 基于地块尺度的都市核心区城市土地集约利用评价研究：以重庆市渝中区为例 [J]. 西南大学学报（自然科学版），2015，37（6）：81-88.

　　⑩ 张转，卫新东，郭树延，等 . 城市建设用地集约度测评及空间分异特性研究 [J]. 水土保持研究，2017，24（5）：314-320.

　　⑪ 谭勇，徐文海，韩啸，等 . 新时代区域建设用地节约集约利用评价：以长沙梅溪湖国际新城为例 [J]. 经济地理，2018，38（9）：200-205.

　　⑫ 谢语秋，唐旭，胡石元，等 . 边境城市的建设用地集约利用评价：以凭祥市为例 [J]. 测绘地理信息，2018，43（2）：48-52.

标体系。微观层次的评价对象则是具体地块，评价指标也主要是微观方面的，如容积率、建筑密度和经济产出等。在前人研究的基础上，张琳等[1]应用空间自相关 Moran's I（莫兰指数）表示空间相邻地区的土地资源尾效的相似程度。谷秀兰等[2]以海口市为例，开展土地集约利用研究，采用"人口增长耗地指数""经济增长耗地指数"评价城市建设用地；许多学者在构建土地集约利用的评价指标体系时，虽然存在一定的差异，但是从总体上来看又趋于一致。

相对于建设用地集约利用的评价指标体系而言，建设用地集约利用的评价技术手段相对较为具体，学者主要利用 3S［遥感技术（remote sensing，RS）、地理信息系统（geography information systems，GIS）、全球定位系统（gobal positioning systems，GPS）］技术，并借助数据库及计算机技术提供新的有效手段。例如，任远辉等[3][4]借助于兴趣点（point of interest，POI）数据挖掘能力应用建设用地集约评价；杨大兵等[5]在 GIS 组件技术和空间数据库等技术的基础上，建立了 C/S 结构；董捷等[6]、徐惠孝和刘艳军[7]、王旭熙等[8]、闫昊生等[9]引入 GIS、探索性空间数据分析（exploratory spatial data analysis，ESDA）等地理信息模型进行建设用地集约利用的评价，设计了基于遥感和地理信息系统的城市建设用地集约利用评价的技术路线；程歆等[10]利用夜间灯光遥感数据和城市建城区统计数据进行城市土地集约利用研究；等等。

① 张琳，许晶，王亚辉，等. 中国城镇化进程中土地资源尾效的空间分异研究 [J]. 中国土地科学，2014，28（6）：30-36.
② 谷秀兰，韦仕川，黄朝明，等. 基于多指数的城市建设用地集约利用评价：以海口市为例 [J]. 江西农业大学学报，2015，27（10）：119-124.
③ 任远辉，郭雯，陈伟强，等. 基于层次分析法的建设用地集约节约效益研究：以商丘市为例 [J]. 中国农学通报，2016，32（26）：87-91.
④ 任远辉. POI 数据挖掘在建设用地节约集约利用评价中的应用 [D]. 郑州：河南农业大学，2017.
⑤ 杨大兵，陈建平，王凤，等. 基于 GIS 的城镇土地集约利用潜力评价研究 [J]. 安徽农业科学，2009，37（34）：17254-17157.
⑥ 董捷，陈星，张安录. 基于"三生"功能的长江中游城市群土地集约利用空间差异研究 [J]. 华中农业大学学报（社会科学版），2017（6）：110-117.
⑦ 徐惠孝，刘艳军. 收缩城市建设用地利用效率时空分异及影响机制：以黑龙江省伊春市为例 [J]. 地理科学进展，2021，40（6）：937-947.
⑧ 王旭熙，彭立，刘守江，等. 中国西南山区城市建设用地扩张特征及其驱动机制 [J]. 生态学杂志，2021，40（9）：2895-2903.
⑨ 闫昊生，孙久文，张泽邦. 中国城市建设用地供应的时空演变分析 [J]. 城市发展研究，2021，28（9）：42-49，2.
⑩ 程歆，邵华，李杨，等. 基于夜间灯光遥感数据的城市土地集约利用评价模型 [J]. 农业工程学报，2018，34（8）：262-268.

3. 建设用地集约利用的驱动力

当然，评价只是手段，人们还需要透过现象看本质，即深入分析建设用地集约利用的驱动力。因为只有了解建设用地集约利用的驱动力及其驱动机制，才能深入理解土地集约利用的原因、内部机制和基本过程，实现有效预测和调控未来发展的变化趋势，继而制定可持续利用决策。目前的研究驱动力及其驱动机制大体可以总结为资源禀赋因素、经济发展因素、政策因素和生态环境因素，其中资源禀赋因素包括耕地面积、建设用地可拓空间、地形地貌等[1][2][3]；经济发展因素包括人口密度、非农就业率、经济增长、技术进步、产业结构、产业集聚、城市规模等[4][5][6]；政策因素包括政策法规、管理制度等[7][8][9]；生态环境因素包括环境治理水平、绿化水平等[10][11][12][13]。

建设用地集约利用特征和变化过程具有时空性，因此从时空角度，建设用地集约利用的影响因素和因子会呈现一定变化。从不同的区位条件和经济发展

① HU F Z Y, QIAN J. Land-based finance, fiscal autonomy and land supply for affordable housing in urban China: a prefecture-level analysis [J]. Land use policy, 2017, 69: 454-460.

② 刘晶晶，王静，李泽慧，等.基于双评价的城市建设用地供给与空间发展方向研究：以烟台市为例 [J]. 地域研究与开发，2021，40（5）：162-168.

③ 连宏萍，何琳，章文光.中国城市建设用地扩张的驱动因素及其异质性研究：基于 35 个大中城市面板数据的实证分析 [J]. 北京师范大学学报（社会科学版），2021（3）：46-57.

④ 张俊峰，王聪聪，徐磊，等.中国建设用地错配时空特征、驱动机制及空间效应：基于 235 个城市的实证分析 [J]. 热带地理，2021，41（2）：217-228.

⑤ 游猎，王睿.特大城市郊区建设用地效益比较研究：以天津市 11 个市郊区县为例 [J]. 地理研究，2021，40（3）：793-807.

⑥ 段琳琼，陈维肖，王楠楠，等.基于贝叶斯时空模型的建设用地扩张格局差异分析：以长三角和中原城市群为例 [J]. 地域研究与开发，2021，40（1）：168-174.

⑦ 李资华，邹永旺.无效建设用地批文失效或撤回的实施路径探讨：基于江西省共青城市的实证分析 [J]. 中国土地，2021（4）：21-22.

⑧ 朱政，朱翔，张夏子.长株潭城市群都市区各类城市建设用地的时空变化研究 [J]. 人文地理，2021，36（1）：145-154.

⑨ 韩亚辉，孙文彬，付盈，等.1986—2018 年典型矿业城市大同市建设用地景观格局 [J]. 应用生态学报，2021，32（5）：1614-1622.

⑩ 才仁卓玛，周敏，何青松.中国城市建设用地扩展模式与 PM 2.5 关系探究 [J]. 地理信息世界，2021，28（2）：33-39.

⑪ 周来友.基于 VAR 模型的城市建设用地扩张对碳排放的影响研究：以南昌市为例 [J]. 江西农业学报，2021，33（3）：126-132.

⑫ 钟顺昌.中国省域城市建设用地规模分布对能源效率的影响 [J]. 中国土地科学，2021，35（3）：58-68.

⑬ 梁建飞，陈松林.环境约束下的福建省城市建设用地利用效率及驱动因素 [J]. 自然资源学报，2020，35（12）：2862-2874.

水平来看，其驱动力或影响程度也是不同的。例如对长江三角洲地区城市①、珠江三角洲②、长江经济带③、京津冀城市群④、省级层面⑤⑥、地级城市⑦⑧、开发区⑨⑩、县域⑪及乡镇层次⑫的建设用地集约利用的驱动力研究可以很好地证明这一观点。又如，学者关于城市群的研究发现，我国 270 个城市土地利用呈现城市群效率值大于非城市群的差异格局⑬。有关园区层次的研究显示，影响不同类型园区土地集约利用的主要障碍因子存在差异，工业主导型开发区整体以工业用地率为核心障碍因子，以工业用地地均税收为主要障碍因子；产城融合型开发区分别以综合容积率为核心障碍因子和以综合地均税收为主要障碍因子⑭。

从已有的研究来看，从经济发展的多维度综合定量分析的研究尚显不足。因此，进一步深化经济发展的多维度驱动力并系统协调不同维度驱动力为合力的定量研究，将对展示建设用地集约利用的内在机理有重要作用。

---

① 曾鹏，许杰智，陈嘉浩. 中国城市群建设用地扩张与人口绩效研究 [J]. 统计与决策，2021，37（1）：64-68.

② 叶玉瑶，李升发，张虹鸥，等. 国土开发密度三维综合评估：以珠江三角洲城市群为例 [J]. 热带地理，2017，37（1）：43-55.

③ 张立新，宋洋，朱道林，等. 长江经济带城市建设用地利用效率空间非均衡性及影响因素 [J]. 地域研究与开发，2020，39（6）：154-159.

④ ZHAO Z, BAI Y, WANG G, et al. Land eco-efficiency for new-type urbanization in the Beijing-Tianjin-Hebei Region [J]. Technological forecasting and social change, 2018, 137: 19-26.

⑤ 陈思，李淑杰，闫缨，等. 吉林省区域建设用地集约利用评价及空间差异分析 [J]. 东北师大学报（自然科学版），2020，52（4）：117-122.

⑥ 陈卓，许彩彩，毕如田，等. 基于不同城市化发展阶段的山西省城镇建设用地适度集约利用研究 [J]. 中国土地科学，2020，34（6）：103-111.

⑦ TAN D, HUANG X J. Influencing factors of the levels of intersive use of typical industrial land [J]. China population, resources and environment, 2008, 18（3）: 54-57.

⑧ 朱庄瑞，吕萍. 中国城市土地节约集约利用政策有效性区域差异研究：基于全国 105 个城市地价监测点调查问卷的分析和建议 [J]. 中国人口·资源与环境，2015，25（12）：129-137.

⑨ 魏宁宁，陈会广，徐雷. 开发区土地集约利用评价方法对比研究 [J]. 长江流域资源与环境，2017，26（10）：1556-1563.

⑩ 郑新奇，王恒. 开发区节约集约用地的回顾与展望 [J]. 中国国土资源经济，2017，30（6）：10-13.

⑪ 冯丽媛，米文宝，赵金梅. 基于空间自相关的宁夏县域建设用地集约利用水平空间分异特征研究 [J]. 中国农学通报，2019，35（29）：97-102.

⑫ 柴铎，周小平，谷晓坤. 城市郊野建设用地节约集约利用内涵重构与"5Q5E"评价模型：上海 98 个乡镇数据实证 [J]. 城市发展研究，2017，24（10）：79-85.

⑬ XIE H L, WANG W. Exploring the spatial-temporal disparities of urban land use economic efficiency in China and its influencing factors under environmental constraints based on a sequential slacks-based model [J]. Sustainability, 2015, 7: 10171-10190.

⑭ 王振山，张绍良，贾蓉，等. 城镇建设用地集约利用评价研究：以宁夏平罗县城为例 [J]. 宁夏大学学报（自然科学版），2017，38（4）：388-392，401.

4. 建设用地集约利用的途径

在深入挖掘建设用地集约利用中存在的问题和影响建设用地集约利用的因素后，接下来重点要做的就是提出促进建设用地集约利用的途径。当然，不管是对我国的实体经济还是资源配置进行调控，均涉及规划调节、市场机制、政府调控、公众参与四个途径，学者也是从以上四个方面进行研究的。

（1）为促进建设用地集约利用，并且避免潜在的不协调，大多数发达国家和地区[1][2]，如新加坡与日本等[3]倡导采用更好的规划方式。学者提出，在规划中，要善于利用容积率、建筑密度等指标的调整，以达到土地集约利用的目的[4][5]。可针对不同产业的特点，设立一系列相应的企业入园开发规模标准和入园企业的指标限制，如企业用地经济指标、企业有效用地指标及经济总量、经济效益等[6]。但是，建设用地集约利用不能片面追求高容积率，还应考虑其最高和最低容积率的限制，以期达到对土地资源的可持续利用[7]。

（2）市场机制。市场是实现土地资源配置的基本途径，从而达到建设用地集约利用的目的。通过市场，让土地资源自由地流向效益较高的部门，从而达到集约和优化配置的目的。例如，可以通过提高土地产投比、降低单位能耗、降低贷款利率等方式来促进建设用地集约利用[8][9][10]；还可以通过制定价格制度来完善市场运行，如为了有效抑制地方政府在招商引资过程中由于竞相压低地价而产生的恶性竞争行为，国内目前在逐步建立并完善工业用地的最低出让价

---

① 曹靖，张文忠，刘俊杰. 经济与生态双重视角下大都市边缘城镇开发边界划定：以广州市番禺区为例 [J]. 资源科学，2020，42（2）：262-273.

② 闫海，张飞. 全域土地综合整治视角下国土空间规划应对策略研究：以江苏省建湖县高作镇为例 [J]. 规划师，2021，37（7）：36-44.

③ MING Y S，HIN H K. Planned urban industrialization and its effect on urban industial real estate valuation：the Singapore experience [J]. Habitat international，2006，30（3）：509-539.

④ 谭峻，韦晶磊. 北京中关村科技园区工业用地用途变更调控机制研究 [J]. 地域研究与开发，2008，27（3）：98-102.

⑤ 魏宁宁，陈会广. 开发区土地集约利用评价与潜力分析 [J]. 城市发展研究，2017，24（4）：66-72.

⑥ 魏澄荣. 国家级新区用地困境及破解路径：以福州新区为例 [J]. 福建论坛（人文社会科学版），2019（12）：193-198.

⑦ 刘芳，刘成明，伍灵晶. 深圳市低效产业用地空间再拓展路径分析 [J]. 规划师，2021，37（12）：50-56.

⑧ ZHU J M. The impact of industrial land use policy on industrial change [J]. Land use policy，2000，17（1）：21-28.

⑨ 黄燕芬，张志开，张超. 完善我国要素价格市场化形成机制的重要举措：简评新近出台的 LPR 定价机制、修订《土地管理法》、颁布《资源税法》三项改革 [J]. 价格理论与实践，2019（8）：4-7.

⑩ 莫悦，刘洋，朱丽芳. 长江经济带城市土地价格空间分异特征及其影响因素 [J]. 长江流域资源与环境，2020，29（1）：13-22.

制度。另外一种提高建设用地集约利用率的有效途径就是调整税收政策，如试点房地产税等，从而提高土地集约利用度①。

（3）政府调控。虽然在紧凑城市发展理念上还存在争论，但不管是国内还是国外，促进土地集约利用的重要手段都是政府调控。例如，英国为实现紧凑城市发展目标，促进建设用地集约利用，政府制定了环境和可持续发展战略、住房安置和交通发展政策②。另有相关研究表明，中国在人口数量庞大及经济高速发展的情况下，采取紧凑城市发展战略的政策来推进城市建设用地高效集约利用，这不仅是可行的，而且是必须的③④。此外，政府调控土地集约利用的主要手段是制定土地利用政策，加快产业结构调整步伐，提升第二、第三产业在国民经济中的分量⑤。王艺洁等⑥强调发挥政府职能，保证建设用地配置的合理性，制定土地集约利用的激励机制，保持县域均衡发展。中国澳门也有一些促进土地集约利用的办法，如通过划定合理的城市增长边界，适度混合利用建设用地，完善城市资源配置系统三个方面的策略，解决澳门城市空间匮乏、土地利用破碎化、资源配置系统不完善的问题，以达到土地高效集约利用⑦。

（4）公众参与。由于土地所有权性质、公众民主权力与意识的差异及土地法规的完善状况等，国外公众参与的实践和研究较早、较多，如国外有组建理事会⑧、公众讨论会⑨、3D模拟网络展示⑩等方式和途径。在国内，公众参与

① 刘守英，王志锋，张维凡，等. "以地谋发展"模式的衰竭：基于门槛回归模型的实证研究 [J]. 管理世界，2020，36（6）：80-92，119，246.

② WILLIAMS K. Urban intensification policies in England：problems and contradictions [J]. Land use policy, 1999, 16（3）：167-178.

③ HAIYAN C, BEISI J, LAU S. Sustainable urban form for Chinese compact cities：challenges of a rapid urbanized economy [J]. Habitat international, 2008, 32（1）：28-40.

④ 李健，夏帅伟. 中国特大城市紧凑度测度及多重效应相关分析 [J]. 城市发展研究，2016，23（11）：109-116.

⑤ 王宏玉，胡守庚，卢静. 中国建设用地扩张与经济增长脱钩关系及管控策略 [J]. 中国土地科学，2019，33（3）：68-76.

⑥ 王艺洁，付万年，刘志有. 新疆绿洲县域建设用地配置效率及优化措施研究：以乌鲁木齐县为例 [J]. 中国农业资源与区划，2019，40（5）：188-194.

⑦ 胡珺. 紧凑与集约并置的澳门城市空间发展策略研究 [J]. 中外建筑，2019（6）：96-98.

⑧ SLOTBOOM C, GIANNELLA V. Public participation and urban sustainability [C] // Conference on Conflict and Consensus in SustainableUrban Management：A Focus on Tourism, Venice, 1995：14-17.

⑨ STEWART K. Designing good urban governance indicators：the importance of citizen participation and its evaluation in greater Vancouver [J]. Cities, 2006, 23（3）：196-204.

⑩ HANZL M. Information technology as a tool forpublic participation in urban planning：a review of experiments and potentials [J]. Design studies, 2007, 28（3）：289-307.

土地集约利用方面的实践和研究只是探索性的，并没有形成相对完善的机制。目前，国内在建设用地集约利用的规制中还未引入公众参与制度，只是在土地利用规划中要求公众参与，但不具有强制性，即只是调查参考利用公众意见①②。在以上研究结论中，多数研究只存在一些思路，关于具体的实施并取得良好的效果方面并不多，因此有必要在公众有效参与的理论和操作方面进行深入探讨。

2.2 经济发展研究

2.2.1 国外研究

第二次世界大战后，人们面对的重要问题就是战后经济恢复和发展，因此西方经济学界把研究重点都集中在世界经济发展问题上。按照目前相关研究，大家达成初步共识，即将现代经济发展理论的变化发展分为三个阶段：第一阶段，20 世纪 40 年代末至 60 年代初。该阶段主要的探讨集中在强调资本积累、计划性和工业化的积极作用。典型代表的经济学家有保罗·罗森斯坦·罗丹（Paul Rosenstein - Rodan）、曼德尔鲍姆（K. Mandelbaum）等③。第二阶段，20 世纪 60 年代中期至 80 年代中期。该阶段发展经济学家如哈伯勒（G. Haberler）、托达罗（M. P. Todaro）反思和评价了经济发展理论对发展中国家经济发展的计划化，同时，对外贸易作用亦受到强调④。第三阶段，20 世纪 80 年代中后期至今。该阶段更多的是研究发展的制度因素、环境、转变经济发展方式和可持续发展问题，并对各个方面进行关注，其代表人物有诺思（D. North）、科斯（R. Coase）、贝克尔（G. Becker）、布坎南（J. Buchanan）、德姆塞茨（H. Demsetz）等⑤。

2.2.2 国内研究

国内对经济发展的研究成果非常丰硕，根据本章研究的需要，以下主要梳理经济发展的内涵、经济发展的评价与经济发展的影响因素三个方面的相

---

① 徐瑾，王川，石肖雪. 国土空间规划体系中公众参与的法律制度研究 [J]. 规划师，2020，36 (23)：18 - 25.

② 周子航，张京祥，王梓懿. 国土空间规划的公众参与体系重构：基于沟通行动理论的演绎与分析 [J]. 城市规划，2021，45 (5)：83 - 91.

③ MEIER G M. From classical economies to development economics [M]. New York：St. Martin's Press，1994.

④⑤ 钟超. 对发展经济学经济发展思想演变三个阶段的比较分析 [J]. 前沿，2005 (1)：61 - 65.

关研究。

1. 经济发展的内涵

在以往的经济学研究中，人们对于经济增长和经济发展未做严格区分，但是随着经济增长理论的发展，人们开始重新对经济增长和经济发展的内涵进行界定。经济发展是由经济增长演进而来的，因此对经济发展内涵的研究也要从对经济增长内涵的研究展开。对于经济增长的内涵，不同的学者有不同的看法。例如，徐佩华[①]认为经济增长内涵只体现在生产力发展及生产总量目标方面，而无关于生产函数的调整。也就是说，经济增长内涵不包含经济利益协调关系的目标、经济结构优化的目标和经济、社会、文化、生态协调发展的目标等方面。过度追求 GDP 容易造成人与自然的矛盾，如 2011 年前后，我国人均 GDP 增长率出现下滑，我国经济由"结构性增速"进入"结构性减速"时期，有利于实现"稳增长、调结构、促改革"的均衡发展目标[②]。李颖和许月朦[③]认为经济增长的核心内涵是技术进步，即技术进步表现为资本技术性能及劳动者素质的提高。

然而随着社会发展程度的提高，经济发展的内涵也不断丰富，发展不仅意味着经济规模的扩大，还意味着人们更加注重社会生活水平和精神文化追求的提高。经济发展质量范畴应从经济增长、产业结构、科技创新等多个维度进行衡量。经济发展的表现是通过经济增长、产业结构的转换和全面进步体现出来的[④]。产业结构与经济发展紧密相关，其高级化必须匹配社会实践和生产力需求[⑤][⑥][⑦]。另外，全要素生产率、科技创新、管理制度等代表技术进步的要素也

---

① 徐佩华. 论经济增长与经济发展 [J]. 求实，2007，12：55 - 56.

② 陈广汉，任晓丽. 产业结构服务化、生产率调整与经济增长 [J]. 经济问题探索，2021 (2)：121 - 134.

③ 李颖，许月朦. 营改增背景下制造业服务化对企业绿色全要素生产率的影响 [J]. 软科学，2021，35 (9)：117 - 123.

④ 胡立君，许振凌，石军伟. 我国产业结构升级与经济发展水平的协调性研究 [J]. 统计与决策，2019，35 (24)：124 - 128.

⑤ 赵丹. 基于马尔科夫理论的西部欠发达地区产业结构升级与经济增长实证研究 [J]. 数学的实践与认识，2019，49 (22)：9 - 15.

⑥ 张辉，闫强明，黄昊. 国际视野下中国结构转型的问题、影响与应对 [J]. 中国工业经济，2019 (6)：41 - 59.

⑦ 杨仁发，李娜娜. 产业结构变迁与中国经济增长：基于马克思主义政治经济学视角的分析 [J]. 经济学家，2019 (8)：27 - 38.

要纳入经济发展的内涵①②③。

随着国家提出转变经济发展方式和战略思想，不少学者对其内涵开始进行深入理解和判读，相继出现包容性增长④⑤、绿色发展与超循环经济⑥、反梯度推移⑦⑧、创新⑨⑩、低碳与可持续发展⑪⑫、高质量发展⑬等理念，对经济发展内涵进一步充实发展。

2. 经济发展的评价

对于经济发展的评价研究应该从两个方面来展开，即经济发展评价指标和经济发展评价方法。其中，对于经济发展评价指标的研究包括综合性指标研究、系统性指标研究；对于经济发展评价方法的研究主要分为主观赋权法和客观赋权法两种。

（1）经济发展评价指标体系研究。综合性指标研究：现阶段关于经济发展综合状况的综合性指标主要从 GDP、财政收入、国家进步指数（measure of domestic progress，MDP)⑭、国民幸福总值（gross national hoppiness，GNH)⑮

① 陈诗一，陈登科．中国资源配置效率动态演化：纳入能源要素的新视角［J］．中国社会科学，2017（4）：67 - 83，206 - 207.

② 刘勇，杨海生，徐现祥．中国经济增长目标体系的特征及影响因素［J］．世界经济，2021，44（4）：30 - 53.

③ 王星媛，白俊红．要素流动、资源错配与全要素生产率［J］．经济问题探索，2021（10）：50 - 61.

④ 杨玉霞，邢宏．转变经济发展方式内涵及实现机制［J］．学理论，2008（6）：15 - 18.

⑤ 侯波波．包容性增长的概念、内涵和意义研究［J］．长治学院学报，2011，28（3）：5 - 8.

⑥ 张智光．绿色经济模式的演进脉络与超循环经济趋势［J］．中国人口·资源与环境，2021，31（1）：78 - 89.

⑦ 蒋志华，李庆子，李瑞娟．转变经济发展方式的内涵及相关范畴研究［J］．经济研究导刊，2010（6）：11 - 12.

⑧ 戈晓宇，杨大平．《区域经济梯度推移发展新探索》评介［J］．学术研究，2002（1）：64 - 65.

⑨ 刘玉琼，曹向兰．加快转变经济发展方式的内涵诠释［J］．特区经济，2012（2）：153 - 155.

⑩ 曾群，严定友．聚焦区域创新理论研究，助推区域高质量发展［J］．华中师范大学学报（自然科学版），2021，55（5）：666.

⑪ 张玉卓．为世界可持续发展贡献中国力量以高水平科技自立自强助力"双碳"目标实现［J］．人民论坛，2021（27）：6 - 8.

⑫ 杨建平，哈琳，康韵婕，等．"美丽冰冻圈"融入区域发展的途径与模式［J］．地理学报，2021，76（10）：2379 - 2390.

⑬ 樊杰，赵艳楠．面向现代化的中国区域发展格局：科学内涵与战略重点［J］．经济地理，2021，41（1）：1 - 9.

⑭ ALLGOOD B，HOFBERG M，MUSIKANSKI L，et al. Assessing community - based wildlife conservation programs with the gross national happiness framework［J］. International journal of community well - being，2019，2（1）：245 - 256.

⑮ THINLEY T Y，HARTZ - KARP J. National progress，sustainability and higher goals：the case of Bhutan's gross national happiness［J］. Sustainable earth，2019，2（1）：268 - 277.

及联合国开发计划署（United Nations Development Programme，UNDP）提出的综合人文发展等指标①②方面得到体现。综合性指标的特点是简单、直观，能够方便地利用它们在国家层次上研究经济发展的水平和进程，然而，该类指标无法有效反映经济社会可持续发展各方面的复杂内涵，更不能为国家或区域的可持续发展战略的制定和实施提供信息支撑。

系统性指标研究，其包括以下五种指标体系：①联合国社会发展研究所于20世纪70年代提出的社会经济发展指标体系。该指标体系主要由制造业在GDP中所占的比例等十六个主要指标构成。然而该指标体系存在一些缺陷，没有完全影响社会经济发展的重要因素，如环境保护、城乡差异等，因此导致该指标体系在全面性和推广性方面存在不足。②世界银行于1995年9月提出的经济可持续发展指标体系。该指标体系包括自然资本、人为资本、人力资本及社会资本四个指标，并且对社会赖以正常运转的组织、文化凝聚力和共有信息等方面的社会资本的重要性进行强调③④⑤。然而，该指标体系只是以单一的货币尺度来度量经济可持续发展，因而在可操作性方面存在难度，影响了其可应用性。③联合国可持续发展委员会于1996年提出的经济社会可持续发展指标体系。联合国可持续发展委员会于1966年提出了包括"经济、社会、环境和机构"四大系统的概念模型和驱动力—状态—响应（driving force - statue - response，DSR）模型，并提出了由33个指标构成的可持续发展核心指标框架⑥⑦。该指标体系的特点是突出环境指标在可持续发展进程中的重要性，其所占比例为60.6%，但是该指标体系中有些指标的归属存在问题，并且在动态指标方面的设置存在不足。④中国科学院可持续发展战略研究组提出的可持续发展指标体系。中国科学院可持续发展战略研究组按照新的方法构建了一套"五级叠加，逐层收敛，规范权重，统一排序"的经济可持续发展指标体系。

① WORLD BANK. The World Bank public information center annual report FY95 [R]. Washington，DC：World Bank，1995.

② 牛叔文，李真，梁曼. 人文发展的多维测度及其政策启示 [J]. 中国软科学，2021（5）：99 - 110.

③ WORLD BANK. Alloeation of FY98 net income [R]. Washington，DC：WorldBank，1997.

④ WORLD BANK. Expanding the me asure of wealth：indicators of environmentally sustainable development [R]. Environmentally sustainable development studies and monographs series，1997.

⑤ KAPUR D. The common pool dilenuna of global public goods：lessons from the World Bank's net income and reserves [J]. World development，2002，30（3）：337 - 354.

⑥ BARRERA - ROLDAN A，SALDIVAR - VALDES A. Proposal and application of a sustainable development index [J]. Eeologieal indieators，2002，2（3）：251 - 256.

⑦ United Nations Sustainable Development Commission [C]//Proceedings of the First Session on Agenda 21. NewYork，1997.

该指标体系充分体现了人与自然、人与人的关系，包含 48 个指数、208 项要素①②③④。但是该指标体系过于庞大，在实际应用方面受到限制。⑤现代化综合评价指标体系。目前，该指标体系的研究尚未形成公认的成果，其引用最多的标准是美国斯坦福大学教授英格尔斯（Alex Inkeles）制定的由 10 项指标构成的标准⑤。

目前，国内比较典型的研究成果主要包括国家计划委员会宏观经济研究院提出的指标体系、中国社会科学院朱庆芳完成的现代化指标体系、中国人民大学提出的指标体系等⑥。2017 年，我国正式提出"高质量发展"的概念，并且形成围绕高质量评价指标体系的相关研究成果⑦⑧。上述指标体系参差不齐，各标准之间也存在较大差异。

（2）经济发展评价方法研究。国内主要有两种具有不同侧重点的经济发展评价方法，具体如下。

一是采用基于主观赋权的综合评价方案。例如，夏水春等⑨指出，可以使用 AHP 法对高新技术企业可持续发展的水平状况进行评价，并可以用其反映高新技术产业的可持续发展实施状况；姚天祥⑩运用 Delphi（德尔菲）方法和 AHP 法对汽车运输企业市场的竞争能力开展了评价；姚星星⑪认为经济发展战略的研究方法可以从马克思主义哲学的思维方法中找到解释文字。

二是采用客观赋权的综合评价方法。例如，王大虎等⑫采用 AHP 法评价了

---

① 中国科学院可持续发展战略研究组 . 2002 中国可持续发展战略报告 [M]. 北京：科学出版社，2002.

② 中国科学院可持续发展战略研究组 . 2013 中国可持续发展战略报告：未来十年的生态文明之路 [M]. 北京：科学出版社，2013.

③ 牛文元 . 持续发展导论 [M]. 北京：科学出版社，1994.

④ 王毅，苏利阳 . 创建生态文明的制度体系：《2014 中国可持续发展战略报告》概述 [J]. 科技促进发展，2014（2）：11 - 19.

⑤ 邢媛 . 试论人的现代化与社会现代化 [J]. 山西大学学报（哲学社会科学版），1999（2）：40 - 43.

⑥ 姜玉山，朱孔来 . 现代化评价指标体系及综合评价方法 [J]. 统计研究，2002（1）：50 - 54.

⑦ 刘亚雪，田成诗，程立燕 . 世界经济高质量发展水平的测度与比较 [J]. 经济学家，2020（5）：69 - 78.

⑧ 马茹，罗晖，王宏伟，等 . 中国区域经济高质量发展评价指标体系及测度研究 [J]. 中国软科学，2019（7）：60 - 67.

⑨ 夏水春，夏世斌，王芳 . 基于 AHP 方法的高新技术企业可持续发展评价 [J]. 商场现代化，2006（16）：301 - 302.

⑩ 姚天祥 . 汽车运输企业市场竞争能力评价研究 [D]. 郑州：河南农业大学，2002.

⑪ 姚星星 . 经济发展战略的研究方法及其哲学评价 [J]. 延边党校学报，2017，33（4）：77 - 79.

⑫ 王大虎，李建磊，金浩 . 主成分分析在经济可持续发展研究中的应用 [J]. 河北师范大学学报（自然科学版），2006，30（6）：721 - 725.

河北省 11 个地区的经济可持续发展状况；陈玉娟等[①]采用熵值法评价城市可持续发展水平，将其分成经济、社会、环境和支撑四个子系统，并分别建立了不同的评价指标体系；刘芳[②]基于多准则妥协解排序（Vlsekriterijumska optimizacija I kompromisno resenje，VIKOR）方法评价山东省市域的经济发展水平；江永洪[③]基于数据包络分析（data envelopment analysis，DEA）方法对我国区域经济协同发展水平动态进行评价和比较；向俊霖等[④]采用空间吸引力算法与辐射能力算法判断成渝城市群的经济发展潜力。然而，该类研究结果和评价过程的相关研究论证不充足，可能会与实际情况产生较大偏差，从而影响评价的准确程度。

3. 经济发展的影响因素

从经济系统的投入与产出角度分析区域经济发展绩效，不仅能够较恰当地评价区域经济发展状况，还能阐述区际经济发展的差异和不平衡，以及社会秩序等方面问题产生的原因。因此，通过对区域经济发展绩效影响因素进行探讨，能够在避免和解决该类问题方面提供理论支持。迄今为止，学者对影响区域经济发展的因素进行了大量研究，这些因素可以大致分为两类：一类是"硬"因素，是指既看得见又抓得着且可以得到量化的因素。该类因素在文献和经典理论中广泛存在，如资本、劳动、技术、土地、自然资源、贸易、收入分配、教育、人的健康等。这些因素因为能够比较直观地进行量化，引起许多学者关注，并且引起政府决策部门的注意。另一类是"软"因素，这是相对于"硬"因素而言的。"软"因素是指看不见抓不着、没有度量标准且得不到量化的因素，如人的思想、道德、精神、价值观念等。因此，学者们还未对其给予重视，未能将这些"软"因素作为影响经济增长和发展的内生变量引入经济学分析的范畴。随着时间的推移，以上因素也开始受到发展经济学专家和学者的关注，相关研究成果也越来越多。因此，本节将区域经济发展绩效影响因素的一系列成果分为"硬"因素和"软"因素两个方面进行概括叙述。现今国内外学者对"硬"因素的研究比较多，如哈罗德-多马模型（Harrod - Domar model）指出，经济增长的两个基本要素是资本和劳动力；新经济增长理论把技术进步、知识、人力资本等要素纳入分析评价中。越来越多的学者分析探索

---

① 陈玉娟，查奇芬，黎晓兰. 熵值法在城市可持续发展水平评价中的应用 [J]. 江苏大学学报（社会科学版），2006，8（3）：88 - 92.

② 刘芳. 基于 VIKOR 方法的山东省市域经济发展水平的综合评价研究 [J]. 鲁东大学学报（哲学社会科学版），2017，34（6）：61 - 65.

③ 江永洪. 基于 DEA 方法的我国区域经济协同发展水平动态评价和比较探究 [J]. 经济研究导刊，2017（19）：39 - 40.

④ 向俊霖，刘寅，王蕾，等. 两种视角下成渝城市群（四川）经济发展潜力评价方法研究 [J]. 中国农业资源与区划，2018，39（3）：38 - 47.

"硬"因素对经济发展的重要作用,取得大量研究成果①②③④⑤⑥⑦⑧⑨⑩⑪⑫⑬⑭⑮⑯。但是,因为区域之间的资源禀赋不同,其经济发展的资本有机构成也不完全相同,所以"硬"因素所起的作用和利用效率会不相同,从而引起区域经济发展绩效的不同。通过对国内文献的梳理,大多数学者认为"硬"因素在我国区域经济发展中是经济发展绩效不同的主导因素。然而,从现有的研究发展方向来看,更多的研究结果表明,"软"要素在经济增长和经济发展中起更重要作用⑰⑱⑲⑳。实际

① 陆大道.中国区域发展的新因素与新格局 [J].地理研究,2003,22 (3):261-271.

② 董嘉昌,冯涛,李佳霖.中国地区间要素错配对经济发展质量的影响:基于链式多重中介效应模型的实证检验 [J].财贸研究,2020,31 (5):1-12,51.

③ 西献新,王良健.泛珠三角区域经济发展差异的因素分解 [J].地理与地理信息科学,2008,24 (5):55-56,65.

④ 崔治文,周平录,章成帅.横向税收竞争对经济发展影响研究:基于省际间资本税、劳动税和消费税竞争视角 [J].西北师大学报(社会科学版),2015,52 (1):125-133.

⑤ 王志美.中国中心城市经济发展因素分析 [J].系统工程,2005,23 (6):51-55.

⑥ 袁晓勋,王宝平.城市化对区域发展的经济绩效研究 [J].人文地理,2006,21 (2):93-98.

⑦ 马骏,沈坤荣.中国人口老龄化对经济发展的影响机制及对策研究 [J].浙江工商大学学报,2021 (4):72-83.

⑧ 吴文丽.东中西部地区经济增长的要素投入作用比较 [J].重亲师范学院学报(自然科学版),2003,20 (1):72-76.

⑨ 王金营,李天然.OECD 国家人口变动对经济发展方式转变的影响 [J].中国人口科学,2018 (6):2-16,126.

⑩ 张国旺.中国城市经济高质量发展的地区差异及其影响因素分析 [J].行政与法,2021 (9):1-14.

⑪ 孙培蕾,郭泽华.经济高质量发展空间差异与影响因素分析 [J].统计与决策,2021,37 (16):123-125.

⑫ 徐晓光,樊华,苏应生,等.中国绿色经济发展水平测度及其影响因素研究 [J].数量经济技术经济研究,2021,38 (7):65-82.

⑬ 吴滨,肖尧.人口红利衰减、产业结构调整对中国工业经济发展影响研究 [J].统计与信息论坛,2021,36 (6):14-20.

⑭ 吴浩然,张强.基于动态面板模型的产业结构和水资源对区域经济发展的影响 [J].数学的实践与认识,2020,50 (15):23-29.

⑮ 郭晨,张卫东.产业结构升级背景下新型城镇化建设对区域经济发展质量的影响:基于 PSM-DID 经验证据 [J].产业经济研究,2018 (5):78-88.

⑯ 艾良友,郗永勤.创新要素对循环经济发展的影响:基于中国省域面板数据的空间计量分析 [J].电子科技大学学报(社会科学版),2018,20 (2):58-67.

⑰ 王庆.社会资本对我国自主创新与经济发展的影响 [J].市场研究,2015 (4):4-5.

⑱ 李云红.层次分析法对经济发展中人文因素的评价 [J].重庆文理学院学报(自然科学版),2008,27 (5):16-18.

⑲ 王杰.影响少数民族经济发展的四种典型非正式制度 [J].学术界,2016 (10):104-117,324-325.

⑳ 潘文荣,刘英.文化输出对出口及"一带一路"经济发展水平影响的实证 [J].统计与决策,2019,35 (17):135-138.

上，大多数研究通常一起论述"软"因素和"硬"因素，但是"软"因素的作用难以量化，因此对其的论述相对较少，导致学者一致认同"硬"因素是对经济发展绩效影响的主导因素，从而淡化了"软"因素对经济增长和经济发展的作用。

2.3 经济发展对建设用地集约利用影响研究

2.3.1 国外研究

在国外，随着学者不断地研究建设用地集约利用，人们对经济发展与建设用地集约利用关系的探讨也在逐步进行。尤其是 20 世纪 70 年代后，随着人口与资源环境问题的日益严重，越来越多的学者开始研究经济发展与建设用地集约利用两者的关系。Mori[1] 认为农业用地与建设用地之间相互竞争的结果就是农地非农化。在经济发展中，关于土地非农化出现的原因，以及其动力机制的问题，有相关学者进行了研究。例如，Juergensmeyer 深入研究发现，土地非农化的原因主要有三个：①土地非农化过程中土地的价值会倍增。②许多农场经营者由于土地价值的提高无力承担较高的购买价格，不得不退出农业经营；而新的经营者则是由于其价格太高，无法承包农场。③部分农场经营者缺乏足够的劳动力等支撑，也不得不放弃农地利用[2]。Nagi[3] 将土地资源和经济增长指标引进生产函数，探讨土地对经济增长的作用。Zeng 等认为经济增长极化效应提升了建设用地集约度[4]。Camagni 等[5]、Drucker 和 Feser[6] 认为，当城市超过最优规模时，规模不经济形成，城市建设用地利用效率便会降低。Tum-

① MORI H. Land conversion at the urban fringe: a comparative study of Japan, Britain and the Netherlands [J]. Urban studies, 1993, 35 (9): 34 - 46.

② 陈晓军，重庆市土地利用变化与经济发展的耦合关系研究 [D]. 重庆：西南大学，2009.

③ NAGI L R. Barriers and the transition to modern growth [J]. Journal of monetary economics, 2004, 51 (7): 1353 - 1383.

④ ZENG C, SONG Y, CAI D, et al. Exploration on the spatial spillover effect of infrastructure network on urbanization: a case study in Wuhan urban agglomeration [J]. Sustainable cities and society, 2019, 47: 101476.

⑤ CAMAGNI R, CAPELLO R, CARAGLIU A. The rise of second - rank cities: what role for agglomeration economies? [J]. European planning studies, 2015, 23 (6): 1069 - 1089.

⑥ DRUCKER J, FESER E. Regional industrial structure and agglomeration economies: An analysis of productivity in three manufacturing industries [J]. Regional science and urban economics, 2012, 42 (1-2): 1 - 14.

webaze 和 Ijjo[①]、Wu 等[②]认为产业结构的"经济服务化"会影响建设用地集约度。Camagni 等[③]、Huang 等[④]认为人力、服务和技术进步这三条路径会影响建设用地集约度。Dadashpoor 和 Yousefi[⑤]认为市场发育程度与需求规模不断扩大会加速产业网络的形成，进而强化城市建设用地利用的技术进步。

2.3.2　国内研究

近年来，国内学术界对经济发展与建设用地集约利用的关系也进行了相关的研究，主要集中在经济发展的某一维度对建设用地集约利用的影响、建设用地集约利用对经济发展某一维度的影响及建设用地集约利用与经济发展多维度的互动影响方面。

（1）经济发展的单维度对建设用地集约利用的影响。现有较多研究是从经济发展的多维度，如城镇化[⑥]、经济增长[⑦]、碳排放效率[⑧]、生态利用[⑨⑩]、交通[⑪]、产业结构[⑫]与技术进步[⑬]等方面分析对建设用地集约利用的影响。另

---

① TUMWEBAZE H K, IJJO A T. Regional economic integration and economic growth in the COMESA region, 1980—2010 [J]. African development review, 2015, 27 (1): 67 - 77.

② WU Y, ZHANG X, SKITMORE M, et al. Industrial land price and its impact on urban growth: a Chinese case study [J]. Land use policy, 2014 (36): 199 - 209.

③ CAMAGNI R, CAPELLO R, CARAGLIU A. The rise of second - rank cities: what role for agglomeration economies? [J]. European Planning Studies, 2015, 23 (6): 1069 - 1089.

④ HUANG Y, LI L, YU Y. Do urban agglomerations outperform non - agglomerations? A new perspective on exploring the eco - efficiency of Yangtze River Economic Belt in China [J]. Journal of cleaner production, 2018, 202: 1056 - 1067.

⑤ DADASHPOOR H, YOUSEFI Z. Centralization or decentralization? A review on the effects of information and communication technology on urban spatial structure [J]. Cities, 2018, 78: 194 - 205.

⑥ 陈卓, 许彩彩, 毕如田, 等. 基于不同城市化发展阶段的山西省城镇建设用地适度集约利用研究 [J]. 中国土地科学, 2020, 34 (6): 103 - 111.

⑦ 王群, 王万茂. 中国经济增长、建设用地扩张与用地-产出比率: 基于 2000—2014 年中国省际面板数据分析 [J]. 中国地质大学学报（社会科学版）, 2017, 17 (6): 158 - 169.

⑧ 袁凯华, 梅昀, 陈银蓉, 等. 中国建设用地集约利用与碳排放效率的时空演变与影响机制 [J]. 资源科学, 2017, 39 (10): 1882 - 1895.

⑨ 王振山, 张绍良, 贾蓉, 等. 城镇建设用地集约与生态利用协同机理研究 [J]. 江苏师范大学学报（自然科学版）, 2017, 35 (3): 14 - 17.

⑩ 徐维祥, 徐志雄, 刘程军. 黄河流域地级城市土地集约利用效率与生态福利绩效的耦合性分析 [J]. 自然资源学报, 2021, 36 (1): 114 - 130.

⑪ 赵哲, 曾晨, 程轶皎. 交通路网的空间外溢性对土地集约利用的影响: 以京津冀城市群为例 [J]. 经济地理, 2020, 40 (7): 174 - 183.

⑫ 朱高立, 王春杰, 周佳宁, 等. 产业发展、土地集约利用与城市土地扩张 [J]. 长江流域资源与环境, 2020, 29 (7): 1473 - 1485.

⑬ 王向东, 刘小茜, 裴韬, 等. 基于技术效率测算的京津冀城市土地集约利用潜力评价 [J]. 地理学报, 2019, 74 (9): 1853 - 1865.

外，也有许多学者对其进行了相关研究，例如，孔伟等①②分别考察江苏与全国范围的 GDP 数量变化与建设用地地均固定资产增加量的变化趋势，验证了随着 GDP 数量变化，建设用地地均固定资产增加量呈倒"U"形特征的观点；蔡俊等③认为城镇化发展对建设用地集约利用呈正向驱动作用。经济发展是经济增长、产业结构与技术进步等综合作用的结果，受限于模型适用条件与指标选择等，以上研究大多是独立考察单维度对建设用地集约利用的影响，难以全面反映经济发展对建设用地集约利用的影响效应，因此，有必要选择合适的模型与指标系统综合地考察经济发展各主要维度对建设用地集约利用的影响机理与规律，以促进两者良好协调发展。

（2）建设用地集约利用对经济发展单维度的影响。学者关于建设用地规模扩张对经济增长贡献的研究较多，因此各研究结论有一定差异，主要有以下三种结论。①正向不同程度的贡献④⑤⑥⑦⑧，研究的贡献程度结果有所差异，可能原因是时间尺度、空间尺度及计量方法等的不同。②未来逐渐减低的正向贡献，随着工业化进程的推进，经济增长对建设用地依赖性由强逐渐减弱⑨⑩。③持否定倾向，认为城市土地的需求是引致需求，单纯扩大城市建成区土地面积并不能推动经济增长⑪，反而是城市空间扩张对耕地的影响最大⑫。此外，

---

① 孔伟，郭杰，欧名豪，等 . 中国建设用地集约利用变化及分区管控研究 [J]. 中国土地科学，2016，30（4）：13 - 20.

② 孔伟，张飞，郭杰，等 . 兼顾经济发展与资源禀赋的增量建设用地区域配置研究 [J]. 江苏农业科学，2019，47（5）：213 - 217.

③ 蔡俊，项锦雯，董斌 . 基于省域面板数据的中国城镇化与土地集约利用动态关系研究 [J]. 江淮论坛，2016（3）：19 - 27.

④ 张占录，李永梁 . 开发区土地扩张与经济增长关系研究：以国家级经济技术开发区为例 [J]. 中国土地科学，2007，21（6）：4 - 9.

⑤ 丰雷，魏丽，蒋妍 . 论土地要素对中国经济增长的贡献 [J]. 中国土地科学，2008，22（12）：4 - 10.

⑥ 谭术魁，饶映雪，朱祥波 . 土地投入对中国经济增长的影响 [J]. 中国人口资源与环境，2009，22（9）：61 - 68.

⑦ 叶剑平，马长发，张庆红 . 土地要素对中国经济增长贡献分析：基于空间面板模型 [J]. 财贸经济，2011（4）：111 - 124.

⑧ 杨凤 . 城市土地集约利用对经济发展的影响研究 [D]. 哈尔滨：哈尔滨工业大学，2020.

⑨ 李效顺，曲福田，陈友偲，等 . 经济发展与城市蔓延的 Logistic 曲线假说及其验证：基于华东地区典型城市的考察 [J]. 自然资源学报，2012，27（5）：713 - 722.

⑩ 周琰，张俊峰，张安录，等 . 建设用地对经济增长贡献的区域差异及差别化管控：以武汉城市圈为例 [J]. 农业现代化研究，2017，38（1）：74 - 80.

⑪ 杨志荣，靳相木 . 基于 DEA 模型的城市土地在经济增长中的贡献率研究：以杭州市为例 [J]. 经济论坛，2008，9（15）：42 - 45.

⑫ 陈永林，谢炳庚，李晓青 . 长沙市城市扩张对边缘区景观格局的影响 [J]. 地理与地理信息科学，2016，32（2）：94 - 99.

从经济发展的要素来看，建设用地是经济发展的必不可少的要素之一，也是经济总量计算方程中的一个变量，其势必将影响经济发展的技术进步[①]、要素替代[②]和产业结构[③]等要素。如今，更好地发挥建设用地要素作用的有效途径是采用内涵式利用方式，在建设用地的集约利用方面下功夫，即以有限的建设用地资源获得经济发展。

（3）建设用地集约利用与经济发展多维度的互动影响。建设用地集约利用与经济发展不只是单向关系，还是相互影响、相互促进或制约的关系。蔡俊等[④⑤]在构建经济发展与建设用地集约利用协调发展评价模型的基础上，分析了我国31个省市区（不含港、澳台地区）经济发展与建设用地集约利用的协调发展程度。另外，还有较多研究从县域[⑥]、地级市[⑦]、省域[⑧⑨]、生态区[⑩]、经济带[⑪]等不同区域划分方面探讨经济发展与建设用地集约利用的协调发展程度。

以上研究虽然综合了经济发展的多个维度与建设用地集约利用的互动影响，但是深入分解经济发展不同驱动力的影响效应研究欠缺，以致研究结论普遍过于笼统。因此有必要在系统考察经济发展对建设用地集约利用影响的同时，深入挖掘不同维度驱动力的影响效应，以探究促进建设用地集约利用的经济发展调整对策。

---

① 李汝资，刘耀彬，王文刚，等．中国城市土地财政扩张及对经济效率影响路径［J］．地理学报，2020，75（10）：2126 - 2145.

② 梁涵．基于空间一般均衡理论的土地要素对经济影响机制研究［J］．统计与决策，2019，35（6）：41 - 45.

③ 马克星．中国省域建设用地资源对经济增长及产业结构的影响分析：基于"资源诅咒"假说［J］．经济问题探索，2018（3）：32 - 39.

④ 蔡俊，郑华伟，刘友兆，等．中国经济发展与城市土地集约利用的协调发展评价研究［J］．农业系统科学与综合研究，2011，27（3）：350 - 355.

⑤ 蔡俊，刘友兆，欧名豪．经济发展与土地集约利用的动态关系研究［J］．农业技术经济，2012（4）：80 - 85.

⑥ 冯丽媛，米文宝，赵金梅．基于空间自相关的宁夏县域建设用地集约利用水平空间分异特征研究［J］．中国农学通报，2019，35（29）：97 - 102.

⑦ 翁翎燕，濮励杰，文继群，等．城市土地集约利用与经济增长的协整分析及因果关系检验：以江苏省无锡市为例［J］．地理与地理信息科学，2010，26（2）：72 - 75.

⑧ 徐小伟，陈银蓉，陈昱．湖北省城市土地集约利用与社会经济因素的计量分析［J］．国土资源科技管理，2012，29（4）：53 - 59.

⑨ 宋珂．土地集约化利用与经济增长关系面板数据分析［J］．中国国土资源经济，2012（1）：45 - 47.

⑩ 倪练琪，甘晓辉．鄱阳湖区域土地利用与经济发展时序耦合研究［J］．价格月刊，2010（12）：19 - 23.

⑪ 张红伟．长江经济带土地集约利用及差异化管控研究［D］．武汉：中国地质大学，2019.

2.4　相关研究

　　总体来看，建设用地集约利用内涵的界定和相关理论的探讨是研究的基础，且相关研究开展较早并得以不断充实、深化和拓展；结合土地用途管制及土地集约利用评价实践工作的开展，有关建设用地集约利用评价的研究在近期得到了更多的关注和重视，其研究成果也较为丰富；随着建设用地集约利用研究重点的转移，有关驱动机理与驱动力效应方面的研究逐渐进入人们的视野，还有学者试图通过构建模型分析其驱动机理与驱动力效应，但由于受模型普适性和基础研究成效及进展的限制，突破性成果较少；建设用地集约利用效应是其过程和行为产生的结果，不仅体现在建设用地集约利用方面，还反映在经济、社会及环境等方面，研究结果错综复杂且相互影响，且受限于驱动机理研究的不足，驱动力效应的研究更为薄弱；虽然针对建设用地集约利用评价、驱动机理等方面的研究提出了一些政策性的建议，但可操作性及成效还有待时间的检验。

　　综上所述，专家学者对建设用地集约利用（内涵、评价、驱动力、途径）、经济发展（内涵、评价、影响因素）、经济发展与建设用地集约利用互动影响的研究成果颇丰，为本书提供了有益借鉴，但有关经济发展与建设用地集约利用互动影响方面的研究有待进一步深入。现有研究局限于以下两个方面：一方面，集中独立考察经济发展单维度对建设用地集约利用的影响，难以全面反映经济发展对建设用地集约利用的影响效应；另一方面，虽然综合研究了经济发展的多个维度与建设用地集约利用的互动影响，但深入分解经济发展不同驱动力的影响效应欠缺，导致研究结论普遍过于笼统。

　　梳理以往的研究资料，可知以下内容。

　　（1）国家自"十二五"规划要求经济发展降速到7％开始，2012—2020年经济增长速度降为年均6.5％（2005—2011年经济增长速度年均为11.1％），这标志着我国经济发展由速度型发展向质量型发展转变。因此，有必要比较分析不同经济发展阶段经济发展对建设用地集约利用的效应，以探究基于高质量发展目标的促进建设用地集约利用对策。

　　（2）在经济发展过程中，经济增长、产业结构、技术进步三个维度是相互影响、共同作用的，目的是实现经济运行速度、质量、效益相统一的总体目标。经济发展不同阶段，这三个维度对建设用地集约利用驱动力存在差异，因此有必要比较分析不同经济发展阶段每一维度的作用机理与效应，以探究高质量发展目标下，促进建设用地集约利用的经济发展方向。

　　（3）经济增长、产业结构与技术进步分别对建设用地集约利用具有明显的促进作用，但是这三个维度不以孤立作用方式存在，而是相互影响、共同作用，因此，有必要将经济发展三个维度作为一个总的系统，探测并比较分析不同经济发展阶段经济发展的三个维度的两两驱动力交互作用力大小，评价两系统协调发展水平，以指导两系统高质量协调发展。

　　本章尝试从经济发展的三个维度（经济增长、产业结构与技术进步）出发系统地对建设用地集约利用的影响展开研究，深入探究不同经济发展阶段的经济发展对建设用地集约利用的影响机理、规律与程度，指导两者之间良性协调发展。

第3章 经济发展对建设用地集约利用的理论基础

本章首先从理论上对经济发展、建设用地集约利用等核心概念进行说明，然后阐述建设用地集约利用的理论基础、经济发展的理论基础，为后述相关研究的理论基础提供支持。

3.1 相关概念

3.1.1 经济发展

经济发展是指持续投入要素，以实现经济增长、制度、社会与生态环境全面发展的循环往复过程。它总是与经济增长、产业结构、技术进步等紧密联系。从驱动要素角度来看，迈克尔·波特将经济发展过程划分为要素粗放型推动、投资粗放或集约推动，创新集约推动及财富推动四个阶段[①]。

这一循环往复经济发展过程包括两种类型的发展：①经济循环往复过程是规模的外延扩大及速度、数量的增长，这是典型的经济速度增长型发展；②经济循环往复过程是结构优化、质量和效益的内涵型持续提高。第二种类型契合了2017年党的十九大首次提出的"经济高质量发展"要求。

这一循环往复经济发展系统包含三个重要动力要素（三个维度），即经济增长、产业结构与技术进步[②]的相互作用和联系过程。经济发展与这三个要素的关系可以概括为系统与要素的关系，即经济增长反映经济发展的数量目标、物质基础及规模与速度；产业结构反映经济发展的支柱、方向与质量水平；技术进步反映经济发展的持续动力、引擎及效益水平；而经济增长、产业结构、技术进步三方面是相互作用的，三者相互联系直接或间接传导作用于经济发展，实现经济发展过程中的经济运行速度、结构、质

---

① 波特. 国家竞争优势 [M]. 李明轩，邱如美，郑风田，译. 北京：华夏出版社，2002：16.
② 邱瑞. 对外贸易对黑龙江省经济发展影响机理及评价研究 [D]. 哈尔滨：哈尔滨工程大学，2010.

量、效益的总体目标。经济增长、产业结构、技术进步与经济发展的关系结构如图 3-1 所示。

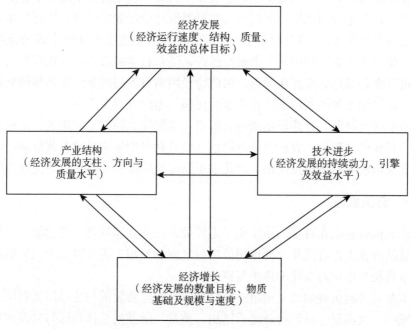

图 3-1　经济增长、产业结构、技术进步与经济发展关系示意

因此，依据经济增长、产业结构、技术进步三方面的主导作用程度不同，可将经济发展阶段划分为速度增长阶段与高质量发展（启动）阶段。在实际中我国自 2012 年开始降低经济增长速度，为高质量发展创造宽松有利环境，因此，本章认为，2012 年前经济增长速度发挥主导作用，将该经济发展阶段界定为速度增长阶段；自 2012 年开始，我国经济发展阶段转向高质量发展（启动）阶段。

本章基于经济发展的建设用地集约利用影响机理研究，从反映经济发展的三个重要方面，即经济增长、产业结构、技术进步角度分别论述其对建设用地集约利用的影响，而三者相互联系，共同作用于经济发展，进而也共同作用于建设用地集约利用。

3.1.2　建设用地集约利用

建设用地集约利用是相对于建设用地粗放利用而言的概念，是指遵循土地要素报酬递减规律，基于科学技术进步改变各投入要素的量与比例关系，持续在单位建设用地面积投入各生产要素，获取建设用地的经济、社会与生态环境的综合最优效益①②。综合来看，建设用地集约利用的内涵应该包括以下几点：①建设用地集约利用的集约程度需要在研究后综合进行评价，其相对建设用地粗放利用而言，是一个相对概念；②建设用地集约利用的基本途径是各生产要素的投入；③建设用地集约利用的目的是获取建设用地的经济、社会与生态环境的综合最优效益；④建设用地集约利用的依据要遵循土地要素报酬递减规律；⑤建设用地集约利用是一个动态过程，随着技术的进步，合理改变要素比例，可以推延其达到最高递增点，因此建设用地有不同的集约度和集约利用类型；⑥建设用地集约利用反映各要素的比例与组织方式关系。

本章研究对象，即建设用地包含城市、建制镇、独立工矿用地、交通水利用地、其他建设用地、农村居民点用地（城乡建设用地增减挂钩政策使经济发展也显著影响农村居民点用地，因此本章研究范围没有剔除农村居民点用地）。

3.1.3　影响机理

影响机理是指在特定的系统和一定环境条件下为实现某一定功能，结构中各要素的内在工作方式及互动作用的运行规则和原理。也可以认为，影响机理是指事物相互作用与变化的理由与道理。

本章对影响机理的含义做出的解释如下：在经济发展与建设用地利用组成的系统中，在实现经济运行速度、结构、质量、效益的总体目标与建设用地集约利用的综合效益目标的经济发展过程中，依据土地报酬递减规律、区位理论、经济增长理论与产业结构理论，生产要素、技术进步、产业结构及政策制度安排等各要素在一定环境条件下相互联系、相互作用的过程。

3.2　相关理论

3.2.1　土地报酬递减规律

土地报酬递减规律③的发现及其研究结论的总结经历了漫长的实践探索与理论完善过程，不同时期的不同专家对其有着不同的表述。土地报酬递减规律比较系统地被表述和论证是于 1815 年在威斯特（E. West）所著的《资本用于土地》中，由于土地报酬递减规律在表述与论证时有一定程度的欠缺，此后的西方经济学家纳索·威廉·西尼尔（Nassau William Senior）、约翰·贝茨·

---

① 许艳，濮励杰，张丽芳，等．土地集约利用与经济发展时空差异研究［J］．南京大学学报（自然科学），2009，45（6）：810-820.

② 徐霞．我国城市土地集约利用经济学分析［D］．南京：河海大学，2007.

③ 曲福田．土地经济学［M］．3 版．北京：中国农业出版社，2011.

克拉克（John Bates Clark）、阿弗里德·马歇尔（Alfred Marshall）等对该规律做出进一步论证和完善；马克思、恩格斯、列宁等也对该规律进行过专门论证和完善，强调该规律的性质实际是可以促使改变生产力，并指出在生产力（技术水平）不改变的前提下，该规律是客观存在的；再后来，又有经济学家对其进行了补充，认为在制度不改变的前提下，该规律只会在某一段时期内存在。

土地报酬递减规律的主要内容如下：①在一定的前提条件存在下，技术与制度不发生改变；②超过一定的时期不适合该规律解释；③强调要素投入要适度，不是越多越好；④过程是动态的，先增后减；⑤前提条件改变后，生产函数改变（要素组合方式改变），但一段时间后，该规律依然存在。

在实际生产过程中，生产者应遵循土地报酬递减规律理论依据，指导建设用地集约利用，具体如下：①在获得建设用地集约利用的最优效益前，建设用地及各要素应持续投入。在投入达到最佳点之前，这些投入会引起报酬的递增。②如果某建设用地及各要素的持续投入已达到最佳点，就不合适追加，若要寻求继续增长，只有依靠科技进步来改变各要素的比例关系。③该规律是生产力范畴，是针对特定单位特定的生产过程而言的，建设用地集约利用过程与对策存在区域差异①。

3.2.2 区位理论

区位有"场所""位置""定位"等意义②，简单地说，区位就是所在地点或所在地区。区位理论是研究人类生产活动的空间布局及相互关系的规律。指导建设用地利用的区位理论主要包括以下理论。

1. 屠能的农业区位理论

人们最先在农业领域开展关于生产活动的空间布局及相互关系的规律的研究。1826 年，德国农业经济学家约翰·海因里希·冯·屠能（Johann Heinrich von Thünen）发表《孤立国》，这标志着区位理论首次系统地出现。该理论的宗旨是总结人们在从事农业生产过程中农业土地利用类型位置选择的规律，为农业生产提供服务。屠能的农业区位理论的主要内容和贡献是：首先，假定一个非常理想且不受其他任何外来因素影响的环境。在"孤立国"环境条件下，没有其他交通方式，而且其既不在河流边，也不在可通航的运河边，更没有来自外部环境的其他农业产品的给予；在"孤立国"内部，只有一个消费市场，该环境中生产的农业产品也只能运输到该消费市场。在"孤立国"内

---

① 毕宝德. 土地经济学［M］. 5 版. 北京：中国人民大学出版社，2005.
② 曲福田. 土地经济学［M］. 3 版. 北京：中国农业出版社，2011.

部，所有土地的性质是一样的，即土地的天然特性（如土地自然肥力、土壤特性等）没有任何差异。农业区位理论的核心是运费问题，即运费的大小决定农业土地利用类型。农业区位理论的著名成果是"屠能圈"，围绕消费市场中心周围土地的利用类型形成一系列的同心圆，距离消费市场中心最近"屠能圈"的集约程度最高，然后向外依次递减，共分六个圈层，即集约的园艺和饲养奶牛等（易腐难运的农产品）—林业（解决城市居民所需薪材以及提供建筑和家具所需的木材）—集约种植业—种植牧草及粮食—粗放的三年轮作（黑麦、燕麦、其他休闲类）—牧业与粗放种植业（畜牧业区），以上都称为"屠能圈"。屠能的农业区位理论对当时的农业生产布局的指导起到非常重要的作用。后来有学者专家针对屠能的农业区位理论存在的假设前提发生改变，进一步完善了该理论。如果有其他消费市场的影响，则这些规则的圈层会发生外形变化，圈层间的距离也会发生变化。如果圈层内部的土地自然肥力、土壤特性等不同，圈层发生外形变化，圈层间的距离也会发生变化，这就是实际的级差地租。这些理论对当时乃至现在的农业土地利用类型与农业生产的区位选择的指导起到非常重要的作用。

2. 韦伯的工业区位理论

在工业领域，有突出贡献的是德国的阿尔弗雷德·韦伯（Alfered Weber），其最早总结和研究工业企业的位置选择最优的理论。1909 年，韦伯发表《论工业的区位》，标志着工业区位理论首次系统地出现。该理论的宗旨是总结工业企业的位置选择最优的规律，为工业生产提供指导服务。韦伯的工业区位理论的主要内容和突出贡献是：首先，假定一个非常理想且不受其他任何外来因素影响的环境。"孤立的一个工业企业"环境条件下，没有其他工业企业、没有来自外部与内部环境的社会文化方面等因素的干扰。从影响工业企业位置选择的三个因素角度进行研究，即韦伯所提及的"区位因素"。

第一个因素是考虑交通运输成本最低点的选择，影响交通运输成本的要素有如下两个：一是原材料质量，原材料质量又分为绝对质量和相对质量，绝对质量就是原材料本身的质量；相对质量是考虑将原材料费用及其地区差异纳入质量中，即原料质量与成本质量的比例，并指出相对质量才是考虑较全面且重要的。二是工业企业生产的产品的总质量，即韦伯所讲的制成品总质量。然后，将影响交通运输成本的两要素进行归并后综合考虑运输费用，提出原料指数的概念，原料总质量与制成品总质量之比就是原料指数。从而论证了考虑交通运输成本最低点的选择结论，即原料指数大，则区位选择在靠近原材料生产地点；相反，则选择在靠近消费中心地点。

第二个因素是考虑劳动力成本最低点的选择，即韦伯提及的每单位产品中所包含的工人工资额（也称为劳工成本），论证的结论是在没有其他因素影响情况下，工业企业位置选择在劳动力成本最低点。韦伯将交通运输成本与劳动力成本两个因素进行综合考虑，论证的结论是两个因素的成本加和最小的点是工业企业位置选择的最优点，并对两个因素的相互作用进行分析，推导出工业区位分布的基础网。

第三个因素是考虑集聚因素，即工业企业位置选择是否集聚，取决于集中与分散两种情况比较利益的大小。

韦伯从以上三个因素角度进行分析，结论是：三个因素成本加和最小的点是工业企业位置选择的最优点，并对前面的工业区位分布的基础网进行进一步的位置交换，为指导工业企业位置的选择提供了有益的参考。

3. 克里斯泰勒的中心地理论（城市区位理论）

在工业化和城市化的历史进程中，取得突出贡献的是德国地理学家克里斯泰勒（Chriataller），其最早总结和研究了城市的结构及形成过程的理论。1933年，克里斯泰勒发表《德国南部的中心地》，标志着城市区位理论首次系统地出现。该理论的宗旨是总结城市空间位置布局最优的规律，为指导城市空间位置布局服务。克里斯泰勒的城市区位理论的主要内容和突出贡献是：首先，假定一个非常理想且不受其他任何外来因素影响的环境。在"独立的一个城市或中心居民点"环境条件下，没有其他城市或中心居民点等因素的干扰。然后，从影响城镇居民点的结构及形成过程的三个因素角度进行研究。

第一个因素是考虑产品和服务的需求，克里斯泰勒从供需原理的角度构建了一个提供产品和服务的中心，一个需要该产品和服务的一定的人口规模及区域大小，已经确定级别的"中心"具有大致确定的经济距离和能达到的范围的功能属性。

第二个因素是考虑交通运输因素，该供需关系的障碍是距离，而交通运输能有效地消除距离，起到中间介质的作用，使产品和服务的空间交换得以进行，即可以认为交通运输费用决定居民点之间的距离及空间分布。

第三个因素是考虑行政管理因素，原因是行政事务及颁布法令的服务范围和人口规模，即克里斯泰勒所提到的管辖区有一定限度，即可以认为行政职能位也是影响区域的大小、人口规模的重要因素。

克里斯泰勒从以上三个因素角度进行分析，结论是三个因素形成了城市等级，同时指出该产品和服务的一定的人口规模及区域大小理论上必须最接近所属中心的地点，并且在六角形模型服务区域的中央（图3-2）。

4. 市场区位理论

在生产和消费活动中，做出突出贡献的是德国学者奥古斯特·廖什（August Losch），其总结和研究了市场形成过程的理论。1940年，德国学者廖什

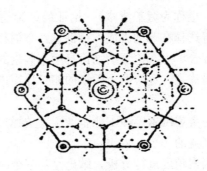

图 3-2　正六边形城市空间分布模型

发表《区位经济学》，标志着市场区位理论首次系统地出现。该理论的宗旨是总结市场区规模空间位置布局最优的规律，为指导市场区规模和空间位置布局提供服务。廖什的市场区位论的最大特征是以利润最大化确定区位，替代了韦伯的成本最小化原则。这种理论演化被认为是区位理论研究从古典区位理论进化成近代区位理论的标志。

　　无论是农业、工业、城市或者市场等空间布局规律，都是在农地或建设用地承载的区域内进行的活动，从各个区位论的研究思路与考虑的因素来看，也是建设用地集约利用的重要借鉴依据，对指导建设用地利用与布局有着重要的意义。

3.2.3　经济增长理论

　　经济增长是指在特定地点的某个时期内，生产能力提供的包括商品和服务在内的产出增长总量，它是经济发展的数量目标和基础，没有经济增长，实现经济发展也就没有物质基础。经济增长与经济发展的概念是有区别的，经济发展除了包含有经济数量的增长外，还包括速度、结构、质量与效益等综合目标的实现。研究经济增长的目的是为了找到持续提高经济的途径与措施，该项研究自经济学产生后就被各国学者重视，并不懈地从实践与理论方面寻找经济增长的规律。

　　经济增长理论主要包括古典经济增长理论、新古典增长理论、新经济增长理论、新制度经济增长理论等[1][2]。从早期的亚当·斯密（A. Smith）的《国民财富的性质和原因的研究》、萨伊（J. B. Say）到大卫·李嘉图（David Ricardo）的《政治经济学及赋税原理》，再到约翰·穆勒（J. Mill）的《政治经济学原理》，再到凯恩斯（Keynes）的《宏观经济学》，均给出了供给创造需

①　刘旖芸. 上海能源消费与经济发展关系研究 [D]. 上海：复旦大学，2009.
②　赵可. 农地城市流转与经济增长质量研究 [D]. 武汉：华中农业大学，2011.

求的定律，认为收入分配直接影响利润和资本积累，而机器及科学作为资本可以推动经济增长，同时认为物质资本积累推动了经济增长，这些观点都为资本积累是经济增长的基本源泉提供了理论前提。

之后，新古典经济学家罗伯特·索洛（Robert Solow）、斯旺（Swan）等在运用经济计量模型分析经济增长的影响因素时，将技术进步与其他生产要素分离，把技术进步作为一个外生变量进行单独研究。他们在运用增长模型分析经济增长时，发现技术进步可以改变资本产出比率，同时把技术进步作为长期经济增长的一个重要源泉，认为和技术进步与其他要素增加共同影响增长率，即内生的科技创新是经济增长的决定力量，从而确定了技术进步的重要作用，认为其是经济增长中不可忽视的决定性力量，至今，这一结论仍被广泛应用于各国的经济增长实践中。

20 世纪 80 年代中期，以卢卡斯（Lucas）和保罗·M. 罗默（Paul M. Romer）为代表人物的新经济增长理论认为，特殊的知识（即新思想）是经济增长的核心动力、主要因素。新经济增长理论以经济增长中某一要素为进一步研究方向，在强调知识、技术和人力资本对经济增长的重要影响时，没有考虑到产权关系与市场的供需双方等因素，忽略了分析制度、市场对经济增长的影响。诺斯（D. North）在分析经济增长的过程中，将制度演变作为一个重要因素来考虑，有力地证明了制度变迁对经济增长的重要影响，同时也论证了经济增长对制度变迁的作用，其研究成果逐步发展成为新制度经济增长理论，即制度创新是经济增长质量提高的内在原因，而其他因素都分为以下两种情况：一是制度创新的结果产物；二是经济增长自身所包含的要素，不能作为变量解释增长。新制度经济增长理论确立了制度在经济增长中的重要作用，并指出人们为降低生产的交易成本所做的努力会使制度演变，这对指导各国在经济增长的同时加强制度建设具有重要意义。

建设用地是经济增长的必要生产要素，因此经济增长方式的转变势必要求建设用地利用方式随其转变，具体的影响机理与效应有待进一步分析与检验。

3.2.4 产业结构理论

产业结构是指国民经济中第一、第二、第三产业的构成比例及各产业内部的构成比例和相互关系的综合，实质是生产资料和劳动力等各生产资料在各产业部门之间的按比例分配[①]。产业结构受区域的资源禀赋、政治与经济制度、科技发展水平、需求结构、投资结构、收入分配等多种因素影响，是社会经济长期发展的结果。关于产业结构的代表性的理论主要如下。

---

① 赵可. 农地城市流转与经济增长质量研究 [D]. 武汉：华中农业大学，2011.

（1）配第-克拉克定律。威廉·配第（W. Petty）在《政治算术》中指出，收入的差异是商业大于工业，工业大于农业。英国经济学家科林·克拉克（C. Clark）在《经济学的条件》中，对 40 多个国家长时期的研究资料进行分析，考察了产业结构的演进趋势，认为随着人均收入提高，就业人口逐步由农业向制造业转移、向第三产业转移的产业结构演进。

（2）西蒙·库兹涅茨（S. Kuznets）更侧重于从三次产业所占比例变化的角度论证产业结构演变规律。

（3）罗斯托（Rostow）提出了主导产业及其扩散理论和经济成长阶段论，认为主导产业成长性对其他产业带动作用大，其扩散性和创新性是产业结构调整的核心因素，并且根据技术标准，可以把经济成长阶段划分为六个阶段。

（4）霍利斯·B. 钱纳里（Hollis B. Chenery）工业化阶段理论：[1][2] 钱纳里从投入产出角度并基于大量数据进行考察，发现随着人均收入的增长，附加值比例发生变化，即初级产品部门不断下降，制造业不断上升，非交易部门上升。他将制造业的发展分为三个发展时期，并且在不同时期又将制造业划分出三种不同类型的产业。

产业结构决定了相应的建设用地利用结构，而建设用地利用结构反过来也可以促进或抑制产业结构优化，具体的影响机理与效应则有待进一步分析与检验。

3.2.5 技术进步理论

有研究表明，技术进步对社会发展和经济增长的影响越来越大。

1. 技术进步的概念

技术进步属于经济（或产出）增长因素分析的范畴，是推动经济发展的重要因素和原动力之一。

约瑟夫·A. 熊彼特（Joseph A. Schumpeter）用技术创新的概念力图证明技术与生产之间的关系。

技术创新理论对技术进步经济学产生巨大的影响，主要强调产品、工艺创新必须与其他创新密切相关和协调，认为起主导作用的是"硬"技术。创新只有得到相应的"软"技术创新的支持和配合，才能实现经济（或产出）中的技术进步作用。

由此可见，广义的技术进步是指经济增长中不能用要素投入来解释的任何其他因素之和。

---

① 刘旖芸. 上海能源消费与经济发展关系研究［D］. 上海：复旦大学，2009.
② 夏翃. 中国城市化与经济发展关系研究［D］. 北京：首都经济贸易大学，2008.

2. 技术进步的过程

从熊彼特的创新理论来看，技术进步是一个动态的过程（图 3 - 3）。该过程的先后顺序是科学发现、技术发明、技术创新、技术创新扩散环节。发明是指新工具或新方法的发明，但就技术发明而言，虽然它具有新颖性、创新性和实用性，但并未实现应用，即被储存在"技术库"中，以便生产部门随地可以实际利用或刺激新的发明。技术发明有两种可能：①作为成果，转化为应用，实现其价值；②为尚未实际应用的技术成果。

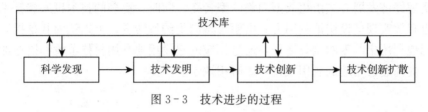

图 3 - 3　技术进步的过程

技术创新是指生产技术的创新，包括开发新技术，或者将已有的技术进行应用创新。

技术创新扩散是指在技术进步和技术创新后才发生的，并且与技术创新在市场上的推广传播过程有关，一项技术创新不经过扩散就谈不上应用，也就最终不能实现它所具有的潜在功能。技术创新扩散不断形成新技术、新知识和新成果，促进技术创新的发展。

综上所述，科学发现、技术发明、技术创新、技术创新扩散形成相互联动的环节，这种演进过程就是技术进步的过程。

3. 技术进步与自然资源的关系

在自然资源的研究领域内，研究学者分为"悲观派"和"乐观派"两种。前一种主张以西方著名未来学研究团体罗马俱乐部为代表，代表作是《增长的极限》，他们认为地球的资源是有限的，利用资源不仅会带来污染，还会消耗资源，因此资源将满足不了利用的需要。而后一种主张的学者，在《没有极限的增长》中广泛系统地论述了"乐观派"对人类资源、生态、人口等问题的看法，他们认为不用过度担心资源会被耗尽，科技能创造出替代物品来满足经济增长的需求。

在这场关于自然资源的争论中，"悲观派"过度强调了自然资源的稀缺性和经济增长的快速，忽视了技术发展对环境问题的缓解；而"乐观派"则高估了人类发展的速度和能力，认为发展会解决一切问题。事实上，技术的发展的确可以使人类不断开发出新型的资源与能源，也可以通过"变废为宝"的方式使自然资源得到更大程度的利用，即提高利用率，减少浪费；同时，技术的不断进步也可以逐步减少工业发展中造成的环境污染，改善自然环境，尽量减缓自然资源的有限性给人类发展带来的制约。但经济增长的速度较快，科技发展能否以更快或相当的速度前进以制约经济增长带来的负面影响，才是人类发展中应当注意的主要问题，因此，在技术并不成熟的时期，人们还应当保持经济增长的稳定，而不是寄希望于未来的技术成果，这样才能让社会保持"边治理边发展"的发展模式，而不是保持"先破坏后治理"的发展模式，从而使人类失去对经济发展和资源环境关系的把握，处于被动的治理地位。技术进步理论具体应用于建设用地利用时，技术作为生产力的要素渗透于生产过程中，能有效实现经济发展方式由粗放型向集约型转变。同时，更多的技术投入和技术创新也有效实现建设用地利用方式由粗放型向集约型转变，可以认为其是提高建设用地利用集约度的重要途径，通过相应的建设用地利用科技手段和措施的应用，提高建设用地的利用效益，缓解用地矛盾。

第4章 经济发展对建设用地集约利用的影响机理

经济发展与资源禀赋、政策、生态环境共同作用于建设用地集约化利用过程，本章在理论分析以上因素对建设用地集约利用影响的基础上，运用安徽2000—2019年时间序列数据实证探讨以上因素对建设用地集约利用的作用程度，重点研判不同经济发展阶段里经济发展对建设用地集约利用的作用程度。

4.1 理论分析

一般，建设用地集约利用的影响因素可以分为四大类，即资源禀赋因素、经济发展因素、政策因素和生态环境因素[1][2]。资源禀赋因素除包括自然特性因素外，土地资源禀赋也是一个影响建设用地集约利用的重要因素；经济发展因素包括地方经济增长水平、产业结构水平与技术进步三个直接因素；政策因素主要包括土地市场化改革、经济体制改革、土地利用政策等因素；生态环境因素包括城市建成区内部绿化覆盖率和城市污水处理率因素。

4.1.1 资源禀赋因素与建设用地集约利用

资源禀赋因素是建设用地集约利用中较为基本的因素，包括地质、地形、水文、气候、动植物、可拓空间等要素的状况及特征[3]。资源禀赋因素对建设用地的影响主要表现为地基承载力的大小与建设用地可拓空间，是建设用地开发利用的基础条件。地基承载力越大，越适宜进行高密度和高强度的建设用地开发利用，这不仅有助于提高建设用地利用强度，还可以促使建设用地利用集约化。建设用地可拓空间对其集约利用影响强烈，一般来讲，其可拓空间越大、资源禀赋越丰富，越易造成粗放利用，即建设用地集约利用不高，呈"摊

---

① 杨锋，袁春，周伟，等. 区域土地集约利用影响因素研究 [J]. 资源与产业，2010，12 (4)：67-73.

② 钱铭杰. 区域建设用地集约利用模式与评价研究 [D]. 北京：中国地质大学，2011.

③ 赵丽，付梅臣，张建军，等. 乡镇土地集约利用评价及驱动因素分析 [J]. 农业工程学报，2008，24 (2)：89-94.

大饼式"利用；相反，其可拓空间越小，在建设用地需求刚性的作用下，越促使建设用地的价格上涨，从而在市场规律的作用下，促使建设用地使用者更加节约用地，以节约用地成本。可以认为，资源禀赋因素的差异从根本上影响建设用地开发利用的强度和深度，从而影响集约利用水平的高低。

经济发展必然需要增加建设用地供给，未利用地等可拓空间往往远离经济中心区，难以吸引投资者，因此各地建设用地供给的主要途径是牺牲耕地。因此，人均耕地面积变化从很大程度上反映了各地区建设用地外延式供给变化，也就是各地区的人均耕地面积变化可以表征建设用地可拓空间变化，反映各地区供给建设用地的资源禀赋程度。国家为保障粮食安全，控制建设用地外延式发展，促进建设用地内涵挖潜、集约利用，多年来实行县级以上行政区"耕地总量动态平衡"战略，考虑到部分地区补充耕地后备资源匮乏，容许"缴纳耕地开垦费，异地代为开垦耕地"，但在省级行政区范围内很少被许可。因此，省级行政区范围内人均耕地面积变化可以反映建设用地可拓空间变化，即人均耕地面积越大，建设用地的可拓空间越被压缩，倒逼建设用地集约利用走内涵挖潜之路，从而使其集约利用程度相对较高。

以安徽省 2000—2019 年人均耕地面积变化为例（图 4-1），人均耕地面积由 2000 年的 0.069 4 公顷扩大到 2019 年的 0.082 7 公顷，建设用地利用集约度（建设用地利用经济产出是其集约利用的重要方向，这里仅考察建设用地利用集约度影响因素的方向与程度，因而选择单位建设用地面积上的二、三产

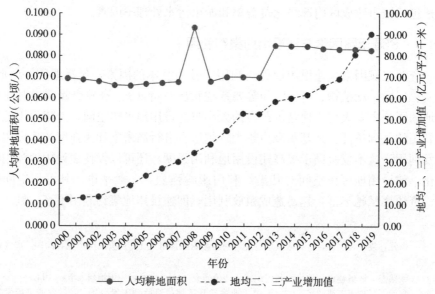

图 4-1 2000—2019 年安徽省人均耕地面积与地均二、三产业增加值的变化趋势

业增加值表示建设用地利用集约度）由 2000 年的 12.615 6 亿元/平方千米扩
大到 2019 年的 135.181 8 亿元/平方千米。选择安徽省 2000—2019 年时间序
列数据，利用 SPSS25.0 统计分析软件进行皮尔逊相关分析后，发现在两者相
关系数为 0.84，在 5% 显著水平上，初步验证了人均耕地面积变化与建设用地
利用集约度变化是正相关的。

4.1.2　经济发展因素与建设用地集约利用

对于经济发展，主要分析地方经济增长水平、产业结构水平与技术进步三
个直接因素对建设用地集约利用的影响，并利用安徽省 16 个城市级面板数据
进行实证检验。

1. 经济增长水平与建设用地集约利用

如同前文分析，建设用地的需求从本质上讲是一种引致需求，其需求来源
于经济的发展或者企业的发展。因此，经济增长主要通过以下两种途径影响建
设用地集约利用。

第一种途径是影响建设用地的投入强度。根据建设用地集约利用的内涵，
在存量建设用地上投入的资本、劳动力和技术等要素，将直接影响到建设用地
集约利用的程度和水平。而经济增长水平是各地区投入能力的一个重要影响因
素，资本、劳动力和技术等要素投入是经济增长的动力，反之，经济增长是资
本、劳动力和技术等要素投入增长的重要源泉。对我国 2000—2016 年 30 个省区
市（不含西藏和港澳台地区）的面板数据进行估计，结果表明，资本产出弹性
波动范围为 0.523～0.742，劳动力产出弹性波动范围为 0.235～0.481，土地产
出弹性波动范围为 0.232～0.526，也就是说地区生产总值每增加一个百分点，
平均带动 1.866 个百分点的投资增长、4.008 个百分点的就业增长、4.011 个百
分点的建设用地需求[①]。另外，从表 4-1 的数据也可以看出，安徽省经济较发达
的 5 个地区单位建设用地劳动力和资本投入在整体上高于经济不发达的 5 个地区。

表 4-1　2019 年安徽省 16 个城市人均地区生产总值、
固定资产投资和劳动力投入水平排序

城市	排序	人均地区生产总值 （元）	地均二、三产从业人口数 （万人/公顷）	地均固定资产投资额 （亿元/平方千米）
阜阳	16	21 824	20	77.37
亳州	15	22 928	14	66.36

---

① 孙春. 我国经济要素投入潜在增长率的估算 [J]. 统计与决策，2019，35 (11)：111-115.

（续）

城市	排序	人均地区生产总值 （元）	地均二、三产从业人口数 （万人/公顷）	地均固定资产投资额 （亿元/平方千米）
六安	14	23 823	14	62.39
宿州	13	26 126	12	71.63
淮南	12	28 825	15	102.73
安庆	11	39 143	14	105.20
淮北	10	42 835	12	152.50
池州	9	44 543	12	123.22
蚌埠	8	46 285	12	168.795
黄山	7	47 743	15	141.76
宣城	6	48 679	12	141.88
铜陵	5	48 923	14	248.32
滁州	4	55 526	9	87.25
马鞍山	3	80 070	15	311.94
芜湖	2	80 668	15	293.94
合肥	1	106 148	22	286.60

第二种途径是影响建设用地产出水平。相关研究表明，经济增长与财政收入、社会消费及工资水平等呈稳定相关关系。1978—2017年，我国财税变革经历了1982年的"利改税"、1987年的"大包干"、1994年的"分税制"和2009年的"营改增"，公共财政与经济增长的回归系数稳健，均为0.09～0.13[①]。浙江省域1%的经济增长大约可以带动0.978 8%的社会消费品零售增长[②]。采用2010—2015年我国流动人口动态监测数据和地市层面宏观数据的合并数据，考察城市产业发展和城市流动劳动力工资收入关系，发现产业增长影响劳动力名义工资与真实工资显著回归系数分别为0.191 0及0.089 4，可见劳动力大规模向城市流动本质上是权衡成本收益的结果，其现象本身证明了城市经济集聚效率的持续存在[③]。由此可知，随着经济持续增长，区域建设用

① 郭路，李圆圆．中国财政改革与经济增长实践 [J]．财经理论与实践，2021，42（1）：79-85.

② 王立军，陈海盛，张冯伟．社会消费与经济发展关系研究：基于浙江省11个地市面板数据的实证分析 [J]．浙江树人大学学报（人文社会科学版），2015，15（6）：37-41.

③ 呼倩，夏晓华，黄桂田．中国产业发展的流动劳动力工资增长效应：来自流动人口动态监测的微观证据 [J]．管理世界，2021，37（10）：86-100，245-248.

地范围内的财政收入、社会消费及工资水平随之增长，建设用地产出提升，建设用地集约度增强。

由以上分析可知，以人均固定资产投资额、人均财政收入、人均社会消费品零售总额、职工平均工资表示经济增长水平，地均二、三产业增加值表示建设用地利用集约度。本文选择安徽省2000—2019年时间序列的数据，利用SPSS25.0统计分析软件进行皮尔逊相关分析后发现，表示经济增长水平的各指标都与建设用地利用集约度显著相关，相关系数与显著水平分别为0.84、5%，初步验证了经济增长水平与建设用地利用集约度是正相关的（表4-2），即经济增长水平越高，建设用地集约利用的程度越高。

2. 产业结构水平与建设用地集约利用

产业结构是指各产业的构成及各产业之间的联系和比例关系。随着产业结构的不断演替，产业的空间布局同时发生变化，导致土地利用结构也相应发生变化，从而影响土地集约利用的水平。不同产业土地利用集约度的差异是非常明显的，其中服务业中的金融保险业、不动产及租赁业、批发零售住宿餐饮业等第三产业的土地利用集约度很高；第二产业中的营造业（建筑业）、制造业及服务业中的医疗保健服务业次之；运输仓储及通信业、水电燃气业及矿业土石采取业最低。在行业最多的制造业中，不同的行业土地利用集约度也有较大差异，通信及视听电子产品制造业、精密光学医疗器材及钟表制造业、印刷及其辅助业、电子零部件制造业、电力及电子机械器材制造修配业、成衣服饰品及其他纺织制品制造业的土地利用集约度较高；石油及煤制品制造业土地利用集约度最低[1][2]。王梅和曲福田对昆山开发区企业土地集约利用的研究也有类似的结论（表4-3）。

具体来说，由于不同产业对资本和劳动力的吸纳能力或者投入要求的不同，产业结构的变动必将影响资本和劳动力投入结构的变动，从而影响土地资源投入水平和结构。以劳动力与固定资产投入为例，我国2012—2019年的统计数据研究表明，第三产业平均吸纳就业劳动力是第二产业的13.41倍，第三产业平均吸纳固定资产投入是第二产业的1.26倍。可知，从中国目前的情况来看，第三产业劳动力和固定资产投入强度大于第二产业的（表4-4）。

---

① 何晓丹. 建设用地集约利用评价 [D]. 杭州：浙江大学，2006.

② 苗建军，徐愫. 空间视角下产业协同集聚对城市土地利用效率的影响：以长三角城市群为例 [J]. 城市问题，2020 (1)：12-19.

经济发展对建设用地集约利用的影响研究

表 4-2 皮尔逊相关系数

项目	X_1	X_2	X_3	X_4	X_5	X_6	X_7	X_8	X_9	X_{10}	X_{11}	X_{12}	X_{13}	X_{14}	X_{15}	X_{16}
X_1	1	0.697**	0.680**	0.575**	0.698**	0.19	0.484*	0.689**	0.672**	0.394	0.694**	0.511*	−0.539*	0.639**	0.659**	0.701**
X_2	0.697**	1	0.993**	0.886**	0.996**	0.315	0.627**	0.917**	0.965**	0.560*	0.969**	0.708**	−0.771**	0.841**	0.876**	0.995**
X_3	0.680**	0.993**	1	0.865**	0.993**	0.386	0.559*	0.905**	0.940**	0.571*	0.977**	0.717**	−0.765**	0.849**	0.893**	0.991**
X_4	0.575**	0.886**	0.865**	1	0.886**	0.058	0.722**	0.753**	0.901**	0.365	0.819**	0.545*	−0.644**	0.659**	0.671**	0.894**
X_5	0.698**	0.996**	0.993**	0.886**	1	0.364	0.601**	0.926**	0.951**	0.599**	0.980**	0.746**	−0.747**	0.865**	0.902**	0.998**
X_6	0.19	0.315	0.386	0.058	0.364	1	−0.453*	0.371	0.1	0.597**	0.493*	0.587*	0.001	0.645**	0.298	0.335*
X_7	0.484*	0.627**	0.559*	0.722**	0.601**	−0.453*	1	0.598**	0.769**	0.209	0.488*	0.287	−0.615**	0.306	0.298	0.620**
X_8	0.689**	0.917**	0.905**	0.753**	0.926**	0.371	0.598**	1	0.881**	0.809**	0.911**	0.759**	−0.741**	0.834**	0.876**	0.918**
X_9	0.672**	0.965**	0.940**	0.901**	0.951**	0.1	0.769**	0.881**	1	0.482*	0.897**	0.634**	−0.771**	0.749**	0.764**	0.953**
X_{10}	0.394	0.560*	0.571*	0.365	0.599**	0.597**	0.209	0.809**	0.482*	1	0.633**	0.698**	−0.394	0.683**	0.731**	0.579**
X_{11}	0.694**	0.969**	0.977**	0.819**	0.980**	0.493*	0.488*	0.911**	0.897**	0.633**	1	0.790**	−0.664**	0.913**	0.949**	0.976**
X_{12}	0.511*	0.708**	0.717**	0.545*	0.746**	0.587*	0.287	0.759**	0.634**	0.698**	0.790**	1	−0.444	0.835**	0.863**	0.730**
X_{13}	−0.539*	−0.771**	−0.765**	−0.644**	−0.747**	0.001	−0.615**	−0.741**	−0.771**	−0.394	−0.664**	−0.444	1	−0.397	−0.527*	−0.750**
X_{14}	0.639**	0.841**	0.849**	0.659**	0.865**	0.645**	0.306	0.834**	0.749**	0.683**	0.913**	0.835**	−0.397	1	0.965**	0.847**
X_{15}	0.659**	0.876**	0.893**	0.671**	0.902**	0.298	0.298	0.876**	0.764**	0.731**	0.949**	0.863**	−0.527*	0.965**	1	0.884**
X_{16}	0.701**	0.995**	0.991**	0.894**	0.998**	0.335*	0.620**	0.918**	0.953**	0.579**	0.976**	0.730**	−0.750**	0.847**	0.884**	1

注：*** 表示 $P<0.01$，** 表示 $P<0.05$，* 表示 $P<0.1$。

表4-3　昆山工业企业土地集约利用评价结果

行业	地均水消耗（吨/平方米）	地均电消耗（千瓦时/平方米）	土地集约利用综合指数值
电子	0.80	95.0	0.57
服装	3.50	35.0	0.47
食品	0.20	32.0	0.40
塑胶	1.90	168.0	0.36
皮革	0.27	53.0	0.46
化工	1.20	18.0	0.39
机械	0.80	90.0	0.17
金属	0.90	38.4	0.45
交通	1.10	100.0	0.38
纸制品	7.60	220.0	0.29

资料来源：王梅，曲福田．昆山开发区企业土地集约利用评价指标构建与应用研究［J］．中国土地科学，2004，18（6）：22-27。

表4-4　2012—2019年我国第二、第三产业劳动力与固定资产投入情况

产业	指标	2012年	2013年	2014年	2015年	2016年	2017年	2018年	2019年
第二产业	就业人口数（万人）	2 322	2 314	2 305	2 264	2 229	2 176	2 135	2 123
	固定资产投资（亿元）	9 962	111 876	122 409	129 557	132 866	135 970	144 454	149 005
第三产业	就业人口数（万人）	27 493	29 321	30 920	32 258	33 042	34 001	34 911	35 561
	固定资产投资（亿元）	167 781	201 495	233 858	257 865	282 385	305 949	322 930	344 071

资料来源：张颖，经济增长中的土地利用结构研究［D］．南京：南京农业大学，2005。

在产业结构演进过程中，不同行业及相关、配套等产业的集聚过程产生行业、地区化规模经济效益，建设用地规模经济效益也在此过程中形成[1][2]。因此，产业结构不同，资本和劳动力投入就不同，进而影响建设用地集约利用的程度和水平。

由以上分析可知，以第二产业增加值占地区生产总值比例与第三产业增加值占地区生产总值的比例代表产业结构调整状况，地均二、三产业增加值代表建设用地利用集约度。本文选择2000—2019年安徽省时间序列的数据，利用SPSS25.0统计分析软件进行皮尔逊相关分析后发现，代表产业结构调整水平

---

① 张雯熹，吴群，王博，等．产业专业化、多样化集聚对城市土地利用效率影响的多维研究［J］．中国人口·资源与环境，2019，29（11）：100-110.

② 梁流涛，翟彬，樊鹏飞．经济聚集与产业结构对城市土地利用效率的影响［J］．地域研究与开发，2017，36（3）：113-117.

的两指标皆与建设用地利用集约度显著相关，相关系数与显著水平分别为0.84、5%，初步验证了产业结构调整水平与建设用地利用集约度是正相关的（表4-2），即第二产业与第三产业结构比例越高，建设用地集约利用的程度越高。

3. 技术进步因素与建设用地集约利用

技术进步因素能够直接改变人类对建设用地的利用，还可以改变建设用地上的各生产要素最优组合比例，同时其也是促进建设用地集约利用具革命性的因素。一方面，随着科技水平的不断提高，技术进步为建设用地立体空间资源的开发利用提供直接的技术支持，城镇建设在地上、地表、地下三维空间范围内的开发力度不断加大，极大地提高了建设用地空间利用的强度及建设用地的利用率。另一方面，建设用地使用者通过引进最新的生产技术，改变建设用地上的各生产要素最优组合比例，使建设用地产出获得质的飞跃，提升建设用地的利用率。因此，建设用地利用程度，不仅受经济因素的影响，还受技术进步因素的影响。通常，技术水平较低的地区或者企业其建设用地高效利用的程度较低。

技术进步投入主要包括开展科研、实验的机器设备等固定投入，以及科研人员的基础补贴与创新的奖励，科技投入的多少对技术进步水平的高低具有重要的影响，而技术进步水平又会影响建设用地的集约利用水平。在建设用地投入中，技术投入也会影响资本和劳动力的投入数量和结构。其中，资本和劳动力的投入从本质上讲是一种引致需求，其需求源自经济的发展或者企业的发展。技术进步水平直接关系到企业的发展和经济的发展，也影响到劳动力投入和资本投入。技术进步水平较低的企业通常采取外延式的扩展方式，如以劳动力投入的增加来推动其发展。技术型企业通常通过增加高素质人才和投入先进设备来增加其产量或降低成本，从而获得更大的利润。因此，技术水平与建设用地资本和劳动力投入密切相关，从而影响到建设用地的集约利用水平。

结合上述分析，通常从科技经费投入和科技人员投入两个方面进行技术进步因素分析，也有的学者仅用外贸依存度（外贸依存度＝进出口总额/固定资产投资额）加以度量[1][2]。鉴于数据的可获得性，本节选取 R&D 占地区生产总值的比例、每十万人口拥有的大专及以上教育程度人口、外贸依存度代表技术进步因素，地均二、三产业增加值代表建设用地利用集约度，选择安徽省

① 王启仿. 区域经济差异及其影响因素研究 [D]. 南京：南京农业大学，2003.

② 王向东，刘小茜，裴韬，等. 基于技术效率测算的京津冀城市土地集约利用潜力评价 [J]. 地理学报，2019，74（9）：1853-1865.

2000—2019 年时间序列的数据，利用 SPSS25.0 统计分析软件进行皮尔逊相关分析，结果发现技术进步水平的上述三指标皆与建设用地利用集约度显著相关，相关系数与显著水平分别为 0.84、5%。结果初步验证了技术进步水平与建设用地利用集约度是正相关的（表 4-2），即技术进步因素对建设用地利用集约度有较强的正向作用。

4.1.3　政策因素与建设用地集约利用

对于建设用地集约利用而言，政策因素主要包括土地市场化改革、经济体制改革和土地利用政策等。

1. 土地市场化改革与建设用地集约利用

在市场经济中，价格是经济参与者相互之间联系和传递经济信息的方式，并且价格也以一定的方法促使经济资源得到有效使用。对于土地市场而言，土地价格是土地市场的核心。土地价格是土地价值和权益的具体表现，是反映建设用地供求关系的"晴雨表"，是调节建设用地利用方式的重要手段。要发挥市场配置建设用地的基础作用，重要的杠杆就是土地价格。通过土地价格的调控作用，可以影响建设用地节约集约利用。具体而言，土地市场化改革通过市场结构和市场机制的完善、市场主体培育等改革，影响建设用地使用者在土地一级市场和二级市场上的交易行为，最终在市场价格的作用下通过替代效应、竞租效应、流动效应影响其建设用地利用。

对于土地市场化程度的衡量，主要可以参考曲福田等[①]、王青等[②]的研究分析思路。他们认为，交换是市场经济的特征，分配主要依靠交换来实现，因此对土地市场化程度可以从土地市场交易的角度来评价。我国土地市场是三级结构，其中农地征购市场属于政府行为，所以本节通过土地一、二级市场来反映土地市场化程度：①土地一级市场涉及计划和市场两种配置方式，因此其主要从土地交易结构方面反映市场化程度；②土地二级市场是土地使用者之间的自由交易，相对接近于完全的市场化机制，因此其主要用土地市场的活跃程度反映市场化进程。对于土地一级市场，选择各种供地方式（划拨、协议出让、招标出让、挂牌出让、拍卖、租赁、其他供地方式）供应的土地宗数占当年土地一级市场供应的土地总宗数的比例作为其评价指标；对于土地二级市场，选择各种交易形式（转让、出租和抵押）占建设用地总面积的比例作为其评价指

---

① 曲福田，冯淑怡，诸培新，等. 制度安排、价格机制与农地非农化研究［J］. 经济学（季刊），2004，4（1）：229-248.

② 王青，陈志刚，叶依广，等. 中国土地市场化进程的时空特征分析［J］. 资源科学，2007，29（1）：43-47.

标。根据以上分析，土地市场化程度评价总的测算模型为

$$LM = LM_1 \times W_1 + LM_2 \times W_2 \tag{4-1}$$

式中：LM 表示土地市场化程度；LM_1 和 W_1 分别表示土地一级市场市场化程度及其对应的市场化权重；LM_2 和 W_2 分别表示土地二级市场市场化程度及其对应的市场化权重。

土地一级市场市场化程度测算模型为

$$LM_1 = HB \times W_{11} + XY \times W_{12} + ZB \times W_{13} + PM \times W_{14} + GP \times W_{15} +$$
$$ZL \times W_{16} + QT \times W_{17} \tag{4-2}$$

式中：HB、XY、ZB、PM、GP、ZL、QT 和 W_{11}、W_{12}、W_{13}、W_{14}、W_{15}、W_{16}、W_{17} 分别表示土地一级市场中划拨、协议出让、招标出让、拍卖出让、挂牌出让、租赁、其他供地方式供应的土地宗数占土地一级市场供应的土地总宗数的比例及其对应的市场化权重。

土地二级市场市场化程度测算模型为

$$LM_2 = ZR \times W_{21} + CZ \times W_{22} + DY \times W_{22} \tag{4-3}$$

式中：ZR、CZ、DY 和 W_{21}、W_{22}、W_{23} 分别表示土地二级市场中转让、出租、抵押交易的土地面积占建设用地总面积的比例及其对应的市场化权重。

在上述评价安徽省土地市场化程度的模型中，涉及的二级市场土地交易及土地划拨、协议、招标、拍卖、挂牌出让、租赁、其他供地方式供应的土地宗数来源于《中国国土资源年鉴》（2000—2009 年）。其中，二级市场土地交易数据为年鉴中的土地转让、出租和抵押土地宗数。选择 2000—2019 年的数据考察安徽土地市场化进程的原因如下：①自中国实施城市土地有偿使用制度以来，土地的市场化改革经历了多次政策变动，直到 1998 年后才进入一个持续、稳定的发展阶段。②考虑相关统计数据的一致性和可获得性等方面的因素和条件。在权重确定方面，土地一级市场与二级市场同等重要，因此其权重可确定分别为 0.5。对于土地二级市场，由于普遍认为二级市场是一个相对完善的市场，其各种交易形式的市场化权重可直接赋值为 1。土地一级市场中各种供地方式的市场化权重主要依据其供地价格与土地正常市场价格的相对值来确定。划拨是一种典型的土地资源计划配置方式且基本为无偿获取，因此在评价土地市场化程度时，定义其市场化权重为 0。对于各种出让方式的市场化权重，根据对近年来安徽土地市场交易情况的分析，协议方式出让土地的平均价格约为正常市场价格的 20% 左右，招标、拍卖和挂牌的价格则与正常市场价格相近。因此，本节定义协议出让的市场化权重为 0.2，而招标、拍卖、挂牌出让的市场化权重为 1[①]。

---

① 王青，陈志刚，叶依广，等．中国土地市场化进程的时空特征分析 [J]．资源科学，2007，29（1）：43-47．

对于租赁和其他供地方式的市场化权重，借鉴李娟等[①]的研究，出让或租赁、作价入股或授权经营、划拨使用，用地方式从有偿过渡到无偿，市场化程度也依次递减。同时，结合《中国国土资源年鉴》（2000—2009 年）中租赁、其他供地方式供应土地的面积和成交价款（或收入）将租赁、其他供地方式的市场化权重确定为 0.2。根据前面的方法，测算安徽省 2000—2019 年的土地市场化程度值（图 4-2）。

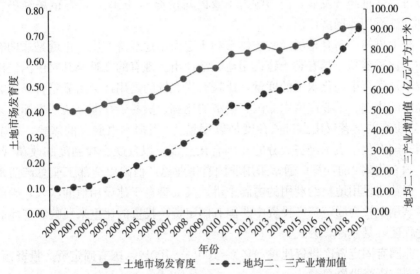

图 4-2 2000—2019 年安徽省土地市场发育度与地均二、三产业增加值变化趋势

2. 经济体制改革与建设用地集约利用

对于经济转型期的中国而言，土地市场化改革仅是市场经济体制建设的一个方面。我国经济的市场化改革还包括其他生产要素市场，如劳动力市场、资本市场的建设；也包括产权制度多元化、对外开放等为培育市场经济主体等方面的改革。经济体制改革对建设用地集约利用的影响主要体现在以下两个方面。

（1）有利于建设用地市场竞争主体的培育。经济体制的改革，特别是非国有经济成分的改革，可以培育不同性质的竞争主体。只有不同产权性质、不同地区、众多的市场主体参与建设用地资源的竞争，才能有利于建设用地在不同效率的主体之间竞争。在土地市场的作用下，建设用地可以从低效利用的使用者手中转移到高效利用的使用者手中，或者由最能够高效利用建设用地的使用者获利土地，从而有利于建设用地集约利用。

---

① 李娟，吴群，刘红. 土地市场成熟度及其量度体系研究 [J]. 中国土地，2006 (11)：12-14.

（2）有利于建设用地市场形成公平竞争的市场环境。创造公平、公开的市场竞争环境是经济市场化改革的基本目标，而公平、公开的市场环境是建设用地通过市场配置到建设用地高效利用者手中的基本途径。发达国家的市场经济发展早已证明，公平、公开的市场竞争环境有利于资源的高效合理配置。同样，只有进一步推进我国经济市场化改革，建设用地市场才能在建设用地的合理配置中不断提高建设用地集约利用的程度和水平。现有的文献也证明了政府投资可以促进经济发展，但影响力不及民间投资[①]，因此，培育市场经济主体有利于建设用地经济产出。

综上可知，培育市场经济主体有利于建设用地经济产出，也就是非国有经济主体比重越高，越有利于建设用地经济产出。现有的文献及其对中国经济体制改革及运行市场化水平的度量，比较有代表性的是用社会商品零售额占非国有经济的比例、工业产值中非国有经济的比例、贸易依存度等四项指标加以分析[②]，也有的学者仅用出口依存度加以度量[③]。根据本书研究的需要，本节主要用非国有化率表示经济成分的非国有化程度，以反映产权制度的改革现状。对非国有化率[④]的计算，通常采用非国有工业总产值除以全部工业总产值来计算，但从建设用地集约利用的内涵来讲，其关键在于建设用地的投入，因此本节尝试用全社会固定资产投资中非国有固定资产投资的比重来反映经济体制市场化程度，具体计算公式为

非国有固定资产投资比重（％）＝100％－100％×国有固定资产投资额/全社会固定资产投资总额

依据 2001—2020 年相关统计年鉴数据，本文测算安徽省 2000—2019 年的非国有固定资产投资比重，如图 4-3 所示。

3. 土地利用政策与建设用地集约利用

土地资源利用政策是影响建设用地集约利用较为直接的因素之一，其包括对建设用地用途、建筑密度、投资强度、容积率等方面的规定和约束。目前，许多地方通过规定建设用地利用的建筑密度、容积率和单位面积建设用地投入产出值等硬性指标来控制建设用地利用的集约程度。例如，大多数各类经济技术开发区和高新技术产业开发区，特别是工业项目用地等制定了相应的用地强度标准，以强制提高建设用地利用的集约度。

工业仍然是我国国民经济的主导产业，工业用地是支撑工业经济发展的重

①④ 韩秀兰，崔梦韬．民间投资、产业结构与经济增长 [J]．工业技术经济，2021，40（9）：143-149.

② 蔡昉．制度、趋同与人文发展：区域发展和西部开发战略思考 [M]．北京：中国人民大学出版社，2001.

③ 王启仿．区域经济差异及其影响因素研究 [D]．南京：南京农业大学，2003.

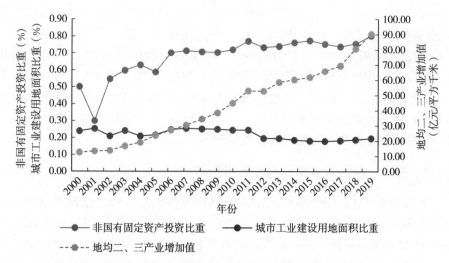

图 4-3　2000—2019 年安徽省非国有固定资产投资比重、城市工业建设
用地面积比重与地均二、三产业增加值的变化趋势

要资源要素。我国各地工业用地普遍存在地价低廉、利用强度不高、外延式扩张等粗放利用现象。为提高工业用地集约度，国家及各地政府积极探索规划城市工业用地比例、用地门槛、工业入园、二次开发、市场机制配置、标准地等措施，不断提高工业用地利用效率[①②]。《中华人民共和国城市规划法》《城市用地分类与规划建设用地标准》（GB 50137—2001）等规定了城市工业用地比例范围，以有效防止工业用地无序扩张，保障城市用地结构合理与集约利用。工业用地比例越低，越反映工业用地内涵式发展，单位用地投入高，利用强度与集约度越高。一般来说，工业用地在出让之时会公布其容积率、建筑密度等条件，只有按照规定的条件进行投标和设计才能获利该建设用地的使用权[③]。因此，对建设用地用途、建筑密度、投资强度、容积率等进行规定和约束，从某种程度上已经决定了建设用地集约利用的程度。但是，相关统计数据缺乏，因此本节仅选取城市用地中"城市工业建设用地面积比重"表征有关建设用地利用政策，分析其对建设用地集约利用的影响。

　　结合上述分析，政策因素主要包括土地市场发育度（表征土地市场政策）、

①　崔新蕾，孟祥文. 国家级承接产业转移示范区设立与工业用地要素市场化配置 [J]. 产业经济研究，2021（4）：1-12.

②　饶映雪，林国栋. 政策工具对中国工业用地效率的影响 [J]. 统计与决策，2021，37（17）：85-89.

③　谢文婷，曲卫东. 成都市工业用地弹性出让改革中企业用地选择偏好分析 [J]. 中国土地科学，2021，35（8）：39-46.

非国有固定资产投资比重（表征经济体制改革），城市工业建设用地面积比重（表征有关土地利用政策），地均二、三产业增加值（表征建设用地利用集约度），选择安徽省 2000—2019 年时间序列的数据，利用 SPSS25.0 统计分析软件进行皮尔逊相关分析后，发现政策因素的三指标（土地市场发育度、非国有固定资产投资比重、城市工业建设用地面积比重）皆与建设用地利用集约度显著相关，相关系数与显著水平分别为 0.84、5%，初步验证了以上政策因素与建设用地利用集约度是正相关的（表 4-2）。

4.1.4　生态环境因素与建设用地集约利用

生态环境是建设用地集约利用的重要限制性因素，因为建设用地利用增加，使环境承载力透支，即环境容量决定了建设用地集约利用的最高强度[1]。过去 40 多年来，我国经济快速发展与城镇化的推进，片面追求建设用地经济产出，带来建设用地规模无序扩张与过度利用，引起粮食安全威胁、生态恶化、城市病等一系列环境问题，其中人类生存环境问题日益凸显。如何改善人地关系、实现土地生态系统的协调发展已成为人们广泛关注的焦点。党的十九大报告指出"建设生态文明是中华民族永续发展的千年大计。必须树立和践行绿水青山就是金山银山的理念，坚持节约和保护环境的基本国策，像对待生命一样对待生态环境，统筹山水林用湖草系统治理，实行最严格的生态环境保护制度""坚定走生产发展、生活富裕、生态良好的文明发展道路"。毋庸置疑，逾越生态环境承载力的建设用地利用不是持续的利用，更不是集约利用。保护生态环境目标导向的建设用地集约利用，一方面，要求建设用地外围规模有序扩张，不可肆意侵占外围生态空间；另一方面，要求建设用地内部生态环境优化，形成良好的人地关系。

现有基于生态环境目标的建设用地集约利用措施的研究文献较多，按照城市建成区的范围对其进行分类，可知大多文献研究集中在城市建成区外与城市建成区内的建设用地集约利用生态环境措施方面。城市建成区外增强林地[2][3]、耕地[4][5]、

① 吴郁玲，曲福田.中国城市土地集约利用的影响机理：理论与实证研究 [J].资源科学，2007，29 (6)：106-113.

② 赵文博，刘洪杰，田雪婷，等.基于 UCMap 的城市环境气候空间格局分析：以广州市为例 [J].地理科学进展，2019，38 (3)：452-464.

③ 成雅田，吴昌广.基于局地气候优化的城市蓝绿空间规划途径研究进展 [J].应用生态学报，2020，31 (11)：3935-3945.

④ 王超，常勇，侯西勇，等.基于土地利用格局变化的胶东半岛生境质量时空演变特征研究 [J].地球信息科学学报，2021，23 (10)：1809-1822.

⑤ 吴岩，于涵，王忠杰.生态统筹、城绿融合、魅力驱动：试论国土空间规划体系背景下的风景园林规划体系建构 [J].园林，2020 (7)：14-19.

湿地①等土地生态服务价值功能，以提高区域建设用地集约利用；城市建成区内的促进建设用地集约利用生态环境措施主要集中在建成区绿化覆盖率、城市污水处理、工业三废处理、噪声、大气质量治理等方面②③。

结合上述分析，由于城市建成区内部生态环境质量是当前城乡建设用地生态导向集约利用的核心，同时鉴于数据的可获得性，本节重点考察城市建成区内部生态环境质量与建设用地集约利用的关系。选取建成区绿化覆盖率和城市污水处理率表征生态环境因素，地均二、三产业增加值代表建设用地利用集约度，选择安徽省 2000—2019 年时间序列的数据，利用 SPSS25.0 统计分析软件进行皮尔逊相关分析，结果发现生态环境因素的两指标皆与建设用地利用集约度显著相关，相关系数与显著水平分别为 0.84、5%，初步验证了这些生态环境因素与建设用地利用集约度是正相关的（表 4 - 2），生态环境因素对建设用地利用集约度有较强的正向作用（图 4 - 4）。

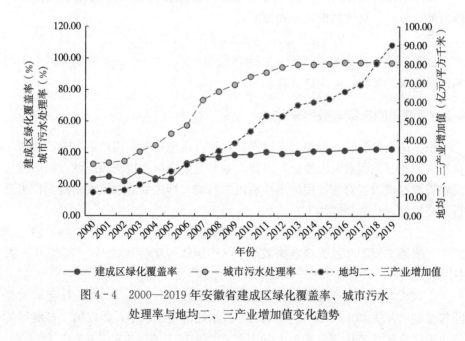

图 4 - 4　2000—2019 年安徽省建成区绿化覆盖率、城市污水
处理率与地均二、三产业增加值变化趋势

①　吴小平，梁涛，路全凤，等．基于生物完整性的城市湿地健康评价［J］．南昌大学学报（工科版），2021，43（3）：221 - 226，233.
②　李文慧，许剑辉，孙彩歌．基于灰色关联度的深圳市生态环境与城市扩展时空演化研究［J］．生态环境学报，2021，30（4）：880 - 888.
③　田艳芳，周虹宏．上海市城市生态环境质量综合评价［J］．生态经济，2021，37（6）：185 - 192.

4.2 实证检验

4.2.1 模型构建

根据前面的理论分析，本节构建一个计量经济模型来研究各种因素对建设用地集约利用的影响，具体模型如下：

$$Y_t = F(TF_t, EF_t, PF_t, EEF_t) \tag{4-4}$$

式中：Y_t 表示安徽省 t 年建设用地利用集约度；TF_t 表示 t 年影响建设用地集约利用的资源禀赋因素变量；EF_t 表示 i 城市 t 年影响建设用地集约利用的经济发展因素变量；PF_t 表示 t 年影响建设用地集约利用的政策因素变量；EEF_t 表示 t 年影响建设用地集约利用的生态环境因素变量。

在该模型的具体形式上，本节借鉴已有的经验研究[1][2]，选用了线性回归模型进行分析，具体的模型形式如下：

$$Y_t = \beta_0 + \beta_1 X_{1t} + \beta_2 X_{2t} + \cdots + \beta_n X_{nt} + \mu_t \tag{4-5}$$

式中：X_{nt} 为第 t 年各影响因素；β_0 为常数项；β_1、β_2、$\cdots$、β_n 分别为以上各影响因素变量的系数；μ_t 为随机扰动项。

4.2.2 变量的选取与数据来源

根据前面的分析，资源禀赋因素会对建设用地集约利用产生影响，但由于自然因素和其他因素难以度量，因此，本节主要选取土地资源禀赋方面的指标反映资源禀赋因素对建设用地集约利用的影响，即主要选取人均耕地面积来进行实证检验，计算公式如下：

$$人均耕地面积（X_1）＝耕地总面积/总人口 \tag{4-6}$$

式中：耕地总面积和总人口数据来源于《中国统计年鉴》（2001—2020 年）及《中国国土资源年鉴》（2001—2020 年）。

①以人均固定资产投资额（X_2）、人均财政收入（X_3）、人均社会消费品零售总额（X_4）、职工平均工资（X_5）表示经济增长水平；②以第二产业增加值占地区生产总值比例（X_6）与第三产业增加值占地区生产总值的比例（X_7）表示产业结构调整状况；③以 R&D 占地区生产总值的比例（X_8）、每十万人口拥有的受大专及以上教育程度人口（X_9）、外贸依存度（X_{10}）表示技术进

---

① 吴郁玲，曲福田，冯忠垒．城市开发区土地集约利用的影响因素分析：以江苏省为例 [J]．经济问题探索，2006（8）：53－57．

② 吴郁玲，曲福田．中国城市土地集约利用的影响机理：理论与实证研究 [J]．资源科学，2007，29（6）：105－113．

步；④以土地市场发育度（X_{11}）（表征土地市场政策）、非国有固定资产投资比重（X_{12}）（表征经济体制改革）、城市工业建设用地面积比重（X_{13}）（表征有关土地利用政策）表示政策因素；⑤以建成区绿化覆盖率（X_{14}）和城市污水处理率（X_{15}）表示生态环境因素。其中，地均二、三产业增加值（Y）表示建设用地利用集约度。

本节利用安徽省 2000—2019 年的 20 年时间序列数据进行分析〔相关数据来源于《中国统计年鉴》（2000—2019 年）与《中国国土资源年鉴》（2000—2020 年）〕。同时，基于可比性原则，本节根据消费价格综合指数将地区生产总值等经济数据调整为 1999 年不变价。

4.2.3　变量相关性初步检验

开始回归模型拟合前，为选择拟合方法，并剔除不相关因素，首先初步检验以上 15 个自变量的安徽省 2000—2019 年 20 年时间序列数据与因变量的相关性。皮尔逊相关系数广泛用于度量两个变量之间的相关性（线性相关），其值介于 -1 与 1，相关系数的绝对值越大，表示相关性越强；相关系数越接近于 0，表示相关性越弱。用 SPSS25.0 软件进行检验，结果如表 4-2 所示。

结果显示，15 个自变量皆与因变量显著相关，其中变量 X_{13} 与因变量显著负相关，其他 14 个自变量皆与因变量显著正相关，显著水平为 5%，皮尔逊初步检验无须剔除不相关因素。同时，结果显示，15 个自变量之间两两相关，且大部分显著水平为 5%，这表示在回归模型拟合时，需要检验其共线性的程度，以选择合适的拟合回归模型方法。

4.2.4　共线性诊断与岭回归方法确定

运用前述构建的计量模型，利用安徽省 2000—2019 年时间序列数据，用 SPSS25.0 软件进行初步回归拟合并检验变量间共线性程度与显著性。由表 4-5 可知，膨胀系数（variance inflation factor，VIF）13 个值大于 10，验证了变量间多重共线性，且初步回归结果不显著，模型回归结果难以接受，需要重新选择回归方法。

由于多重共线性的存在，多重线性回归模型不稳定，如已有研究发现，自变量之间存在严重的多重共线性，微小的数据噪声都可能导致回归系数的估计值、显著性甚至符号的严重偏离。岭回归（ridge regression，RR）分析可以很好地解决这个问题，下面主要对岭回归分析进行简要说明。

本节选用岭回归解决多重共线性问题。与常规的舍弃变量或主成分法相比，岭回归保留了自变量的全部信息和独立性，保证了模型解释力的原真性，可以得到更为稳定的估计结果。岭回归以一定程度的有偏估计为代价，解决了自变量的共线性问题，其关键思路如下[1][2]。

表 4-5　建设用地集约利用影响因素多重线性回归模型拟合结果

项目	未标准化系数		标准化系数 Beta	t	显著性	容差	VIF
	B	标准错误					
常量	23.18	59.663		0.389	0.717		
X_1	76.623	123.432	0.016	0.621	0.568	0.333	2.999
X_2	0.001	0.001	0.206	0.576	0.596	0.002	607.328
X_3	0.009	0.006	0.537	1.582	0.189	0.002	545.397
X_4	−0.001	0	−0.105	−1.535	0.2	0.045	22.307
X_5	0.002	0.001	1.019	2.689	0.055	0.001	680.777
X_6	−1.98	1.447	−0.252	−1.369	0.243	0.006	160.269
X_7	−0.367	0.573	−0.048	−0.641	0.557	0.038	26.083
X_8	0.426	14.845	0.005	0.029	0.978	0.006	168.966
X_9	−0.004	0.002	−0.363	−2.297	0.083	0.008	118.489
X_{10}	0.775	1.258	0.066	0.616	0.571	0.019	53.749
X_{11}	−1.678	59.613	−0.004	−0.028	0.979	0.009	117.037
X_{12}	27.953	15.981	0.078	1.749	0.155	0.106	9.41
X_{13}	309.259	140.415	0.196	2.202	0.092	0.027	37.45
X_{14}	−0.931	0.673	−0.164	−1.384	0.239	0.015	66.506
X_{15}	−0.041	0.304	−0.024	−0.134	0.9	0.007	153.014

（1）改善变量的奇异程度，当变量间存在复共线性时，即 $|X'X| \approx 0$，将奇异 $X'X$ 的矩阵加上正常数矩阵 $kI(k>0)$，$X'X+kI$ 的奇异程度就比 $X'X$ 的奇异程度接近得多，从而改善了奇异性。因此可以用如下公式：

$$\hat{B}(k)=(X'X+kI)^{-1}X'Y \qquad (4-7)$$

作为回归系数的估计值，为回归系数的岭估计。

（2）岭迹表（图）方法选取自变量，k（惩罚系数，ridge penalty）值范

---

① 曹广忠，刘涛. 中国省区城镇化的核心驱动力演变与过程模型 [J]. 中国软科学，2010，38（9）：86-96.

② 吴郁玲，曲福田，冯忠垒. 城市开发区土地集约利用的影响因素分析：以江苏省为例 [J]. 经济问题探索，2006（8）：53-57.

围为 0→1，绘制自变量的岭迹表（图）［岭迹，ridge trace，即岭回归系数关于岭参数 k 的表（图）］，依据岭迹表（图）选取自变量的一般法则即逐步剔除法，剔除回归系数不稳定、趋近于零的变量，然后重新逐步进行岭回归分析，直至选定自变量。

（3）岭迹表（图）方法选取 k 值，k 的取值对回归结果影响较大。目前，关于最优 k 值的选取，理论方面尚无满意的方法，常用的是岭迹表（图）法。k 的范围为 0→∞，$\hat{B}(k)$ 是 k 的函数，在平面坐标系中，将函数 $\hat{B}(k)$ 的曲线刻画出即为岭迹表（图）。k 值的选取原则包括岭估计的回归系数稳定、回归系数无不合理的符号且残差平方和增大不太多等[1][2]。

4.2.5　模型估计结果

运用前述构建的计量模型与数据，选用岭回归分析方法在 SPSS25.0 软件上进行分析，通过岭迹表（图）方法确定自变量与 k 值是保障研究结果稳健性的关键。

（1）自变量的选取。k 值范围为 0→1，初步选取前述理论分析的自变量指标，分别对经济速度增长阶段（2000—2011 年）与经济高质量发展阶段（2012—2019 年）进行岭回归分析，绘制岭迹表（图）（经济高质量发展阶段研究成果篇幅过大，略去中间图表，经济速度增长阶段如图 4-5 和表 4-6 所示）。可知，两阶段自变量资源禀赋对建设用地集约利用的影响符号为负，与预期不一致，且明显不符合实际，因此，剔除 X_1 变量。其他变量符号与预期一致。

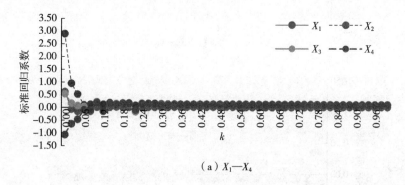

（a）X_1—X_4

①　蔡俊，项锦雯，董斌．中国房地产投资驱动力时空特征［J］．经济地理，2016，36（7）：114-121.

②　丛建辉．碳中和愿景下中国城市形态的碳排放影响效应研究：基于 289 个地级市的数据分析［J］．贵州社会科学，2021（9）：125-134.

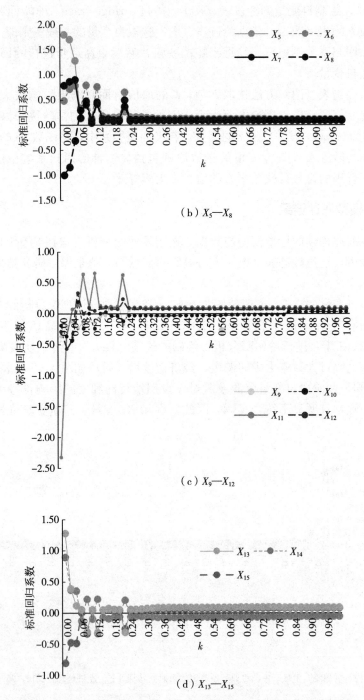

图 4-5　经济速度增长阶段（2000—2011 年）不同 k 值的岭迹图

表4-6 经济速度增长阶段（2000—2011年）不同 k 值的岭迹表

目标迭代次数	惩罚系数(k)	R^2	标准误	标准化回归系数 X_1	标准化回归系数 X_2	标准化回归系数 X_3	标准化回归系数 X_4	标准化回归系数 X_5	标准化回归系数 X_6	标准化回归系数 X_7	标准化回归系数 X_8	标准化回归系数 X_9	标准化回归系数 X_{10}	标准化回归系数 X_{11}	标准化回归系数 X_{12}	标准化回归系数 X_{13}	标准化回归系数 X_{14}	标准化回归系数 X_{15}
1.00	0.00	1.00	1.00	0.63	3.03	0.53	-1.17	1.81	0.78	0.47	-1.05	-0.37	-0.20	-2.32	-0.29	0.89	-0.84	1.28
2.00	0.02	0.99	0.30	-0.11	0.96	0.13	-0.72	1.71	0.85	0.71	-0.88	-0.20	-0.39	-0.38	-0.58	0.35	-0.51	0.37
3.00	0.04	0.98	0.18	-0.21	0.52	0.04	-0.53	1.28	0.89	0.77	-0.35	-0.13	-0.45	0.06	-0.44	0.34	-0.52	0.10
4.00	0.06	0.99	0.02	-0.03	0.06	0.00	-0.14	0.10	0.11	0.32	0.27	-0.25	0.19	0.14	0.34	-0.15	-0.02	0.03
5.00	0.08	0.99	0.08	-0.20	0.09	-0.17	-0.17	0.45	0.46	0.78	0.39	-0.14	-0.25	0.64	-0.01	0.20	-0.36	-0.33
6.00	0.10	1.00	0.01	-0.03	0.16	0.20	0.17	0.11	0.07	0.09	0.01	-0.03	0.01	0.09	0.08	-0.12	0.02	0.03
7.00	0.12	0.98	0.08	-0.20	0.09	-0.17	-0.17	0.40	0.44	0.75	0.40	-0.14	-0.25	0.65	0.05	0.20	-0.35	-0.34
8.00	0.14	0.99	0.01	-0.02	0.16	0.13	0.12	0.15	0.09	0.09	0.05	-0.03	0.01	0.11	0.08	-0.10	0.03	0.03
9.00	0.16	0.99	0.00	-0.02	0.12	0.12	0.10	0.12	0.09	0.07	0.07	-0.02	0.02	0.11	0.09	-0.11	0.05	0.05
10.00	0.18	0.99	0.00	-0.02	0.14	0.11	0.11	0.13	0.08	0.07	0.05	0.11	-0.04	0.08	0.07	-0.09	0.02	0.03
11.00	0.20	0.99	0.00	-0.02	0.15	0.11	0.11	0.13	0.08	0.07	0.05	0.10	-0.04	0.08	0.07	-0.08	0.02	0.03
12.00	0.22	0.97	0.06	-0.11	0.05	-0.22	-0.15	0.24	0.35	0.64	0.48	-0.18	-0.13	0.61	0.21	0.19	-0.28	-0.34
13.00	0.24	0.99	0.00	-0.02	0.14	0.10	0.11	0.13	0.08	0.07	0.06	0.09	-0.03	0.09	0.07	-0.08	0.02	0.04
14.00	0.26	0.99	0.00	-0.02	0.14	0.10	0.10	0.13	0.08	0.07	0.06	0.09	-0.03	0.09	0.07	-0.08	0.02	0.04
15.00	0.28	0.99	0.00	-0.03	0.13	0.09	0.10	0.13	0.08	0.07	0.06	0.09	-0.03	0.10	0.07	-0.08	0.02	0.04
16.00	0.30	0.99	0.00	-0.02	0.11	0.09	0.09	0.12	0.08	0.07	0.08	0.08	-0.03	0.10	0.08	-0.08	0.04	0.05
17.00	0.32	0.99	0.00	-0.02	0.11	0.09	0.08	0.12	0.08	0.07	0.08	0.07	-0.03	0.10	0.08	-0.09	0.04	0.06

（续）

目标迭代次数	惩罚系数（k）	R^2	标准误	标准化回归系数 X_1	标准化回归系数 X_2	标准化回归系数 X_3	标准化回归系数 X_4	标准化回归系数 X_5	标准化回归系数 X_6	标准化回归系数 X_7	标准化回归系数 X_8	标准化回归系数 X_9	标准化回归系数 X_{10}	标准化回归系数 X_{11}	标准化回归系数 X_{12}	标准化回归系数 X_{13}	标准化回归系数 X_{14}	标准化回归系数 X_{15}
18.00	0.34	0.99	0.00	−0.02	0.11	0.11	0.10	0.10	0.07	0.06	0.06	0.10	−0.04	0.08	0.07	−0.10	0.05	0.07
19.00	0.36	0.99	0.00	−0.02	0.11	0.11	0.10	0.10	0.07	0.06	0.06	0.10	−0.03	0.08	0.07	−0.09	0.05	0.07
20.00	0.38	0.99	0.00	−0.02	0.10	0.11	0.10	0.10	0.07	0.06	0.06	0.09	−0.03	0.08	0.07	−0.09	0.05	0.07
21.00	0.40	0.99	0.00	−0.02	0.10	0.11	0.09	0.10	0.07	0.06	0.06	0.09	−0.03	0.08	0.07	−0.09	0.05	0.07
22.00	0.42	0.99	0.00	−0.02	0.10	0.11	0.09	0.10	0.07	0.06	0.06	0.09	−0.03	0.08	0.07	−0.09	0.05	0.07
23.00	0.44	0.99	0.00	−0.02	0.10	0.11	0.09	0.10	0.07	0.06	0.07	0.09	−0.03	0.08	0.07	−0.09	0.05	0.07
24.00	0.46	0.99	0.00	−0.02	0.10	0.11	0.09	0.10	0.07	0.06	0.07	0.09	−0.03	0.08	0.07	−0.09	0.05	0.07
25.00	0.48	0.99	0.00	−0.02	0.10	0.11	0.09	0.10	0.07	0.06	0.07	0.09	−0.03	0.08	0.07	−0.09	0.05	0.07
26.00	0.50	0.99	0.00	−0.02	0.10	0.10	0.09	0.10	0.07	0.06	0.07	0.09	−0.03	0.08	0.07	−0.09	0.05	0.07
27.00	0.52	0.99	0.00	−0.02	0.10	0.10	0.09	0.10	0.07	0.06	0.07	0.09	−0.03	0.08	0.07	−0.09	0.05	0.07
28.00	0.54	0.99	0.00	−0.02	0.10	0.10	0.09	0.10	0.07	0.06	0.07	0.09	−0.03	0.08	0.07	−0.09	0.05	0.07
29.00	0.56	0.99	0.00	−0.02	0.10	0.10	0.09	0.10	0.07	0.06	0.07	0.09	−0.02	0.08	0.07	−0.09	0.05	0.07
30.00	0.58	0.99	0.00	−0.02	0.10	0.10	0.09	0.10	0.07	0.06	0.07	0.09	−0.02	0.08	0.07	−0.09	0.05	0.07
31.00	0.60	0.99	0.00	−0.02	0.10	0.10	0.09	0.10	0.07	0.06	0.07	0.09	−0.02	0.08	0.07	−0.09	0.05	0.07
32.00	0.62	0.99	0.00	−0.02	0.10	0.10	0.09	0.09	0.07	0.06	0.07	0.09	−0.02	0.08	0.07	−0.09	0.05	0.07
33.00	0.64	0.99	0.00	−0.02	0.10	0.10	0.09	0.09	0.07	0.06	0.07	0.09	−0.02	0.08	0.07	−0.09	0.05	0.07
34.00	0.66	0.99	0.00	−0.02	0.10	0.10	0.09	0.09	0.07	0.06	0.07	0.09	−0.02	0.08	0.07	−0.09	0.05	0.07

（续）

目标迭代次数	惩罚系数 (k)	R^2	标准误	标准化回归系数 X_1	标准化回归系数 X_2	标准化回归系数 X_3	标准化回归系数 X_4	标准化回归系数 X_5	标准化回归系数 X_6	标准化回归系数 X_7	标准化回归系数 X_8	标准化回归系数 X_9	标准化回归系数 X_{10}	标准化回归系数 X_{11}	标准化回归系数 X_{12}	标准化回归系数 X_{13}	标准化回归系数 X_{14}	标准化回归系数 X_{15}
35.00	0.68	0.99	0.00	-0.02	0.10	0.10	0.09	0.09	0.07	0.06	0.07	0.09	-0.02	0.08	0.07	-0.09	0.05	0.07
36.00	0.70	0.99	0.00	-0.02	0.10	0.10	0.09	0.09	0.06	0.06	0.07	0.09	-0.02	0.08	0.07	-0.09	0.05	0.07
37.00	0.72	0.99	0.00	-0.02	0.09	0.10	0.09	0.09	0.06	0.06	0.07	0.09	-0.02	0.08	0.07	-0.09	0.06	0.07
38.00	0.74	0.99	0.00	-0.02	0.09	0.10	0.09	0.09	0.06	0.06	0.07	0.09	-0.02	0.08	0.07	-0.09	0.06	0.07
39.00	0.76	0.98	0.00	-0.02	0.09	0.10	0.09	0.09	0.06	0.06	0.07	0.09	-0.02	0.08	0.07	-0.09	0.06	0.07
40.00	0.78	0.98	0.00	-0.02	0.09	0.10	0.08	0.09	0.07	0.06	0.07	0.08	-0.02	0.09	0.07	-0.08	0.06	0.07
41.00	0.80	0.98	0.00	-0.02	0.09	0.09	0.08	0.09	0.07	0.06	0.07	0.08	-0.02	0.09	0.07	-0.08	0.06	0.07
42.00	0.82	0.98	0.00	-0.02	0.09	0.09	0.08	0.09	0.07	0.06	0.07	0.08	0.03	0.09	0.07	-0.08	0.06	0.07
43.00	0.84	0.98	0.00	-0.02	0.09	0.09	0.08	0.09	0.07	0.06	0.07	0.08	0.03	0.09	0.07	-0.08	0.06	0.07
44.00	0.86	0.98	0.00	-0.02	0.09	0.09	0.08	0.09	0.07	0.06	0.07	0.08	0.03	0.08	0.07	-0.08	0.06	0.07
45.00	0.88	0.98	0.00	-0.02	0.09	0.09	0.08	0.09	0.07	0.06	0.07	0.08	0.03	0.08	0.07	-0.08	0.06	0.07
46.00	0.90	0.98	0.00	-0.02	0.09	0.09	0.08	0.09	0.07	0.06	0.07	0.08	0.03	0.08	0.07	-0.08	0.06	0.07
47.00	0.92	0.98	0.00	-0.02	0.09	0.09	0.08	0.09	0.07	0.06	0.07	0.08	0.03	0.08	0.07	-0.08	0.06	0.07
48.00	0.94	0.98	0.00	-0.02	0.09	0.09	0.08	0.09	0.07	0.06	0.07	0.08	0.03	0.08	0.07	-0.08	0.06	0.07
49.00	0.96	0.98	0.00	-0.02	0.09	0.09	0.08	0.09	0.07	0.06	0.07	0.08	0.03	0.08	0.07	-0.08	0.06	0.07
50.00	0.98	0.98	0.00	-0.02	0.09	0.09	0.08	0.09	0.06	0.06	0.07	0.08	0.03	0.08	0.07	-0.08	0.06	0.07
51.00	1.00	0.98	0.00	-0.02	0.09	0.09	0.08	0.09	0.06	0.06	0.07	0.08	0.03	0.08	0.07	-0.08	0.06	0.07

(2) 固定 k 值的选取。k 值范围为 $0 \to 1$，根据选取的自变量重新进行岭回归分析，按照经济发展的经济增长阶段（2000—2011 年）与经济高质量发展阶段（2012—2019 年）输出的变量 $X_2 \sim X_{15}$，得到不同 k 值情况下的回归系数（中间成果篇幅过大，此处中间图表略去）。依据经济发展两阶段不同 k 值情况下的回归系数可知，在经济增长阶段（2000—2011 年），$k=0.80$ 时，各自变量表现稳定；在经济高质量发展阶段（2012—2019 年），$k=0.74$ 时，各自变量表现稳定。因此，两阶段固定 k 值分别确定为 0.80 与 0.74。

(3) 固定 k 值的岭回归分析。以经济速度增长阶段（2000—2011 年）与经济高质量发展阶段（2012—2019 年）省级区域时间序列自变量为样本，依据固定 k 值分别为 0.80 与 0.74 建立 2 个模型，岭回归分析结果如表 4-7 所示。由表 4-7 的岭回归结果可知以下内容。

2000—2011 年的经济速度增长阶段，从四个影响因素标准化回归系数的总体排序来看，人均财政收入（X_3）＞人均社会消费品零售总额（X_4）＞人均固定资产投资额（X_2）＞职工平均工资（X_5）＞土地市场发育度（X_{11}）＞每十万人口拥有的受大专及以上教育程度人口（X_9）＞城市污水处理率（X_{15}）＞R&D 占地区生产总值的比例（X_8）＞建成区绿化覆盖率（X_{14}）＞第二产业增加值占地区生产总值比例（X_6）＞非国有固定资产投资比重（X_{12}）＞第三产业增加值占地区生产总值的比例（X_7）＞外贸依存度（X_{10}）＞城市工业建设用地面积比例（X_{13}），反映经济发展 9 个指标中的 7 个指标都位于前列，这反映了经济发展因素对建设用地集约利用具有显著正向的主导作用。

在 2012—2019 年的经济高质量发展阶段，从四个影响因素标准化回归系数的总体排序来看，第三产业增加值占地区生产总值的比例（X_7）＞人均固定资产投资额（X_2）＞每 10 万人口拥有的受大专及以上教育程度人口（X_9）＞R&D 占地区生产总值的比重（X_8）＞人均财政收入（X_3）＞职工平均工资（X_5）＞人均社会消费品零售总额（X_4）＞建成区绿化覆盖率（X_{14}）＞城市污水处理率（X_{15}）＞非国有固定资产投资比重（X_{12}）＞土地市场发育度（X_{11}）＞第二产业增加值占地区生产总值比例（X_6）＞外贸依存度（X_{10}）＞城市工业建设用地面积比重（X_{13}），反映经济发展 9 个指标中的 7 个指标都位于前列，且产业结构与技术进步因素作用程度显著提高，这反映出经济发展因素对建设用地集约利用具有显著正向的主导作用，且产业结构与技术进步因素作用程度显著提高。

综合上述分析可知以下内容。

(1) 在经济速度增长阶段，反映经济增长水平的四个指标的标准化回归系数相对其他因素较高，都大于 0.1，这说明经济增长因素是安徽省经济速度增长阶段建设用地集约利用提升的主要因素；而在经济高质量发展阶段，安徽省

表4-7 k=0.80与0.74时的岭回归结果

项目	2000—2011年				2012—2019年			
	B	SE (B)	Beta	B/SE (B)	B	SE (B)	Beta	B/SE (B)
X_2	0.000 28	0.000 03	0.104 58***	11.078 68	0.000 58	0.000 10	0.104 48***	5.648 67
X_3	0.001 77	0.000 19	0.106 96**	9.520 80	0.043 18	0.104 39	0.094 70**	0.413 63
X_4	0.000 50	0.000 11	0.105 16***	4.432 73	0.064 71	0.167 05	0.085 71**	0.387 38
X_5	0.000 20	0.000 02	0.103 86**	12.667 64	0.059 12	0.168 10	0.892 39**	0.351 69
X_6	0.438 76	0.181 85	0.056 76***	2.412 80	1.753 64	0.165 50	0.026 79*	10.596 03
X_7	0.164 14	0.165 50	0.020 86**	0.991 76	0.009 88	0.001 82	0.107 63***	5.430 88
X_8	5.402 32	1.152 77	0.068 70**	4.686 39	0.007 52	0.001 53	0.105 66***	4.924 58
X_9	0.001 01	0.000 15	0.093 88**	6.881 82	0.042 71	0.010 25	0.106 53***	4.168 05
X_{10}	0.114 74	0.331 67	0.009 71*	0.345 95	3.175 72	6.211 47	0.012 57*	0.511 27
X_{11}	37.940 11	4.445 04	0.100 00**	8.535 39	34.773 48	5.613 04	0.053 50**	6.195 13
X_{12}	13.144 71	9.842 44	0.036 65**	1.335 51	0.398 57	1.753 24	0.065 66**	0.227 33
X_{13}	-113.728 92	44.395 42	-0.071 99**	-2.561 73	-126.538 19	36.835 24	-0.082 45**	-3.435 25
X_{14}	0.383 82	0.103 00	0.067 57***	3.726 48	0.364 18	0.114 29	0.078 16***	3.186 45
X_{15}	0.122 00	0.020 97	0.072 12***	5.817 20	0.115 42	0.104 41	0.076 32***	1.105 45
Constant	-28.116 67	18.522 48	0.000 00	-1.517 98	-31.736 17	16.734 16	0.000 00	-1.896 49
F value	18.548 90				21.672 13			
Sig F	0.002 25				0.003 53			
Mult R	0.990 51				0.991 31			
RSquare	0.981 11				0.983 21			
Adj RSqu	0.928 22				0.934 12			
SE	11.512 22				10.782 51			

注：*、**、***分别表示在10%、5%和1%水平上显著。

经济增长因素不是建设用地集约利用提升的主要因素。

（2）从产业结构因素来看，在经济速度增长阶段，第二产业每提高 1%，建设用地集约度提升 0.057%，其超过第三产业的提升程度（0.021%）1 倍多，这表明第二产业比重是该阶段提升建设用地集约度的产业驱动力；在经济高质量发展阶段，第三产业每提高 1%，建设用地集约度提升 0.108%，其超过第二产业提升程度（0.027%）4 倍，这表明第三产业比重是该阶段提升建设用地集约度的产业驱动力。

（3）技术进步的 3 个指标反映其是建设用地集约利用的一个重要因素，但外贸依存度影响较弱，在 10% 的水平上显著，可能的原因是过去 20 年来外贸进出口总额波动较大，对单位建设用地产出贡献不稳定，这反映安徽省在提升建设用地产出过程中，技术扩散效应有限。在经济发展两阶段中，"每 10 万人口拥有的受大专及以上教育程度人口"指标在技术进步因素中影响相对较强，凸显出安徽省人才培育与引进的进步，在聚力建设合肥滨湖科学城、合芜蚌国家自主创新示范区与国家实验室等过程中，通过人才培育与引进促进了安徽省建设用地集约利用水平的提高；"R&D 占地区生产总值的比例"指标在经济高质量发展阶段作用力凸显。

反映政策因素的三个变量对建设用地集约利用的影响符号都符合预期，而且都在 5% 的水平上显著，这说明经济转型期前后，政策对建设用地集约利用具有较强的影响。具体来看，土地市场化改革与经济体制的进程对建设用地集约利用的提高具有明显的促进作用，即土地市场化程度和经济运行市场化程度越高的地区，建设用地集约利用程度越高。从城市工业建设用地面积比重（X_{13}）对建设用地集约利用程度的影响来看，与集约度呈负相关关系，这说明政府制定的"退二进三""产业入园"等城市工业建设用地政策在一定程度上对建设用地集约利用程度的提高起到积极作用。

反映生态环境因素的两个变量对建设用地集约利用显著正向影响，符号都符合预期，而且都在 1% 的水平上显著，"建成区绿化覆盖率"指标在经济高质量发展阶段的作用程度显著增强，这说明在经济转型期，经济高质量发展与绿色发展密不可分，贯彻生态文明建设发展之路，有利于建设用地粗放式利用向集约方式转变。

4.3 本章小结

理论分析表明，经济发展与资源禀赋、政策、生态环境等因素共同作用于建设用地集约化利用的过程。运用安徽省 2000—2019 年的时间序列数据实证探讨以上因素对建设用地集约利用的作用程度，实证分析结果显示如下内容。

（1）在经济速度增长阶段（经济转型期前后），经济发展诸因素对建设用地集约利用具有较强的正向影响，其中经济增长因素是经济速度增长阶段建设用地集约利用提升的主要因素，在经济高质量发展阶段，产业结构与技术进步因素作用程度显著提高。从产业结构因素来看，在经济速度增长阶段，第二产业比重是该阶段提升建设用地集约度的产业驱动力；在经济高质量发展阶段，第三产业比重是该阶段提升建设用地集约度的产业驱动力。在安徽省经济发展的两个阶段，技术进步是安徽省建设用地集约利用提升的一个重要因素，安徽省通过人才培育与引进在促进建设用地集约利用水平方面贡献突出。但是，技术扩散效应有限，未来应该继续加大科技投入，促进技术进步，安徽省建设用地在现有的技术水平下未能有效挖掘最大效益，因此应该进一步扩大技术扩散效应。

（2）在经济转型期，土地市场化、经济体制、土地利用等政策对建设用地集约利用具有较强影响；经济高质量发展与绿色发展密不可分，贯彻生态文明建设发展之路，有利于建设用地从粗放式利用向集约利用转变。

第 5 章　经济增长对建设用地集约利用的影响分析

本章按照"演绎归纳—机理分析—途径—实证检验"的逻辑思路研究分析经济增长对建设用地土地集约利用的影响。首先,"演绎"经济增长与建设用地集约利用过程与特征,"归纳"两者的互动变化规律;其次,从投入角度进行经济增长影响建设用地集约利用的"机理分析";再次,进一步具体讨论不同的经济增长速度与方式——两种"途径"对建设用地利用方式、建设用地管理方式与配置方式的影响;最后,"实证检验"两者的全过程动态关系,应用协整理论,基于 VAR 模型进行 Granger 因果检验、VEC、IRF 和方差分析,反映两者在不同经济增长阶段的全过程动态关系,探究安徽省经济增长与建设用地集约利用协调发展对策。

5.1　经济增长对建设用地集约利用影响的一般分析

5.1.1　经济增长演进过程中的建设用地利用特征

经济发展阶段水平的划分包括两类经济指标:一类是以 GDP 为核心的经济数量指标,另一类是以经济结构指标为核心的经济质量指标,包括产业结构、区域结构、就业结构等。本章主要通过工业化的演进来阐述所处经济发展阶段的水平。关于工业化阶段的划分,国内外学者进行了较为深入的研究,形成了不同的理论和标准。其中钱纳里在《工业化与经济增长的比较研究》中对世界上许多国家的资料进行研究分析,提出按人均 GDP 划分为六个时期三个阶段(表 5-1)。这种设计比较合理,特别是将工业化阶段划分为三个时期,既简洁又能反映进程的差异,得到了众多学者的赞同。根据学者的相关研

表 5-1　工业化进程统计测度指标阶段对照表

人均 GDP(美元)	二、一产业产值比	城市化率(%)	二、一产业就业比	阶段
550~1 240	<2	<20	<0.4	初级经济阶段
1 240~2 480	2~4	20~30	0.4~0.8	工业化初期
2 480~4 960	4~6	30~40	0.8~1.2	工业化中期

（续）

人均 GDP（美元）	二、一产业产值比	城市化率（%）	二、一产业就业比	阶段
4 960～9 300	6～8	40～50	1.2～1.6	工业化后期
9 300～17 200	8～10	50～60	1.6～2.0	发达经济阶段
＞17 200	＞10	＞60	＞2.0	

注：2000 年美元价。

究[1][2][3][4][5][6]，该划分标准对于我国而言也较为合理，认为我国 1995 年进入工业化初期阶段，2005 年进入工业化中期阶段，2015 年进入工业化后期阶段。

根据工业化阶段的划分依据，结合同时期建设用地利用方式、建设用地配置机制及建设用地的主体功能等方面的变化规律，本文将新中国成立以来的经济与建设用地利用发展阶段分为四个阶段：初级经济与建设用地利用阶段、工业化与建设用地利用初期阶段、工业化与建设用地利用中期阶段和工业化与建设用地利用后期阶段。本节分别分析以上四个阶段经济发展与建设用地利用方式的演变特征[7][8]。

（1）初级经济与建设用地利用阶段（1949—1994 年）。初级经济与建设用地利用阶段的经济发展水平不高。

1）新中国成立后，国民经济恢复时期完成了土地的社会主义改革，并在土地改革完成后，由人民政府发放土地所有证，并承认一切土地所有者有自由经营、买卖及出租土地使用权的权利，规定国有土地经营者不得将土地出租、出卖或者荒废，不用时要交还国家。结合土地改革，全国许多地区进行了土地清丈、划界、定桩、登记、颁发土地证等工作，该时期的经济发展以农业为主，初步确立了土地产权主体的地位，使土地确权工作有了起步。

---

① 陈元江. 工业化进程阶段划分与综合测度指标实证 [J]. 统计与决策, 2006 (11)：89 - 90.

② 陈佳贵, 黄群慧, 钟宏武. 中国地区工业化进程的综合评价和特征分析 [J]. 经济研究, 2006 (6)：4 - 15.

③ 郭克莎, 彭继宗. 制造业在中国新发展阶段的战略地位和作用 [J]. 中国社会科学, 2021 (5)：128 - 149, 207.

④ 张永恒, 郝寿义, 史红斌. 美国后工业化初级阶段的转型及其对中国高质量发展的启示 [J]. 河南社会科学, 2021, 29 (3)：42 - 51.

⑤ 张雯熹, 邹金浪, 吴群. 生产要素投入对城市土地利用效率的影响：基于不同工业化阶段省级数据 [J]. 资源科学, 2020, 42 (7)：1416 - 1427.

⑥ 佟新华, 周红岩, 陈武, 等. 工业化不同发展阶段碳排放影响因素驱动效应测度 [J]. 中国人口·资源与环境, 2020, 30 (5)：26 - 35.

⑦ 陈海燕. 转变经济发展方式背景下土地集约利用机理研究 [D]. 南京：南京农业大学, 2011.

⑧ 顾湘. 区域产业结构调整与土地集约利用研究 [D]. 南京：南京农业大学, 2007.

2）1953—1957 年是我国"一五规划"实施期，工业与城市的建设得到重视，全国各地的建设规模迅速扩张，人口增长、工业发展和城市建设导致建设用地的增长，由于缺乏对建设用地稀缺性的认识，该时期建设用地呈粗放利用格局。

3）1958 年到实施改革开放政策前（1978 年）是我国经济增长的大幅度波动期，经历了"大跃进"及"文化大革命"，钢铁、工矿、城镇等建设用地扩张圈占了大量耕地资源；开荒造成林地、草地与水面减少，水土流失、沙化和生态环境恶化；建设用地资源以行政配置方式为主，土地使用制度规定土地公有和无偿使用，需要建设用地的单位向政府机构申请无偿划拨，没有体现出建设用地利用的真正价值。

4）1986 年后，我国建设用地利用实行有偿有限期的制度，以行政划拨建设用地为主体，市场机制配置建设用地局限在较窄范围，但是建设用地作为生产要素开始发挥其商品属性，初步体现经济价值。

初级经济与建设用地利用阶段以农业为主，土地发挥的主体功能是养育功能，土地的家庭联产承包责任制促进了农业发展；工业经济开始起步，外延式扩大规模、粗放投入大量劳动力、能源、建设用地成为工业经济增长的主要驱动力，增长速度较快。

（2）工业化与建设用地利用初期阶段（1995—2004 年）。工业化与建设用地利用初期阶段工业刚有所起步。中国共产党十四届五中全会宏观部署了两个关键性转变，于 1995 年 9 月提出：促进经济增长从粗放型方式向集约型方式转变；由计划经济体制向中国特色的市场经济体制转变。该时期，农业在国民经济体系中依然占据基础地位，延长至 30 年承包期的农业土地家庭联产承包责任制进一步促进了农业发展。科教兴国与改革开放步伐加快，工业化和城市化快速发展，工业经济增长迅速，重工业比重持续增加，工业在国民经济体系中发挥支柱作用。从投入角度来看，经济增长处在由劳动密集型为主到资本密集型为主的过渡阶段，建设用地替代资本策略；从方式来看，经济增长是粗放式增长；从空间形态来看，经济增长呈"铺摊子""摊大饼"式扩张。建设用地利用呈现的规律是：农用地面积下降严重，建设用地利用实行有偿有限期的使用制度得到更大范围推进，但主要以协议出让方式为主，压低了建设用地的实际市场价格。建设用地发挥的主体功能是承载与仓储功能，生态功能遭到破坏。随着各地加快经济发展的速度，各类经济形态（经济开发、高新经济、循环经济、大学城等）及各级别园区竞相设立，圈占了大量优质良田，并以降低土地价格招商引资，甚至采取零土地价格。过低的土地价格易造成低水平、盲目、重复投资与建设，建设用地闲置，投入强度与产出低下，建设用地利用极其粗放。据有关统计资料，2003 年我国土地利用变更调查结果显示，新增建设用地 42.78 公顷，比前五年年均高出 8 万公顷[①]。建设用地与农用耕地的矛盾成为经济发展的瓶颈，中央政府提出改变经济增长方式，同时转变建设用地的粗放利用方式，相继出台各项建设用地节约集约办法措施与政策，如1998 年，修订发布《中华人民共和国土地管理法》增加"土地占补平衡""耕地总量动态平衡"等相关政策；2003 年，暂停农用地转用半年，清理不合理各类开发区；2004 年，禁止各地非法压低地价招商；2005 年加大投资土地整理、改造中低产田等政策，有效地促进了农用耕地与建设用地利用方式的转变。

（3）工业化与建设用地利用中期阶段（2005—2014 年）。2005 年 10 月，中国共产党十六届五中全会通过的"十一五"规划明确要求：加快调整经济结构和转变经济增长方式。该时期农业经济稳步发展，农业土地经营模式向规模经营、产业化方向发展。工业经济增长快速提高，重工业比重持续增加，持续推进调整经济结构和转变经济增长方式。从投入角度来看，经济增长处在由资本密集型为主到技术密集型为主的过渡阶段，建设用地资本价值凸显；从方式来看，经济增长由粗放式向集约增长式转变，绿色发展、清洁生产、循环与低碳经济初步发展；从空间形态来看，经济增长呈"铺摊子""摊大饼"式扩张得到一定程度控制。建设用地利用呈现的规律是：农用地面积下降依然严峻，建设用地市场配置制度得到更大范围推进，同时伴随着建设用地投机等市场失灵现象，建设用地成为政府调控宏观经济的重要手段之一；建设用地发挥的主体功能是承载与仓储功能，建设用地生态功能破坏依然严峻；各项建设用地节约集约办法、措施与政策得到一定程度落实，土地的"双保"政策上升到国家战略地位。自"十二五"规划要求经济发展降速到 7% 开始，我国经济发展由速度型发展向质量型发展转变，强调适当速度、高质量、优结构、新驱动力与高效益的高质量发展，并且必须发展低碳经济，实现节能减排的经济发展目标，十大新兴产业（节能环保、新一代信息技术、生物、高端装备制造、新能源、新材料、新能源汽车等）引导的产业结构调整升级方向，以实现有效减排。同时，现代服务业与高端装备制造的结合发展也是产业结构调整的重点。按照这一经济战略部署，建设用地利用将转向技术密集型模式、建设用地生态模式，建设用地生态功能将逐步初显，市场配置机制发挥作用，将建设用地配给经济社会生态综合效益最优的行业。

（4）工业化与建设用地利用后期阶段（2015 年至今）。高质量发展是 2017年党的十九大首次提出的新表述，表明中国经济由高速增长阶段转向高质量发展阶段。2021 年中华人民共和国第十三届全国人民代表大会第四次会议和中

[①]　国土资源报，2004 年 2 月 25 日。

国人民政治协商会议第十三届全国委员会第四次会议，习近平总书记接连强调"高质量发展"意义重大，提出"建立健全绿色低碳循环发展的经济体系"，为新时代下高质量发展指明了方向。这时期的工业化可以理解为是相对于传统工业化而言的，符合新发展理念和当今世界信息化、智能化的现代趋势，具有更高的科技创新能力，更协调、更绿色、可持续、更包容的、高质量的工业化。工业经济增长快速提高，重工业比重持续增加，调整经济结构和转变经济增长方式持续推进。从要素驱动角度来看，创新能力成为中国产业竞争力的核心能力，建设用地资本价值凸显；从要素驱动方式来看，实现产业发展方式由数量型增长向创新驱动转变，制造业对国民经济社会的创新载体功能得到充分体现，制造业与信息化深度融合。建设用地利用呈现的规律是：农用地面积下降得到控制，建设用地市场配置制度得到更大范围推进；建设用地发挥的主体功能是承载、仓储与生态功能；各项建设用地节约集约办法、措施与政策得到较高程度落实。建设用地利用将转向技术密集型模式、建设用地生态模式，市场配置机制发挥作用，将建设用地配给经济社会生态综合效益最优的行业。

5.1.2　经济增长对建设用地集约利用的影响机理

丹尼森（E. Denison）将影响经济增长因素分为两大类：一类是生产要素投入，另一类是单位产出量（生产率）。他为了从投入要素角度详细研究，将投入要素进行了更加详细的分类，认为生产要素投入包括四类，即劳动投入数量与质量；资本质量与数量；单位生产率包括技术进步、政策因素；资源配置改善等。另外，他还认为对经济增长的贡献中要素生产率大于要素投入量；而技术进步因素的贡献最大。

基于前人的研究，本节从投入角度进行研究，将经济增长的主要动力来源分为直接因素与间接动力因素，认为生产要素投入直接影响经济增长，技术进步与制度安排间接作用于经济增长，进而作用于建设用地的集约利用，具体如下。

（1）生产要素投入直接影响经济增长，对建设用地集约利用起促进或限制作用。影响经济增长的直接因素主要是各生产要素投入数量和要素生产率或要素的组合关系总和。生产要素通常包括资本、自然资源（建设用地）、劳动力的投入及要素生产率或要素的组合关系总和。劳动力是经济活动的主体，对经济增长具有主观能动性，发挥着重要的作用，能积极将生产中的各要素按照一定的方式进行组合，并在生产过程中依据工艺、市场供给、生产能力、自然条件禀赋等组织经营活动。在经济发展早期，由于技术水平低下，任何工业国家要想取得更多的产品或服务，持续追加各要素的数量是必由之路。仅依赖生产要素投入量来影响经济增长速度属于一种粗放经济增长方式思维，由于一国或地区所拥有的自然禀赋有限，这种经济增长是不持续的。依赖生产要素投入量的经济增长反映在建设用地空间上，区域建设用地上的资本、自然资源与劳动等生产要素的量与组合比例的变化，要素报酬运动规律已经验证该增长方式对建设用地集约利用的促进或限制效果[①]。

　　生产要素的使用效率（经济增长来源的结构类型）是决定经济增长的另一直接因素。如果生产要素的使用效率有了提高，即经济增长方式由粗放向集约方式转变，那么即使生产要素投入数量不变甚至减少，国民收入也有可能增长。其对经济增长的贡献中要素生产率大于要素投入量产生的生产率[②]。经济增长方式发生转变，建设用地利用方式也会同时发生转变，可以提高建设用地的投入强度与产出效益，实现建设用地的集约利用。

　　（2）技术进步实现经济增长方式转变，促进建设用地利用方式的改变。技术进步是影响经济增长的重要的间接因素。1957 年，索洛把资本与劳动的贡献从生产函数中剥离以后，剩余的即为技术进步，这就是生产函数中提到的"索洛余值"（也称综合要素生产率或全要素生产率，total factor productivity，TFP）。通过分析可以得出结论，生产率的增长源泉为全要素生产率，而全要素生产率的提高主要来自技术进步，技术进步的介入使经济从"外延式"增长转向"内涵式"增长。这是因为技术进步与劳动、资本相结合，提高了劳动、资本的质量和使用效率，改变了过去只靠增加资本或人力来寻求经济增长的道路。要促进经济高速增长，必须大力发展教育，培育人力资源，致力科技创新，提高创新管理水平。因此，可以说技术进步在现代经济增长中起着重要的作用，是经济增长及转变经济增长方式的主要动力来源，决定了经济增长的质量、速度及效益。技术进步实现资本与劳动等生产要素对土地要素的替代，使经济增长方式得以转变，进而影响建设用地、资本与劳动等生产要素的量与组合比例，促进建设用地利用方式的改变，提高建设用地的投入强度与产出效益，实现建设用地的集约利用。

　　（3）制度安排调控经济增长战略，实现建设用地利用的综合效益。无论是从投入角度来看，还是从消费或收入角度来看，制度安排都是影响经济增长的另一个重要的间接因素，任何宏观或者微观生产活动（大到一个国家，小到一个企业）都离不开一定的组织与管理方式。从投入角度来看，改变经济发展系统中生产要素的重新分配，能实现不同程度效益。当制度安排与经济增长相适

---

① 毕军贤. 资源型城市经济增长途径分析 [J]. 城市问题，2002 (4)：25 - 27.
② 杨飞虎. 中国经济增长因素分析：1952—2008 [J]. 经济问题探索，2010 (9)：1 - 7.

应，资源从低生产率领域向高生产率领域的转移必然会促进经济总量的增长加快①。本节主要从产业结构调整政策、市场化制度和对外开放政策三个重要方面讨论制度安排，具体如下。

1) 产业结构反映一个国家经济的各产业的数量、布局状况及相互间的关系，产业结构与布局是否合理，不仅直接关系到一个国家经济发展质量、速度及效益，还关系到地区产业的发展重点、战略方向与协调性，从而影响各生产要素在不同产业的流通和分配格局。因此通过对产业结构进行调整，使其合理化和高度化，使各生产要素的组合方式更合理，使用效率必将提高。产业结构和产业布局决定了建设用地的结构和布局，其调整过程必然引起建设用地利用结构和空间位置发生变化，在此过程中，产业结构不断优化升级，区域建设用地利用更趋合理，建设用地利用的综合效益趋向于最优化。

2) 市场化制度下，采用以价格为信号的市场机制方式进行生产要素配置。相对于政府为主导地位的计划配置，市场配置制度安排的完善程度与推进的领域范围是衡量我国市场化改革的推进程度。在完全竞争的市场条件下，市场是资源配置的基础方式和有效手段，市场机制对资源配置的效率更高是新古典经济学的主要观点，与政府配置制度的结合能弥补市场的"失灵"，因为政府的适度干预可以弥补市场缺陷。政府配置资源的结果，虽有可能在短期内取得经济的增长，却难以带来经济增长有效性的上升，甚至有可能导致经济效率和质量的下降②。建设用地的优化配置需要市场与政府（计划）机制协同作用。市场机制配置建设用地，价格、供求、竞争和利益风险等市场机制可以充分作用，使建设用地的结构与布局为最优配置，以达到最佳的建设用地利用集约水平。政府可以进行适度干预，以弥补市场的固有缺陷，在追求建设用地利用经济效益的同时，兼顾建设用地利用的综合效益最优化，促进建设用地的高度集约利用。

3) 对外开放政策反映了我国经济与世界各国经济的联系密切状况，国际技术转移或扩散的渠道主要有国际贸易、外国直接投资（foreign direct investment，FDI）、人才流动及信息交流等。实践证明，FDI 和国际贸易是推动东道国技术进步的主要影响因素，进一步扩大对外开放程度，能更多地引进国外的先进技术和管理经验，通过学习、模仿及消化吸收，以及与其他生产要素的结合，促使生产要素使用效率的提高，加快实现经济增长方式转变，促进经济

---

① 胡文国，吴栋 . 中国经济增长因素的理论与实证分析 [J]. 清华大学学报（哲学社会科学版），2004, 19 (4)：69 - 72.

② 吴郁玲 . 基于土地市场发育的土地集约利用机制研究：以开发区为例 [D]. 南京：南京农业大学，2007.

增长的质量、速度及效益。利用国际技术转移或扩散可促进建设用地利用方式的改变，提高建设用地的投入强度与产出效益，实现建设用地的集约利用（图5-1）。

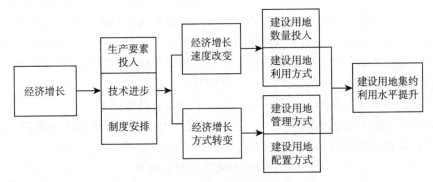

图5-1 经济增长对建设用地集约利用的影响机理示意图

生产要素投入、技术进步与制度安排三个方面直接或间接影响经济增长，进而影响建设用地集约利用，目前的研究仍需要进一步具体讨论不同的经济增长速度与速度方式对建设用地管理方式与配置方式的影响，以及如何进一步作用于建设用地集约利用。

5.2 经济增长速度对建设用地集约利用的影响

长期以来，经济高速增长依赖于不断增大资本、能源、资源、劳动力等生产要素的数量与规模上的投入，其对经济发展持续效率的损害主要是引起并加剧经济波动。1953年至今，完整的经济波动累计出现了八次。频繁过度的经济波动对经济发展持续效率的损害，一是破坏经济长期稳定增长的内在机制；二是造成资源与能源的高消耗、高排放与低效利用，导致巨大浪费[①]。能源资源的紧缺和环境恶化的压力日益成为经济保持持续增长的"瓶颈"。自"十二五"规划要求经济发展降速到7%开始，2012—2020年经济增长速度降为年均6.5%。适当降低经济增长速度，为全国经济发展的各个方面创造了宽松有利环境。政府可以把注意力集中到转变经济增长方式、调整经济结构、产业升级、科技进步和教育振兴方面，减缓能源资源紧缺和环境恶化产生的压力，这也为建设用地利用从粗放式向集约式转变创造了宽松

① 杨目，赵先信，钟凯峰．中国的经济增长：速度、效率和可持续性 [J]．改革，1998（4）：14-25，83.

的环境。

5.2.1 不同经济增长速度对建设用地投入数量的影响

在经济系统中，研究影响经济增长速度的角度不同，分析的因素也不同。本节从生产要素投入角度进行分析。经济增长要素投入包括资本、建设用地与劳动等，同时包括影响诸多要素组合的技术与组织管理。需要注意的是，本节仅从土地投入数量角度考察经济增长速度、建设用地投入数量及建设用地产出经济效益（建设用地利用集约度）三者的互动关系[①]。

第一步，先定义单位建设用地产出经济效益，具体如下：

单位建设用地产出经济效益（P_L）=建设用地总产出（Q）/建设用地投入面积（S_L）

式中：Q 表示区域内二、三产业总产值。

$$P_L = Q/S_L \text{ 两边取对数，则有}$$

$$\ln P_L = \ln Q - \ln S_L \tag{5-1}$$

对式（5-1）进行求导，并取其差分形式，则有

$$\Delta Q^{t+1}/Q^t = \Delta P_L^{t+1}/P_L^t + \Delta S_L^{t+1}/S_L^t \tag{5-2}$$

即

建设用地总产出增长率=单位建设用地产出效益增长率+建设用地投入面积增长率

$$\tag{5-3}$$

第二步，考虑到第一产业的用地范围与产出，进一步推理出以下计算公式：

经济增长速度（率）=单位建设用地产出效益增长率（反映建设用地

集约度的变化幅度）+建设用地投入数量增长率

$$\tag{5-4}$$

第三步，为论证减少征用耕地同样能实现经济增长的结论，将式（5-4）变形成如下形式（假设建设用地投入面积全部来自新征用耕地）：

经济增长速度（率）=单位建设用地产出效益增长率（反映建设用地集约

度的变化幅度）+新征用耕地数量增长率 （5-5）

也可表述为建设用地集约度增长率与建设用地投入数量增长率（新征用耕地数量增长率）加和即为经济增长速度（率）。

（1）如果单位建设用地产出效益增长率持续增长，则经济增长率大于建设用地投入数量增长率。这说明，当单位建设用地的产出效率（建设用地集约利用度）不断提高时，可以通过较低的建设用地投入数量来达到经济增长的目标，也就是说经济增长的内生因素，如技术进步发挥作用，可以促进经济增长

---

① 马涛. 中国城市产业用地集约利用的研究 [D]. 上海：上海社会科学院，2008.

方式转变，建设用地资源从粗放利用向集约利用方式转变。若经济持续稳定在一定的水平内增长，建设用地利用技术提高，建设用地集约利用度以更快的速度增长，则建设用地的投入规模能实现内生性缩减，也就是说适度的经济增长速度能促进建设用地集约利用。

（2）假设建设用地投入面积全部来自新征用耕地，为了保持经济增长速度一定，政府采取各种措施实现建设用地集约利用，提高供地门槛，利用市场机制配置建设用地，同时加强各用地单位对建设用地的集约利用，共同促进建设用地产出效益增长率持续增长。这说明通过较少的新征用耕地数量同样可以实现一定的经济增长速度，从而有效地实现我国土地资源利用的"双保"战略。

（3）如果建设用地集约利用水平较低，建设用地利用方式粗放，那么为维持必要的经济增长速度，就必须不断扩大建设用地要素投入规模。建设用地集约利用水平较低会使建设用地投入规模越来越大，带来外延式的发展，加大了土地部门的供给压力，这样的经济增长方式是粗放、低质量的。同时，如果建设用地集约利用水平一直停滞不前，那么就需要长期依靠建设用地投入数量增长率来推动经济增长，即用地单位无须考虑集约利用建设用地的外在压力。这说明建设用地粗放利用的内生因素来源于建设用地集约利用水平较低。当前，各级政府采取各种措施实现建设用地集约利用，提高供地门槛，利用市场机制配置建设用地，要求各用地单位对建设用地集约利用，以促进经济以集约方式增长。

（4）如果经济增长速度目标超出我国的适度范围，那么应要求建设用地集约利用度快速上升并大规模供给建设用地，但是大规模供地行为与国家18亿亩耕地红线等新的宏观战略目标是背道而驰的，难以行得通。保护耕地和保障发展面临新的更高要求，因此，应在经济增长过程中采取切实可行的措施提高建设用地集约利用水平，同时应符合我国"十二五"规划明确提出的经济增长速度适度下调至约7%的要求。

5.2.2　不同经济增长阶段对建设用地利用方式演变的影响

通过前述分析新中国成立后，我国经济增长三个阶段的建设用地利用方式演变特征，可以发现，在以上不同经济增长阶段，建设用地利用方式与其相对应，持续投入的建设用地、资本和劳动力及比例与市场配置建设用地的土地价格信号等呈现明显的规律性变化。经济增长速度影响持续投入的建设用地、资本和劳动力及比例，国内经济较发达的五个典型地区单位建设用地的劳动力和资本投入整体上也高于经济欠发达的五个典型地区就很好地说明了这一点（表5-2）。同时，有关研究也论证了经济增长水平与建设用地土地价格之间的变化规律，两者存在明显的正相关关系。华文等①研究发现，城市土地价格水平受人均地区生产总值的影响较大，统计检验表明两者之间存在较强的线性关系（可达到 0.833 7），通常经济增长水平较高的地区，其土地价格水平也较高。

表 5 - 2　2019 年中国部分省区市人均地区生产总值、单位建设用地
固定资产投入和单位建设用地劳动力投入水平排序

排序	省区市	人均地区生产总值（元）	单位建设用地劳动力投入（人/平方千米）	单位建设用地固定资产投入（万元/平方千米）
1	北京	164 220	3 328.43	22 213.49
2	上海	157 279	3 520.08	24 688.12
3	江苏	123 607	1 420.47	24 195.24
4	浙江	107 624	1 677.29	25 289.03
5	福建	107 139	2 109.69	30 929.05
13	安徽	58 496	664.61	14 859.18
27	山西	45 724	572.59	6 241.28
28	吉林	43 475	490.30	12 051.54
29	广西	42 964	560.34	13 891.02
30	黑龙江	36 183	550.73	6 768.71
31	甘肃	32 995	487.911	6 176.19

在不同的经济发展阶段，随着经济增长方式的转变、技术的进步及产业结构的演进，表征建设用地使用方式的建设用地数量投入与建设用地要素替代变化、表征建设用地配置方式的价格信号与建设用地利用集约度呈现非常明显有规律的变化趋势，具体分析如下。

（1）在初级经济与建设用地利用阶段（1949—1994 年），由于劳动力等要素的相对价格较低，需要用地单位向政府申请无偿划拨，不能体现出建设用地资源利用的真正价值。一般，经济的起步是通过大量投入建设用地（低地价甚至零地价招商）和廉价劳动力来实现的。该阶段经济增长方式是低效维持模式，建设用地、资本及劳动等生产要素粗放利用现象普遍。

（2）处在工业有所起步的工业化与建设用地利用初期阶段（1995—2004年），实现经济数量上的增长是经济发展的主要目标，在技术水平不够先进的

---

① 华文，范黎，吴群，等 . 城市地价水平影响因素的相关分析 [J]. 经济地理，2005，25（2）：203 - 218.

条件下，需要大量投入建设用地、劳动、资本及能源等生产要素。该阶段经济发展方式是高投入、高消耗、高污染的粗放快速、低质量、低效益的增长模式，建设用地利用实行有偿有限期的使用制度得到更大范围推进，但主要以协议出让方式为主，压低了建设用地的实际市场价格。建设用地发挥的主体功能是承载与仓储功能，更多的建设用地资源替代资本驱动经济增长，建设用地生态功能遭到破坏。

（3）工业化与建设用地利用中期阶段（2005—2014 年），经济快速增长，资本短缺问题已经得到缓解，经济增长在一定程度上是随着资本投入水平大幅度提高的，同时受技术创新、人力资本积累、资源转移、规模经济、学习效应等因素所形成的动力的推动；城市化、工业化进程进一步快速提高，建设用地相应呈快速增长趋势，建设用地等要素价格上升，建设用地利用转向技术密集型模式、建设用地生态型模式，市场配置机制发挥作用，即将建设用地配给经济社会生态综合效益最优的行业。

（4）工业化与建设用地利用后期阶段（2015 年至今），技术与资本、劳动、建设用地的高度结合，形成了建设用地利用的生态模式，实现了建设用地的集约利用方式。建设用地具有稀缺性，不可替代，而日趋紧张的建设用地供求关系使建设用地土地价格日益上涨，此时建设用地的资本功能凸显，建设用地以市场化的方式进行配置。同时，随着人们对生态环境和生活品位的要求不断提升，生态环境用地逐渐增加，建设用地的经济社会与生态环境综合效益得到提升，建设用地发挥的主要是承载、仓储与生态景观功能。

由此可知，随着经济社会的不断发展，在不同经济发展阶段，表征建设用地使用方式的建设用地数量投入与建设用地要素替代变化、表征建设用地配置方式的建设用地价格信号及建设用地利用集约度呈现出显著的规律性变化。随着工业化阶段的持续推进，经济发展逐渐由粗放型发展向集约型发展转变，作为经济发展的重要生产要素，建设用地的使用方式也随之由粗放式向集约式转变，直至工业化后期阶段，建设用地集约水平达到高度集约。

5.3　经济增长方式对建设用地集约利用的影响

简单地讲，经济增长方式是指投入的各种要素与组合方式。从各要素配置角度出发，经济增长可以划分为两种不同的方式：一是以增加投入和扩大规模为途径，追求增长速度的粗放型经济增长方式；二是以提高效率为目标，注重增长质量的集约型（高质量）经济增长方式。

经济增长方式的转变对建设用地集约利用提出了更高的要求。调整经济结构，转变经济增长方式，加快经济发展方式转变的决策部署，都要求国土资源管理要着眼于调整建设用地利用结构，深化土地建设用地利用节约集约水平，通过改革建设用地的利用方式来促进经济发展方式的转变。

不同的经济增长方式对应不同的建设用地利用方式，不同的建设用地利用方式则分别进一步影响建设用地管理方式与配置方式。

5.3.1　粗放型经济增长方式对建设用地集约利用的影响

粗放型经济增长方式通过扩大生产场地、增加机器设备、增加劳动力等来实现经济增长，忽视了科技的作用。粗放型经济增长方式的特征如下：①能源资源的消耗高、利用率低；②盲目投资；③周期性波动；④追求总量与速度。粗放型经济增长方式对建设用地集约利用的影响具体如下。

（1）粗放型经济增长方式对建设用地管理方式的影响。粗放型经济增长方式不仅代表着一种发展观，还体现着一种政府管理观，即政府在资源管理中偏好依靠资源的大量投入，以获取其任期内的最大化经济收益和政治收益。在建设用地管理方面，其主要表现为随意改动建设用地利用规划、人为降低建设用地土地价格、擅自批地等，必然伴随着建设用地的极大浪费。

（2）粗放型经济增长方式对建设用地配置方式的影响。在粗放型经济增长方式下，建设用地这种生产要素必将大幅用于产品生产和经济发展的过程中。建设用地要素价值被低估，造成建设用地粗放浪费等现象。粗放型经济增长方式对建设用地配置的影响主要体现在以下两个方面：一方面是对建设用地时间配置的影响，即不顾资源配置的规律性，"寅吃卯粮"，使建设用地后备资源提前开发，导致建设用地的粗放浪费和不可持续利用。另一方面是对建设用地空间配置上的影响。在粗放型经济增长方式下，各地区为了地区生产总值的增长，竞相降低土地价格以吸引企业投资，在这种行政干预下，建设用地土地价格无法发挥市场机制作用，对建设用地配置无法产生积极作用，建设用地粗放浪费在所难免。

5.3.2　集约型经济增长方式对建设用地集约利用的影响

集约型经济增长方式是一种强调科技与生产要素高度结合以实现经济增长的方式，也是一种经济增长代价较小，经济增长结构、速度、质量和效益统一的经济增长方式。集约型经济增长方式的特征如下：①科技推动经济增长；②资源类要素减量化投入；③持续、快速、健康地发展，较小的自然波动；④产品质量较高，低排放。集约型经济增长方式对建设用地集约利用的影响具体如下。

（1）集约型经济增长方式对建设用地管理方式的影响。集约型经济增长方式对建设用地管理方式的影响主要体现在集约发展的压力促使政府在建设用地利用上注重运用市场机制与政府管制相结合的手段。在政府管制上，首先要制定促进建设用地节约集约利用的政策。一是科学制定产业政策,促进产业结构调整和升级;二是统筹不同地区发展的区域政策;三是制定促进建设用地集约利用的财政金融政策;四是为制定科技政策奠定建设用地集约利用的技术基础。建立激励机制,切实提高建设用地利用效率。其次,完善建设用地集约利用的法律体系。一是加强建设用地节约集约利用的立法建设;二是加强建设用地节约集约利用的法律监督和惩戒。建立监管机制,例如:建设用地全程跟踪监管,前期参加立项论证;初步设计审查建设用地利用情况;详细设计审查建设用地利用指标;开工现场放线;竣工参加验收;运营期间动态监察等全过程监管。最后,建立健全政府用地行为制约机制和科学的绩效考核机制。如严格按照国家发布的用地标准用地、考核单位 GDP 的建设用地与其他能耗。

(2)集约型经济增长方式对建设用地配置方式的影响。通过价格杠杆,以市场配置建设用地为主,辅以政府宏观调控,能有效地实现建设用地的优化配置。集约型经济增长方式要求建设用地集约方式使用市场配置机制,充分发挥价格杠杆作用,将建设用地配给经济社会生态综合效益最优的行业,促进建设用地利用转向技术密集型模式、建设用地生态型模式。建设用地市场配置制度得到更大范围推进,同时伴随着建设用地投机等市场"失灵"现象,建设用地成为政府调控宏观经济的重要手段。为促进建设用地使用方式集约,应建立完善的建设用地市场配置机制,具体如下:当前,一级市场中的突出问题是征地矛盾,未能推行通过价格杠杆来配置农村集体所有土地,造成其与国有土地"同质不同价",在国家凭借强制力征收土地过程中,农村集体土地所有权没有得到应有的补偿,损害了农村集体土地所有权的收益权,这与以价格为杠杆的市场配置机制基本要求相违背。因此,应提高征地补偿标准,让农村集体土地所有权得到应有补偿。补偿标准由市场决定,综合效益好的潜在用地者得到建设用地,充分发挥价格杠杆配置建设用地的作用。使农村集体土地所有权得到应有补偿,也可以促使用地者提高建设用地的综合效益,实现建设用地的集约利用。当然辅以政府宏观调控能有效弥补市场"失灵",可以更好地发挥市场机制配置建设用地的作用。以耕地为例,如果完全由市场供求关系来决定,加上人类发展的无限性规律的存在,必然会导致建设用地的无限扩张,如果政府不宏观调控总供给量,将威胁到生存问题,即粮食安全。我国实行的耕地总量动态平衡、占一补一政策有效地实现了宏观调控。

5.4　经济增长对建设用地集约利用影响的动态关系计量分析

5.4.1　理论假说的提炼

依据前述内容中的理论分析,本节提出以下假说。

H5-1：经济增长与建设用地集约利用两者存在相互影响关系。

H5-2：不同经济增长阶段，经济增长与建设用地集约利用两者作用程度发生动态变化。

5.4.2　变量选取与数据来源

现有的相关研究主要是以城市建成区规模扩张表征建设用地集约；衡量经济增长的指标有人均地区生产总值、产业结构、技术进步与职工工资水平等综合指标，也有人均地区生产总值单指标。本节研究主要考察经济增长数量方面与建设用地规模扩张的动态关系，以"GDP"（地区生产总值）表示经济增长量，变量"建设用地扩张"表示建设用地规模扩张，单因素表征建设用地集约利用度。

GDP、综合价格指数与建设用地扩张面积的数据来源于 1999—2020 年的《中国城市统计年鉴》、1999—2020 年的《中国统计年鉴》与对应年份的土地利用现状变更调查结果。同时，GDP 的数据均以 1999 年为基期年，参照当年综合价格指数修正为可比价。

本节研究时期设定为 2000—2019 年：一方面，保障协整分析不少于 20 个观察时间序列；另一方面，保障研究时期涵盖不同经济增长速度、增长方式时期与新型城镇化战略实施阶段。本节研究对象为安徽省 16 个城市的建设用地范围，数据统计以地级城市为基本样本。

5.4.3　安徽省经济增长与建设用地扩张现状

2000—2019 年安徽省经济增长与建设用地扩张面积现状见表 5-3。从 GDP 增长情况看，研究期内的 20 年间经济增长总量达 16 863.88 亿元，2000—2011 年年均经济增长速度为 11.58%，2012—2019 年年均经济增长速度下降到 9.1%。从安徽建设用地扩张面积来看，2000—2019 年安徽省建设用地面积扩张总量达 6 637.63 平方千米，年均增长 331.88 平方千米，年均增长速度为 1.93%。同时期，从建设用地扩张面积来看，2000—2011 年年均增长速度为 1.70%，2012—2019 年年均增长速度上升到 2.43%，其不减反而增长，扩张趋势上升明显，这反映出建设用地扩张不一定直接带来经济的大幅度增长。

总体看来，2000 年以来安徽经济增长水平与建设用地扩张面积总体上不断提高，具有相同的增长态势，这从一定程度上可以推测两者存在相互影响关系，而影响程度则需要进行进一步的验证。从增长的动态过程来看，经济增长水平总体上增长趋势波动不大，而建设用地扩张面积的增长趋势波动变化较频繁，而两者间究竟是否存在长期协整关系及影响效应的动态全过程，需要进行进一步的验证。

表 5-3 2000—2019 年安徽省经济增长与建设用地扩张面积现状

年份	GDP (亿元)	比上年增长 (%)	建设用地扩张面积 (平方千米)	比上年增长 (%)
2000	3 103.45		15 321.45	
2001	3 369.67	8.58	15 482.96	1.05
2002	3 720.49	10.41	15 701.50	1.41
2003	4 113.92	10.57	15 742.74	0.26
2004	4 667.50	13.46	16 091.79	2.22
2005	5 085.61	8.96	16 217.72	0.78
2006	5 746.27	12.99	16 329.40	0.69
2007	6 599.48	14.85	16 449.69	0.74
2008	7 319.10	10.90	16 610.93	0.98
2009	8 452.72	15.49	17 048.35	2.63
2010	9 897.59	17.09	17 710.28	3.88
2011	11 252.88	13.69	18 180.81	2.66
2012	11 497.68	2.18	18 768.02	3.23
2013	12 383.67	7.71	19 193.07	2.26
2014	13 092.98	5.73	19 812.57	3.23
2015	13 533.44	3.36	19 751.27	−0.31
2016	14 398.39	6.39	20 350.54	3.03
2017	16 098.44	11.81	21 758.20	6.92
2018	16 953.84	5.31	21 946.79	0.87
2019	19 967.33	17.77	21 959.08	0.06
年均增长速度（%）		10.38		1.93

5.4.4 研究方法与数据处理

传统的回归分析方法较易忽略变量数据的共线性与稳定性，可能会造成伪回归，而协整理论分析则能克服该缺陷。因此，本节应用协整理论，基于 VAR 模型进行 Granger 因果检验、VEC、IRF 和方差分析，以反映两者在不同经济增长阶段的全过程动态关系。

为消除可能存在的异方差，并使趋势线性化，本节对所有研究原序列分别取自然对数，得到经济增长水平（lnGDP）与建设用地扩张水平（lnCUL）。

5.4.5 变量的协整检验

1. 变量的单位根检验

在对经济增长水平（lnGDP）与建设用地扩张水平（lnCUL）进行协整分析之前，采用 ADF 检验法先进行平稳性检验，即检验是否存在单位根。从检验结果（表5-4）来看，原水平序列 lnGDP、lnCUL 的 ADF 值均大于10%显著水平下的临界值，未能通过显著性检验，表现出非平稳特征；各序列经过一阶差分后，D(lnCUL) 与 D(lnGDP) 的 ADF 值也未能通过显著性检验，表现出非平稳特征；各序列经过二阶差分后，D(lnGDP，2) 与 D(lnCUL，2) 的 ADF 值（−5.517 7，−5.517 7）均小于1%显著性水平下的临界值（−2.666 6，−3.886 8），P 值（0.002 7，0.000 4）均小于 0.05，由此可见，lnGDP 与 lnCUL 序列都是二阶单整序列，即 lnCUL~I（2），lnGDP~I（2）。可通过协整模型检验其是否具有长期协整关系[1]。

表5-4 序列 ADF 检验结果

变量序列	检验类型 (C，T，L)	ADF 值	P 值	1%临界值	5%临界值	10%临界值	检验结论
lnGDP	(C，T，0)	−1.008 5	0.728 1	−3.831 5	−3.030 0	−2.655 2	非平稳
D(lnGDP)	(C，T，1)	−2.799 8	0.078 0	−3.857 4	−3.040 4	−2.660 6	非平稳
D(lnGDP，2)	(C，T，2)	−5.517 7	0.002 7	−2.666 6	−3.052 2	−3.886 8	平稳
lnCUL	(C，T，0)	0.835 5	0.991 9	−3.831 5	−3.030 0	−2.655 2	非平稳
D(lnCUL)	(C，T，1)	−2.799 8	0.078 0	−3.857 4	−3.040 4	−2.660 6	非平稳
D(lnCUL，2)	(C，T，2)	−5.517 7	0.000 4	−3.886 8	−3.052 2	−2.666 6	平稳

注：L 表示滞后阶数。

2. 协整检验

lnGDP 与 lnCUL 序列都是二阶单整序列，符合协整分析的前提要求。通过 Johansen 协整检验，在 EVIEWS10.0 软件中进行相关操作，检验结果如表5-5 所示。在5%以上的显著性水平下，lnGDP 与 lnCUL 间存在协整关系及一个协整方程，即两者存在长期的均衡关系[2]。

---

① 蔡俊，刘友兆，欧名豪. 经济发展与土地集约利用的动态关系研究 [J]. 农业技术经济，2012（4）：80-85.

② 孙敬水. 中级计量经济学 [M]. 上海：上海财经大学出版社，2009.

表 5 - 5　经济增长与建设用地扩张的 Johansen 协整检验结果

原假设	迹检验			最大特征值检验		
	统计量	临界值	P 值	统计量	临界值	P 值
无	13.672 7**	12.320 9	0.029 5	11.903 4**	11.224 8	0.037 9
至多一个	1.769 3	4.129 9	0.215 8	1.769 3	4.129 9	0.215 8

注：** 表示在 5%显著性水平下拒绝原假设。

标准化后的协整关系结果如表 5 - 6 所示，协整方程式由实验结果可以得出，如下所示：

$$\ln CUL = 2.807\ 6 \times \ln GDP \qquad (5-6)$$

表 5 - 6　标准化的协整关系结果

变量序列	lnCUL	lnGDP
系数	1.000 000	−2.807 6
标准差		(0.468 2)
对数似然值	83.244 0	

通过式（5 - 6）可知，lnCUL 与 lnGDP 是正相关的长期均衡关系，即 lnGDP 每上升 1%，lnCUL 就会上升 2.807 6%。

调整系数值，检验协整关系是否有效，当最少有一个值为负数时，可以认为该协整方程有效。根据表 5 - 7 的实验结果可知，当两个调整系数值都为负数（−0.001 3，−0.005 4），则认为该协整关系有效。

表 5 - 7　调整系数值

变量序列	D(lnGDP)	D(lnCUL)
调整系数	−0.005 4	−0.001 3
标准差	(0.001 6)	(0.000 7)

5.4.6　误差修正模型

建立 VEC 模型，检验长期均衡对短期偏离误差调整的力度，根据检验结果，误差修正项（CointEQ1）形式表示如下：

$$CointEQ1 = D(\ln CUL) - 0.272\ 1D(\ln GDP) - 7.328\ 9 \qquad (5-7)$$

根据检验结果，估计的 VEC 模型系数矩阵为：

$$DY_t = \begin{bmatrix} -0.25 \\ 0.11 \end{bmatrix} \text{CointEQ}_{t-1} + \begin{bmatrix} -0.05 & -0.02 \\ -0.99 & 0.26 \end{bmatrix} DY_{t-1} + \begin{bmatrix} -0.39 & -0.13 \\ -0.11 & 0.15 \end{bmatrix} DY_{t-2} + e_t$$

$$DY = \begin{bmatrix} D(\ln\text{CUL}, 2) \\ D(\ln\text{GDP}, 2) \end{bmatrix} \qquad (5-8)$$

在式（5-8）中，VEC 模型中两个方程的解释变量是原序列的二阶差分。VEC 模型中误差修正项 CointEQ_{t-1} 的系数估计值含义如下：方程的误差修正项系数分别为 -0.25 和 0.11，这说明建设用地扩张二阶系列以 25% 的力度调整，短期偏离到均衡状态；经济增长二阶系列以 -11% 的力度调整短期偏离到均衡状态。

5.4.7　Granger 因果关系分析

1. 经济增长与建设用地扩张的 VAR 模型

Granger 因果关系利用 VAR 模型进行一组系数显著性检验。因此，首先建立 lnCUL 与 lnGDP 变量的 VAR 模型，综合依据模型整体检验结果的五个指标，在 AIC（Akaike information criterion，AIC 信息准则）值最小时的滞后期为 2，建立滞后二阶 VAR 模型，模型系数矩阵如下所示：

$$Y_t = \begin{bmatrix} 0.87 & -1.16 \\ -0.02 & 1.46 \end{bmatrix}_{Y_{t-1}} + \begin{bmatrix} -0.09 & 1.37 \\ 0.07 & -0.49 \end{bmatrix}_{Y_{t-2}} + e_t$$

$$Y = \begin{bmatrix} \ln\text{CUL} \\ \ln\text{GDP} \end{bmatrix} \qquad (5-9)$$

向量自回归模型的整体检验结果如表 5-8 所示。由表 5-8 可知，模型拟合较为理想，同时 VAR 模型特征根倒数的模均小于 1，即 VAR 模型是稳定的，因此可以以该 VAR 模型为基础进行 Granger 因果关系检验、脉冲分析及方差分析，以分析 lnCUL 与 lnGDP 的动态关系。

表 5-8　向量自回归模型整体检验结果

统计指标	统计量	特征根倒数的模
决定性残差协方差（dof adj.）	4.69×10^{-7}	0.934 213
决定性残差协方差	2.45×10^{-7}	0.767 453
对数似然值	85.930 42	0.890 121
赤池信息准则（AIC）	$-8.436\ 714$	0.089 348
施瓦茨信息准则（SIC）	$-7.942\ 063$	

注：表中 SE 为 Schwarz information criterion。

2. 经济增长与建设用地扩张的 Granger 因果关系分析

以 VAR 模型为基础，分别将 lnCUL 与 lnGDP 进行 Granger 因果关系检验，以检验其所有滞后项是否对另一个变量的当期值有影响，如果影响不显著，则不存在 Granger 因果关系，反之存在 Granger 因果关系，实验结果显示如表 5 - 9 所示。由表 5 - 9 可以看出，在短期中（滞后一阶），lnGDP 变动是 lnCUL 变动的 Granger 原因，其中 P 值是 0.062 0，卡方检验 Chi - sq 符合要求，该 Granger 原因非常显著，即经济增长是建设用地扩张的 Granger 原因，经济增长可以显著解释或者预测建设用地扩张。在短期中（滞后一阶），ln-CUL 变动不是 lnGDP 变动的 Granger 原因，建设用地扩张不能解释或者预测经济增长。其经济发展实践含义为：短期内，经济增长导致建设用地扩张，而建设用地扩张不一定导致经济增长。

表 5 - 9　lnCUL 与 lnGDP 的 Granger 因果关系检验结果（一）

原假设	Chi - sq	df	P 值	结论
lnGDP 变动不是 lnCUL 变动的 Granger 原因	4.026 27	1	0.062 0	拒绝
lnCUL 变动不是 lnGDP 变动的 Granger 原因	0.280 458	1	0.601 0	接受

由表 5 - 10 可以看出，在长期中（滞后二阶），lnGDP 变动不是 lnCUL 变动的 Granger 原因，其中 P 值是 0.193 3，卡方检验 Chi - sq 符合要求，该 Granger 原因不显著，即经济增长不能解释或者预测建设用地扩张。在长期中（滞后二阶），lnCUL 变动不是 lnGDP 变动的 Granger 原因，其中 P 值是 0.279 5，该 Granger 原因不显著，即建设用地扩张不能解释或者预测经济增长。其经济发展实践含义如下：长期来看，在经济高质量发展阶段，经济增长不一定导致建设用地扩张，建设用地扩张也不一定导致经济增长，两者可以实现良好协调发展。

表 5 - 10　lnCUL 与 lnGDP 的 Granger 因果关系检验结果（二）

原假设	Chi - sq	df	P 值	结论
lnGDP 变动不是 lnCUL 变动的 Granger 原因	1.869 81	2	0.193 3	接受
lnCUL 变动不是 lnGDP 变动的 Granger 原因	1.408 53	2	0.279 5	接受

5.4.8　脉冲响应分析

绘制 IRF 脉冲响应函数，其反映 lnCUL 与 lnGDP 两者间的全面动态影响路径（图 5 - 2）。在图 5 - 2 中，实线表示冲击效应计算值，虚线表示响应函数值加或减两倍标准误差的置信带[①]。

---

① 蔡俊，项锦雯，董斌. 基于省域面板数据的中国城镇化与土地集约利用动态关系研究 [J]. 江淮论坛，2016 (3)：19 - 27.

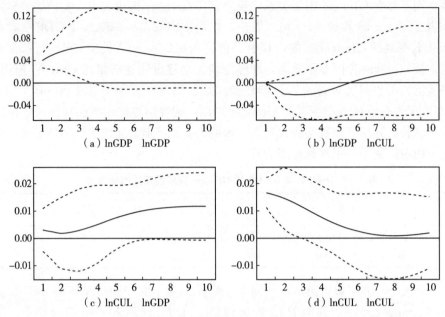

图 5-2 lnGDP 与 lnCUL 分别对一个标准差的冲击响应结果

lnGDP 对来自自身一个标准差冲击的响应呈现研究期维持较强正向作用，在第 3 期达到峰值后呈现下降趋势；lnCUL 对来自自身一个标准差冲击的响应变化较大，期初响应强烈，而期末响应微弱。lnGDP 对来自 lnCUL 一个标准差冲击的响应较弱且波动变化，期初呈现负向作用，后期呈现微弱正向作用，第 10 期正向作用呈现下降趋势。这反映出，初期城市建设用地扩张制约了经济增长，并且长期来看其促进经济增长的正向作用也较弱。lnCUL 对来自 lnGDP 一个标准差冲击的响应较强，持续正向，作用力度相对较大，在第 3～9 期达到峰值后，处于略有减弱态势。这反映出研究期内安徽省经济增长导致了建设用地外延式扩张。

以上关于脉冲函数分析可以得出如下结论：安徽省建设用地扩张对经济增长的驱动作用相对较弱；而经济增长对建设用地扩张的驱动作用相对较强，但后期呈现减弱趋势。

5.4.9 方差分析

方差分析提供每个扰动项因素影响各个变量的相对程度，从而解释各个变量方差变动冲击的重要程度（表 5-11）。

由表 5-11 可知，经济增长变动方差由自身变动解释的部分波动下降，但总体变化不大，由期初的 100% 缓慢下降到期末的 91.48%；城市建设用地扩张变动方差由自身变动解释的部分快速下降，由期初的 96.80% 快速下降到期末的 49.93%；经济增长变动方差由城市建设用地扩张变动解释的部分缓慢波动上升，由期初的 0 缓慢波动上升到期末的 8.52%；城市建设用地扩张方差变动由经济增长变动解释的部分快速上升，由期初的 3.20% 快速上升到期末的 50.07%，前期上升幅度不大，但后期上升幅度很大。

表 5 - 11　经济增长与建设用地扩张的方差分析结果

lnGDP 的方差分析				lnCUL 的方差分析			
时期	S. E.	lnGDP	lnCUL	时期	S. E.	lnGDP	lnCUL
1	0.041 119	100.000 00	0.000 00	1	0.016 928	3.202 857	96.797 14
2	0.072 541	92.903 18	7.096 821	2	0.022 341	2.463 637	97.536 36
3	0.099 506	91.254 63	8.745 369	3	0.025 339	3.352 624	96.647 38
4	0.119 999	92.108 27	7.891 727	4	0.027 044	6.632 208	93.367 79
5	0.134 902	93.532 83	6.467 171	5	0.028 446	12.964 05	87.035 95
6	0.146 062	94.397 56	5.602 438	6	0.030 066	21.506 97	78.493 03
7	0.155 126	94.323 34	5.676 657	7	0.031 968	30.456 11	69.543 89
8	0.163 113	93.522 54	6.477 463	8	0.033 992	38.442 26	61.557 74
9	0.170 523	92.449 21	7.550 792	9	0.035 981	44.966 30	55.033 70
10	0.177 599	91.482 66	8.517 342	10	0.037 859	50.066 27	49.933 73

方差分析的结论如下：经济增长对建设用地扩张的驱动相对较强，解释力度达 50.07%；而建设用地扩张对经济增长的驱动相对较弱，解释力度仅为 8.52%。这一结论与前述内容中脉冲函数的分析结论一致。

综合 Granger 因果分析、脉冲分析与方差分析，可以得到如下研究结论：经济发展一定时期内，经济增长将导致建设用地扩张，而建设用地扩张不一定导致经济增长；但长期来看，在经济高质量发展阶段，经济增长不一定导致建设用地扩张，建设用地扩张也不一定导致经济增长，两个系统可以实现良好协调发展。

以上研究结论能很好地解释安徽省经济发展的实践：在粗放式经济增长阶段，建设用地、劳动力与资本等生产要素的投入是其主要驱动力，经济增长不可避免地导致建设用地扩张。随着经济增长方式的转型，经济发展阶段由速度型转向质量型，其核心动力向创新驱动转变，建设用地、劳动力等生产要素从粗放投入转型为集约利用，安徽省经济增长不再依赖建设用地扩张，两个系统可以实现良好协调发展。在实践中，上海市等特大城市的经济发展是有力的佐证，2010—2017 年，上海市的城市建成区面积始终保持为 998.8 平方千米，经济增长速度为年均 7.7%；而 2018—2019 年，上海市的城市建成区面积保持为 1 237.9 平方千米，经济增长速度为年均 6.1%，真正实现了经济增长的高质量推进，城市建成区扩张零增长或较小幅度增长。

5.4.10　结论与启示

应用协整理论，基于 VAR 模型，进行 Granger 因果检验、VEC、IRF 和方差分析，以反映经济增长与城市建设用地扩张的全过程动态关系，并得出如下结论。

(1) 经济增长与建设用地扩张都是二阶单整序列。

(2) 经济增长与城市建设用地扩张是正相关的长期均衡关系：lnGDP 每上升 1%，lnCUL 就会上升 2.807 6%。

(3) VEC 模型检验：建设用地扩张二阶系列 D(lnCUL，2) 以 25% 的力度调整，短期偏离到均衡状态；经济增长二阶系列以 −11% 的力度调整。

(4) Granger 检验：短期来看，经济增长是建设用地扩张的 Granger 原因，而反向关系得不到实证支持；长期来看，在经济高质量发展阶段，经济增长不一定导致建设用地扩张，建设用地扩张不一定导致经济增长，两者完全可以实现良好协调发展。

(5) 脉冲响应函数分析：对于 lnCUL 的一个标准差的冲击，lnGDP 响应较弱；而对于 lnGDP 的一个标准差的冲击，lnCUL 的响应较强。

(6) 方差分析：建设用地扩张对经济增长的解释力度仅为 8.52%，而经济增长对建设用地扩张的解释力度达 50.07%。

由以上研究结果可知，短期来看，经济增长将导致建设用地扩张，而建设用地扩张不一定导致经济增长；长期来看，在经济高质量发展阶段，经济增长不一定导致建设用地扩张，建设用地扩张不一定导致经济增长，两者可以实现良好协调发展。该结论从理论方面支撑和指导了安徽省的未来经济增长路径，即不以牺牲土地换取发展的模式是完全可以实现的。鉴于区域差异，在全国范围推行建设用地零扩张的社会经济发展模式不可"一刀切"，尤其是特大城市可以不安排新增建设用地，倒逼建设用地存量挖潜推进城镇化；其他城市在未来经济转型发展过程中，通过设立用地门槛等策略，形成建设用地集约用地的倒逼机制，探索城市"紧凑式发展""精明增长""内填式开发"与"集约式发展"等用地模式，消耗较少的建设用地，以保持国民经济高质量较快发展。

5.5　本章小结

本章按照"演绎归纳—机理分析—途径—实证检验"的逻辑思路研究分析

经济增长对建设用地集约利用的影响。

　　首先，"演绎"经济增长与建设用地集约利用过程与特征，"归纳"两者的互动变化规律。其次，从投入角度进行经济增长影响建设用地集约利用的"机理分析"。再次，进一步具体讨论不同的经济增长速度与方式——两个"途径"对建设用地利用方式、建设用地管理方式与配置方式的影响。最后，"实证检验"两者的全过程动态关系，应用协整理论，基于 VAR 模型，进行 Granger 因果检验、VEC、IRF 和方差分析，以反映两者的全过程动态关系，其结论如下：①经济增长与建设用地扩张都是二阶单整序列。②两者是正相关的长期均衡关系：lnGDP 每提高 1%，lnCUL 就提高 2.807 6%。③VEC 模型检验：建设用地扩张二阶序列 D(lnCUL，2) 以 25% 的力度调整，短期偏离，以达到均衡状态，经济增长二阶序列以 −11% 的力度调整短期偏离到均衡状态。④Granger 检验：短期来看，经济增长是建设用地扩张的 Granger 原因，而反向关系得不到实证支持；长期来看，在经济高质量发展阶段，经济增长不一定导致建设用地扩张，建设用地扩张也不一定导致经济增长，两者完全可以实现良好协调发展。⑤脉冲响应函数的分析。对于 lnCUL 的一个标准差冲击，lnGDP 响应较弱；而对于 lnGDP 的一个标准差冲击，lnCUL 的响应较强。⑥方差分析：建设用地扩张对经济增长的解释力度仅为 8.52%，而经济增长对建设用地扩张的解释力度达 50.07%。

第6章 产业结构调整对建设用地集约利用的影响分析

本章研究的逻辑思路是"演绎归纳—机理分析—途径—实证检验"。首先，演绎产业结构调整与建设用地集约利用过程与特征，归纳两者的互动变化规律；其次，依据主导产业理论进行机理分析；再次，从产业结构优化、产业集聚两个途径论述产业结构调整对建设用地集约利用的影响；最后，从安徽省16个城市建设用地经济产出不平衡性视角，应用基尼系数测算安徽省16个城市2000—2019年20年的建设用地经济产出不平衡程度，进一步运用产业结构与产业集聚效应分解公式测算产业结构调整效应，研判不同经济发展阶段产业结构调整效应，验证理论分析机理，启示安徽省产业结构调整方向。

6.1 产业结构调整对建设用地利用影响的一般分析

6.1.1 产业结构演变的一般规律

1. 产业结构演变的一般规律

自从1935年新西兰经济学家费歇尔提出三次产业分类法以来，各国的专家学者对三次产业结构的演变规律进行了大量的理论和实证研究。英国经济学家克拉克认为，随着经济的发展，劳动力占总人口的比例有着由第一产业向第二产业，再向第三产业增大的趋势。美国学者库茨涅兹在此基础上，结合国民收入和劳动力来研究产业结构的变化规律，提出三次产业的产值占国民收入的比例及三次产业就业人口占就业总人口的比例呈现由农业向工业再向服务业逐渐增大的趋势。国内的专家对国家产业结构的演变进行了大量研究，证明三次产业的演变符合世界范围规律，并且发现目前我国第一产业比重与第二产业比重均高于发达国家，但第三产业比重则远低于发达国家，这为我国产业结构的优化调整明确了方向，也进一步从理论和实证方面对产业结构的演变规律进行了有益的补充和发展。美国的钱纳里还从产业关联效应的角度研究了工业行业的结构演变规律。20世纪80年代左右，信息技术迅速发展，使人类产业活动的规模和方式发生巨大改变，三次产业理论的局限性日益凸显。学者们对产业结构演变开展了更为细致的研究。美国学者马克·尤里·波拉特等在《信息经济》一书中，提出了国民经济活动的"四产业划分法"，以契合当前研究产业发展和结构的需要。四次产业即农业、工业、服务业和信息业。其中，信息业不仅在国民经济中占有举足轻重的地位，还将是全世界的支柱产业。当前我国应抓住国际产业转移的契机，大力发展信息产业等新兴产业，充分发挥后发优势，实现经济的跨越式发展。

我国的产业结构演变在时空上体现出鲜明的特点。我国的产业结构演变呈现高度化和合理化发展规律是以改革开放为"分水岭"的。在改革开放以前，由于市场经济制度的不完善，行政干预使产业结构的变化出现异常情况，资源配置也只能根据指令性计划做出相应的规定。改革开放以来，在市场机制的作用下，产业结构与资源配置都得到了优化与调整，经济发展呈现良好的势头。我国产业结构不断优化调整，产业结构沿着"一二三、二一三、二三一、三二一"规律演进。在空间上，我国产业结构演变呈现出东中西部不平衡发展的特点。一直以来，西部地区第一产业比重最高，东部地区第二、第三产业比重最高，中部地区第一产业比重比东部地区高，而第二、第三产业比重稍高于西部地区。与收入发展阶段相比，钱纳里将工业化阶段划分为3个时期，以更好反映产业结构的变化。

2. 产业结构演变中的土地利用结构特征

产业结构演变主要表现在以下几个方面：劳动力要素在三次产业中的配置变化，收入随之改变；三次产业中的产出比重不断变化，产业规模相应改变；三次产业内部的产出比重不断变化，规模相应改变等。土地作为必要的生产要素，随着产业结构的演变，也呈现出与之相适应的结构特征。土地区别于一般生产要素的固有自然、社会经济特性与功能，在结构演变中呈现土地要素的特性与功能。在不同工业阶段，具体的土地利用结构分析如下。

在工业化的初期，以第一产业产出为主，第二、第三产业产出占比很小。农业用地面积最大，第一产业产出比重大于第二、第三产业产出，城镇和工矿、交通等建设用地的比重较小，土地发挥的主要是其生育与养殖功能，注重的是直接取得农产品，即直接为人类提供生存和生活的所需物品。受比较利益的驱动，农业用地内部出现不同种植效益的比较和竞争，农业土地利用结构在耕地、园地、林地、牧草地、水域和未利用地之间进行调整与优化。

随着工业化的加速发展，经济发展进入工业化中期阶段，以第二产业产出为主，第三、第一产业产出占比较小。第一产业产出比重大幅度下降，第二、第三产业产出在国民生产总值中的比重上升，但以第二产业产出为主。此时，产业结构多样，用地类型复杂，受比较利益的驱动，用地结构发生在第二、第三、第一产业用地比重的比较和竞争。据统计，农业用地、工业用地、商业用地的利用效益比为1：10：100。农业用地面积大幅度减小，第二、第三产业建设用地面积快速增大。同时各产业内部的比较利益使土地结构随用途的改变而调整，土地发挥的主要是承载与仓储功能，注重的是为人们的生产与生活提供场地、能源与资源要素。这一时期，由于要素投入粗放，土地单位产出经济效益不高，环境与资源的危机日益凸显，土地的生态环境功能遭到破坏。

随着工业化的进一步加速发展，经济发展步入工业化后期阶段。第三产业产出比重成为国民经济的主体；第二产业产出总量上升，但比重有所下降；由于保障粮食自给的需要，第一产业产出比重进一步快速降低但维持在一定水平。此时，在产业结构调整与优化的合理化与高级化过程中，地租存在区位差异，土地利用结构发生在第二、第三、第一产业用地比重的比较和竞争。由于保障粮食自给的需要，保护耕地成为各国土地管理的首要任务，第一产业用地面积快速减小但需要维持在一定的比重，第三、第二产业建设用地面积与产出发生变化，但外延式的扩张已不是主要途径，通过建设用地容积率、投入强度的提高；技术与资本、劳动、建设用地的结合，实现建设用地的集约利用。同时，随着人们对生态环境和生活品质的要求不断提升，生态环境用地逐渐增加，建设用地利用结构得到进一步优化，建设用地的经济社会与生态环境综合效益得到提升。建设用地发挥的主要是承载、仓储与生态景观功能。建设用地的稀缺性与不可替代性，使得建设用地价格日益上涨。

从产业结构优化调整与建设用地集约利用的过程与特征明显可以看出，两者之间存在内在的必然联系：产业发展状况影响建设用地的利用状况，影响建设用地的配置格局。产业结构调整与优化可以引导建设用地利用结构向与之相适应的方向调整与优化，使得建设用地的生产要素效益最优；同样，建设用地利用结构的调整与优化又可以促进产业结构的调整与优化，促进经济发展速度、效益与质量的全面协调与提升。

6.1.2 产业结构调整对建设用地集约利用的影响机理

产业结构调整就是通过一定的措施改变现有经济资源及新增经济资源在产业之间及产业内部的配置比例、配置关系，以达到某个预定目标的过程。关于如何调整产业结构、促进经济发展，罗斯托的主导部门论具有普遍的指导意义。产业经济理论和工业化国家发展的经验也验证了该理论。美国经济学家罗斯托（Walt Whitman Rostow）在《主导部门和起飞》中考察了经济增长所依赖的特殊部门中的动态力量，认为经济增长是主导部门（主导产业）依次更替的结果。主导产业部门是经济发展的驱动力量，产业结构是由主导产业决定的，产业结构调整是由主导产业的有序转换而引起的。产业结构和产业布局决定了建设用地的结构和布局，其调整过程必然引起建设用地利用结构发生变化，在此过程中，产业结构不断优化升级，建设用地的利用结构也将更合理[①]。

罗斯托明确地阐明了产业结构的调整表现在，主导产业的选择决定着产业结构调整的方向、产业集聚与产业规模的相互变化、主导产业的置换出现和相关产业跟随变化等方面。在此过程中，主导产业选择和相关产业集聚影响土地利用结构与布局；产业规模扩张和产业集聚影响土地利用强度和规模；主导产业的置换影响土地利用方式与集约度，本小节将阐述产业结构调整对建设用地集约利用的影响机理（图6-1）。

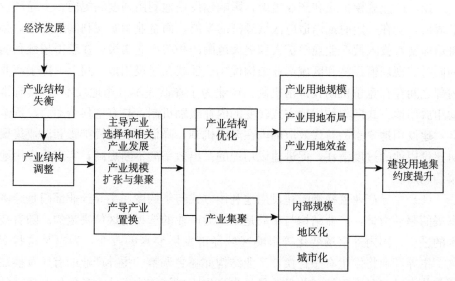

图6-1 产业结构调整对建设用地集约利用的影响机理

（1）主导产业选择和相关产业发展影响建设用地利用结构与布局。主导产业的选择在很大程度上决定了产业系统未来的发展方向和模式。主导产业具有关联性大及竞争优势等特点。主导产业的高效率决定了其取得建设用地与利用建设用地的优势地位，主导产业的建设与利用优势直接传导在承载其所有活动的建设用地上，而建设用地的各方面特征直接反映主导产业的状况。因此，主导产业的转移影响着区域建设用地竞争的优势地位。

紧紧围绕主导产业区位选择的相关产业包括：直接与主导产业相配合的关联产业（如提供零配件、产品的深加工、销售、售后服务等产业）；为主导产业提供各项基础性服务的基础产业（如通信、交通、能源、原材料等产业）；

---

① GAURS K T. Job accessibility impacts of intensive and multiple land use scenarios for the Netherlands' Ramstad Area [J]. Journal of Housing and the Built Environment，2006，21（1）：51-67.

未来很可能成为主导产业的先导产业（如高新技术产业）以及对可能影响区域未来发展的战略产业（如物流产业、生物产业、食品产业、瓶颈产业等）。这些产业共同作用于区域经济发展，从而产生聚集经济效应。因此，这些相关产业的位置、规模、类型、相互间的结构与比重及经济社会效益，直接关系到区域建设用地利用的结构与布局及相应的效益。因此，城市主导产业的类型决定了城市建设用地利用的类型，主导产业的区位选择和相关产业发展直接影响了城市建设用地的利用结构与布局①。

（2）产业规模扩张和产业集聚，影响建设用地利用强度和规模。主导产业形成后，会在一定时期内适应区域经济的发展，而企业为实现利润最大化，必将追加要素投入使产业规模扩大和更大范围的相关产业集聚，在获得超额利润的同时实现规模经济和区域产业结构优化。反映在建设用地空间上，由于产业内部之间存在竞争机制和价格机制，产业为了降低成本（用地成本），具有推动粗放用地方式向集约用地方式转变的内在激励机制，具有增强劳动力、资本等对建设用地要素的替代效应的内在激励机制，降低产业规模扩张和产业集聚对建设用地的过度消耗，促进建设用地的产出效率的不断提高，实现建设用地集约利用。

（3）主导产业置换影响建设用地利用方式与集约度。主导产业部门是经济发展的驱动力量，产业结构与布局是由主导产业的选择与区位决定的。随着技术的进步、国内外市场变化等影响区域经济发展要素的改变，为应对这些变化，主导产业将发生有序置换，产业结构亦随之调整。主导产业的有序置换往往与技术进步联系密切，并且总是最先产生于经济较为发达、条件较为优越的国家或地区。技术的创新与进步会改变一个产业的运行方式，之后又会使产业发生空间上的转移（即主导产业的置换）。主导产业置换是新兴产业凭借其强大的竞争优势（引进先进设备或者进行技术再创新而提供更符合社会需求的产品与服务）发展壮大，并逐渐淘汰老产业，成为城市的主导产业的过程。新兴产业的规模扩张和相关产业集聚，同时，处于相对竞争劣势的企业退出该部门，从而实现产业置换。新兴产业优势的竞争力量使得更多超额利润的产生成为必然，价格杠杆也必然将建设用地有效地向该新兴产业部门配置，建设用地利用结构与利用方式的调整方向与主导产业的有序置换保持一致；同时，建设用地的稀缺性通过价格杠杆传导给该新兴产业部门，比较利益与建设用地政策的驱使，使得该新兴产业部门增强劳动力、资本等对建设用地要素的替代作

---

① 渠丽萍，张丽琴，胡伟艳. 城市土地集约利用变化影响因素研究［J］. 资源科学，2010，32（5）：970-975.

用，以减少对建设用地的需求，建设用地利用强度提高[①]。

综上所述，在产业有序转换（置换）的过程中，建设用地利用结构被深刻打上有序转换（置换）的烙印。产业结构调整，产业的集聚效应和规模效得到有效发挥，产业结构由合理向高级转化。下文将具体讨论产业结构优化与产业集聚过程如何影响到建设用地的集约利用。

6.2　产业结构优化对建设用地集约利用的影响

6.2.1　产业结构优化促进产业用地规模适度化

产业结构是指社会生产与再生产过程中各产业之间的联系与配合比例。产业结构优化是指要在考虑技术的发展和需求变化的基础上，使产业之间的这种比例达到使经济总量最大和资源配置效益最佳的效果。在我国目前转变经济增长方式的目标下，经济发展更加依赖产业结构调整和优化。

在产业结构调整升级过程中，产业结构的一般演变趋势：第一、第二、第三产业向第二、第三、第一产业再向最理想的状态第三、第二、第一产业演变。依据各产业和行业自身的特点，各产业对土地的需求量存在较大差异，各产业内部的行业之间对土地的需求量也各不相同。从不同产业间所需的用地量来看，用地量最大的是第一产业，其产出的经济效益在三次产业中最低；其次是第二产业，其产出的经济效益居中；最后是第三产业，但其建设用地利用集约度最高。当然各产业内部不同行业的用地量也不同，如在工业行业中，矿产业每万元产值所需的建设用地量比重工业的大，而重工业建设用地规模量又比轻工业的大。显然，各产业每万元产值所需的用地量并不是固定不变的，它随着技术进步带来的资源替代和价格变动而发生变化。

总而言之，依据区域产业发展规划和城市功能分区规划，可以确定产业发展规模及规划目标。依据产业发展规模和规划目标，可以制订针对性的土地供应计划，最终保证产业用地的适度规模。

6.2.2　产业结构优化促进产业建设用地布局合理化

产业结构优化的目标方向必然与国家的产业发展目标方向一致。随着全球地域分工的调整，国际市场、需求、投资等受到影响，产业结构的优化势在必行。在承接国际制造业转移的背景下，考虑国内主体功能区的定位、资源禀赋、环境容量、市场潜力等因素升级，国际制造业优先转移到中西部地区，需要依托进口的产业布局在沿海。建设用地的供给必须服务于有利制造业的转移。制

---

① 徐霞. 我国城市土地集约利用经济学分析 [D]. 南京：河海大学，2007.

造业转移的布局决定了建设用地的布局。我国将着力发展服务业，使得第一、第二、第三产业协同发展，以优化产业结构。服务业的发展会吸引大量的人口就业，使高端人才聚集，更多的农业劳动力向第三产业配置，从而使产业结构实现优化。反映在土地利用上，表现为城市第三产业建设用地比重上升，城市的工业、居住及仓储等城市职能建设用地所占比例下降，空间重新布局。随着产业政策的调整，产业结构与布局必然会优化，土地利用结构与布局也将一起优化。同时，土地利用结构与布局的优化可以为产业提供保障，促进产业结构的调整。

随着第二、第三产业的发展，建设用地需求量增大，而国家18亿亩耕地红线不可动摇，因此在产业结构优化过程中，要特别注重对产业用地的节约集约利用。根据区位理论和级差地租原理，对于不同产出效率的产业来说，其产业用地的价值及区位选择均有所不同，如产出效率较高的产业的用地可以选用价值较高的地块。这样，我们可以找到适合产业发展的地理位置，指导产业布局，从而促进产业建设用地布局的科学性、合理性。

6.2.3 产业结构优化促进产业建设用地效益最优化

产业结构优化可以促进建设用地集约利用的效益，这不仅体现在建设用地集约利用的经济效益上，更体现在建设用地集约利用的生态环境效益和社会效益上。

我国自2012年起将经济增长速度下调，这为切实转变经济增长方式创造了宽松的环境，使实现经济发展的速度、质量与效益的全面协调成为可能，资源与能源的供给压力得到缓解，生态环境恶化趋势将被遏止。现代高新技术产业具有科技含量高、资源能耗低、环境污染少的特征，因此发展现代高新技术产业可以提升产业建设用地的生态环境价值。另外，现代高新技术产业和服务业具有高附加值、就业容量大等特点，发展现代高新技术产业和服务业，借助其产业的利润和劳动者的工资收入水平的优势，可以达到建设用地集约利用的目的和效果。

具体而言，依据区域产业发展规划和城市功能分区规划，可以确定产业综合效益规划及规划目标。依据产业综合效益规划和规划目标，可以制订有针对性的建设用地供应综合效益计划，最终保证产业建设用地社会、经济与生态效益的最大化。

6.3 产业集聚对建设用地集约利用的影响

6.3.1 产业集聚的内部规模经济与建设用地集约利用

随着产业的集聚，单个企业因为成本的降低产生了企业内部规模经济效应。企业追求利益最大化是产业集聚的动因，技术创新是产业聚集的最持久和最有吸引力的要素。

1. 企业追求利益最大化传导作用于建设用地集约利用

随着产业的集聚，大量的企业集中于某一特定地区，使基础设施费用得以分摊，采购成本、物流成本、谈判成本、履约成本等下降。同时，追求利益最大化目标驱使企业扩大规模、加强与其他企业间的合作、共同创造品牌效应，从而提升产品的竞争力，产生企业内部规模经济效应。企业内部规模经济效应传导作用于建设用地，表现为单位建设用地耗费降低，收益却递增，从而实现建设用地集约利用。

2. 技术创新传导作用于建设用地集约利用

熊彼特认为产业的集聚是技术创新的源泉。众多产业集聚在一起必然要面对竞争和寻求更多的利润，而技术创新通过实现产品专业化、差异化创造新的需求，从而为企业带来更多的利益。技术创新是产业聚集的最持久和最有吸引力的要素，寻求发展的企业总趋向技术创新的源头，以最快的方式受益于技术创新带来的利润，产生企业内部规模经济效应；更多的企业围绕创新的源头聚集，又有利于推进技术的创新。技术创新带来的利润是其他生产要素无法比拟的，传导作用于建设用地，可以实现建设用地集约利用。

6.3.2　产业集聚的地区化效应与建设用地集约利用

同一行业及相关企业的集聚过程产生行业规模经济效应，相对于不同行业及相关、配套产业而言，即其实现内部规模经济；不同行业及相关、配套产业的集聚产生地区化效应，实现地区规模经济，相对于同一行业及相关企业的集聚经济而言，即其实现外部经济。

1. 行业内部规模经济传导作用于建设用地集约利用

相同企业集中在一定区域空间内会形成企业之间较长价值链联系，使企业之间联系紧密。由于分工与专业化、技术的持续创新，在合作与竞争的作用下，企业投入成本大大降低，企业产品的差异化和专业化提高，该行业的竞争力整体提升。其传导作用于建设用地集约利用表现在，产业建设用地的类型特色化，如北京中关村的 IT 一条街等，提高了单位建设用地投入产出效益。

2. 地区化效益传导作用于建设用地集约利用

不同行业及相关、配套产业的聚集产生地区化效应，实现地区规模经济。不同行业及众多相关、配套产业集中在一定区域空间内会建立价值链、供应链联系，持续创新技术，进一步提高企业产品的差异化和专业化，并创造地区品牌效应。不同行业集聚群的存在分摊了基础设施和公共服务设施建设费用，使该地区的竞争力整体提升。其传导作用于建设用地，表现在产业建设用地的功能区特色化，如工业园区、开发区等，建设用地利用结构不断优化，投入强度与产出效益随着更多企业的集聚而不断提高。

6.3.3 产业集聚的城市群效应与建设用地集约利用

城市规模效应相对于城市群效应是内部规模效应，前者是单个城市，后者是宏观上的特定区域的城市群体。

1. 城市内部规模经济引致城市内建设用地利用集约度提升

纲纳·缪达尔（Karl Gunnar Myrdal）认为，具有强大吸引力的主导产业及其他多向关联产业发展组合的城市是"增长极"，其不断吸引其他活动集中的过程称为极化效应。同时，资源、资本等要素随之集聚，城市具备更强的竞争力。乘数效应作用于主导产业及其他多元产业组合，增长极进一步增强，城市实现内部规模经济，传导作用于建设用地，城市建设用地集约度提升。

2. 城市群效应引致城市群内建设用地利用集约度提升

主导产业及其他多向关联产业发展组合的城市"增长极"通过与周边企业的联动，不断带动其发展的过程是扩散效应。这一过程同时发挥示范效应与乘数效应带动其发展，带动周边的增长点一起发展成城市、城镇等空间城市群体系，这就是城市群效应，如皖江城市带、珠江三角洲等。城市群效应作用下，各要素在城市群间不断流转，城市群的建设用地利用空间布局形成，建设用地利用结构由合理向高级转化，建设用地实现集约利用。

6.4 产业结构调整对建设用地集约利用的影响检验

6.4.1 理论假说提炼

依据本章的理论分析，本节提出以下理论假说。

H6-1：不同经济发展阶段，产业结构优化、产业集聚两方面影响建设用地集约利用贡献程度不同。

6.4.2 研究方法

（1）基尼系数。基尼系数是意大利几何和统计学家基尼在洛伦兹曲线（图6-2）的基础上提出的，最初主要用来衡量收入和财富分配的不平等程度。洛伦兹曲线的绘制方法是：横坐标为人口累计百分比，纵坐标为收入累计百分比，对角线 OL 为绝对平均分配曲线，折线 OXL 为绝对不平均分配曲线，实际分配曲线（洛伦兹曲线）介于绝对平均分配曲线和绝对不平均分配曲线之间。分配曲线向右下角凸出的程度越大，表明收入分配的不平等程度越高。设实际分配曲线与绝对平均分配曲线之间的面积为 A，实际分配曲线与绝对不平均分配曲线之间面积为 B，并以 $A/(A+B)$ 的值表示不平等程度，该值被称为基尼系数。基尼系数是一个介于 0 和 1 之间的小数，基尼系数越小，分配越平均；反之，收入分配越不平均。按照国际惯例：基尼系数在 0.2 以下表示绝对平均，0.2~0.3 表示比较平均，0.3~0.4 表示相对合理，0.4~0.5 表示差距较大，0.5 以上表示差距悬殊。国际上通常把 0.4 作为收入分配差距的"警戒线"[①]。

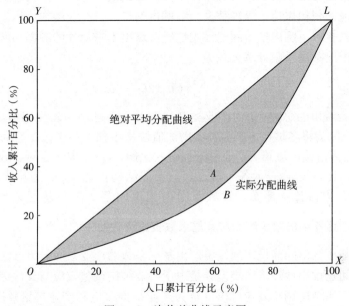

图 6-2 洛伦兹曲线示意图

通过测算地区间基尼系数，可以用来衡量地区三次产业总增加值分配的不平等程度。地区间基尼系数计算公式为：

$$G_j = 1 - \sum_{i=1}^{N} \left[P_i (2Q_j - w_{ji}) \right] \qquad (6-1)$$

式中：N 为地区的总数；j 为产业类型；w_{ji} 为将各地区第 j 产业增加值按从小到大顺序排序后的各地区第 j 产业增加值占总域第 j 产业总增加值比例；Q_j 为排序后的各地区第 j 产业的累积占比；P_i 为排序后各地区人口占比。设 α_{ij} 表

---

① 尹雪华，李翔，尹传存. 基尼系数与洛伦兹曲线的等价分类 [J]. 统计与决策，2021，37 (24)：28-32.

示各年份三产结构占比，那么，地区总域第 t 年总基尼系数为 $G_t = \sum\limits_{j=1}^{3} \alpha_{tj} G_{tj}$，其各年份第 j 产业对基尼系数贡献率为 $C_j = \dfrac{\alpha_{tj} G_{tj}}{G_t}$。

（2）基于基尼系数的城市间建设用地经济产出不平衡性测算方法。

基尼系数是测度地区平衡性的常用指标之一，现广泛应用于收入分配、水污染物总量分配、建设用地分配及碳排放分配等诸多领域[①]，通过构建基于基尼系数的优化模型，能考察资源利用效率区域平衡性，促进区域间平衡发展。基于此，依据基尼系数原理与思路，将洛伦兹曲线示意图的横轴替换为各城市的建设用地面积积累比，纵轴替换为各城市的二、三产业增加值积累占比，即可实现安徽省域范围内城市间建设用地经济产出不平衡性的测算。城市间建设用地经济产出基尼系数计算公式为

$$G_j = 1 - \sum_{i=1}^{N} \left[CL_i (2Q_j - w_{ji}) \right] \tag{6-2}$$

式中：N 为城市的总数；j 为产业类型（本书只考虑利用建设用地要素的二、三产业）；w_{ji} 为将各城市 j 产业类型增加值按从小到大顺序排序后的各城市第 j 产业增加值占城市域第 j 产业总增加值的比例；Q_j 为排序后的各城市第 j 产业的累积占比。设 α_{tj} 表示各年份二、三产业结构占比；CL_i 为排序后各城市建设用地面积占比，那么，省域范围内城市间第 t 年总基尼系数为 $G_t = \sum\limits_{j=1}^{2} \alpha_{tj} G_{tj}$，其各年份第 j 产业对基尼系数贡献率为 $C_j = \dfrac{\alpha_{tj} G_{tj}}{G_t}$。

（3）基于城市间建设用地经济产出基尼系数的产业效应分解方法。

城市间建设用地经济产出差异是由于产业结构调整效应与其他综合效应引起的，而产业结构调整效应可以分解为产业结构效应和产业集聚效应。其中，产业结构效应是指由于产业结构变化引起的城市间建设用地经济产出差异；产业集聚效应是指由于地区产业集聚发展引起的城市间建设用地经济产出差异。产业结构调整效应公式可以表示为总基尼系数变化＝产业结构效应＋产业集聚效应＋综合效应[②]，即

$$\Delta G = G_{结构} + G_{集聚} + G_{综合} \tag{6-3}$$

也即

$$\Delta G = G_{t+1} - G_t, \quad G_{结构} = \sum_{j=1}^{2} \Delta \alpha_j G_j, \quad G_{集聚} = \sum_{j=1}^{2} \alpha_j \Delta G_j \tag{6-4}$$

---

① 刘永健，耿弘，孙文华，等．城市建设用地扩张的区域差异及其驱动因素 [J]．中国人口·资源与环境，2017，27（8）：122-127.

② 顾思浩，邹晨，欧向军．江苏省区域经济极化演变的三次产业分解 [J]．江苏师范大学学报（自然科学版），2018，36（2）：73-78.

设 α_j 表示二、三产业结构占比，其他符号意义同上。

6.4.3　研究区概况

2000—2019 年，安徽省市域建设用地经济产出的空间差异主要体现在各城市之间的地均二、三产业增加值（亿元/平方千米）差异。如表 6-1、表 6-2 所示，安徽省市域经济差异反映在不同经济发展阶段各区域之间比较明显，在经济增长阶段（2000—2011 年），年均增长速度位居前三的城市分别是合肥市、马鞍山市、芜湖市；在经济高质量发展阶段（2012—2019 年），年均增长速度位居前三的城市分别是合肥市、黄山市、芜湖市；其他城市之间不同经济发展阶段差距明显，且差距也在扩大。因此，有必要探究产业结构调整对不同时期该差距扩大的贡献程度，以探究安徽省产业结构调整方向。

6.4.4　测算结果

（1）城市间建设用地经济产出不平衡性的基尼系数测算结果。依据式（6-1）、式（6-2），测算安徽省 16 个城市 2000—2019 年建设用地经济产出不平衡性的基尼系数及其贡献率，结果如表 6-3 所示，从表 6-3 中可以得出如下结论。

1）只有 2000 年市域建设用地第二产业产出基尼系数在 0.2 以下，表示绝对平均，大部分年份的基尼系数在 0.2～0.3，表示比较平均，2011 年、2013 年与 2017 年的 3 个年份的基尼系数在 0.3～0.4，表示相对合理。2000—2011 年经济速度增长阶段，第二产业产出基尼系数年均增长 0.012 0；2012—2019 年经济高质量发展阶段，第二产业产出基尼系数年均下降 0.012 1，这说明经济高质量发展阶段，安徽省市域建设用地第二产业产出不平衡性呈缩小趋势。2000—2019 年的市域建设用地第二产业产出基尼系数总体呈上升趋势，表明安徽省市域建设用地第二产业产出不平衡性呈扩大趋势，其贡献度年均达 72%，但经济高质量发展阶段其呈缩小趋势，目前城市间差距还处在比较平均水平。

2）2000 年、2002 年、2005—2010 年市域建设用地第三产业产出基尼系数在 0.2 以下，表示绝对平均，其他 12 个年份其值在 0.2～0.3，表示比较平均。2000—2011 年经济速度增长阶段，第二产业产出基尼系数年均增长 0.017 7；2012—2019 年经济高质量发展阶段，其年均增长 0.002 8，这说明经济高质量发展阶段，安徽省市域建设用地第三产业产出不平衡性呈扩大减缓趋势。2000—2019 年的市域建设用地第三产业产出基尼系数总体呈上升趋势，表明安徽省市域建设用地第三产业产出不平衡性呈扩大趋势，其贡献度年均达 21%，但是，经济高质量发展阶段其呈扩大减缓趋势，目前城市间差距还处在比较平均水平。

表6-1 2000—2019年安徽省16个城市地均二、三产业增加值

单位：亿元/平方千米

年份	合肥市	蚌埠市	马鞍山市	黄山市	铜陵市	阜阳市	六安市	池州市	芜湖市	淮南市	淮北市	安庆市	滁州市	宿州市	亳州市	宣城市
2000	16.51	15.45	23.62	13.54	30.72	6.77	7.21	10.19	25.32	15.55	20.99	18.58	8.51	6.94	7.50	18.53
2001	18.19	18.10	25.36	15.68	33.01	6.98	7.61	10.28	26.40	16.11	20.69	22.45	10.85	7.56	8.35	19.00
2002	20.48	18.09	28.11	16.16	35.53	6.65	7.89	11.39	29.87	18.01	22.84	19.88	11.14	7.51	7.98	20.08
2003	24.01	20.23	34.32	17.93	40.81	7.41	8.81	12.81	34.12	20.31	25.68	21.80	12.40	8.31	8.77	22.45
2004	27.36	22.76	40.35	20.88	48.65	7.81	10.05	14.50	39.66	23.70	29.48	21.99	13.19	9.52	9.92	24.50
2005	41.76	22.92	46.22	22.43	58.61	12.09	13.95	18.00	43.81	19.61	28.57	22.24	15.21	17.94	15.91	30.71
2006	47.83	30.86	65.89	29.52	83.69	12.36	15.01	19.87	53.92	33.13	39.34	28.19	13.13	13.32	14.32	28.45
2007	56.14	33.59	79.33	32.22	91.37	14.49	17.56	23.10	61.32	36.65	41.44	30.57	14.86	15.49	15.80	31.34
2008	65.09	36.51	89.39	34.45	83.44	15.97	20.11	25.98	72.77	43.69	52.12	31.76	16.60	18.69	17.71	35.93
2009	82.77	38.40	85.72	38.71	78.70	17.92	21.48	34.87	82.25	46.54	52.77	35.80	18.59	19.08	18.43	35.87
2010	98.69	43.26	100.33	44.57	97.04	20.70	24.19	36.28	93.50	51.60	60.02	43.51	22.11	21.87	21.14	41.03
2011	117.36	49.49	123.91	50.83	102.60	22.31	27.50	41.60	121.43	56.06	66.91	49.37	24.80	25.18	23.87	47.11
2012	121.00	51.64	114.24	54.39	89.45	23.12	27.25	40.09	117.78	55.35	64.27	49.64	25.67	25.82	22.52	45.92
2013	136.61	58.57	118.31	63.81	89.64	25.38	30.38	45.15	125.81	57.46	69.34	51.27	28.17	29.48	24.12	48.73
2014	146.19	65.27	116.15	65.46	83.60	27.75	30.37	48.42	125.81	52.58	69.31	54.41	30.58	31.58	25.10	48.24
2015	151.69	68.16	113.55	65.53	95.33	28.58	27.64	48.59	127.74	54.42	66.50	48.39	31.79	33.21	30.27	49.00
2016	164.93	65.92	122.83	71.00	98.93	31.67	27.25	52.57	139.21	57.55	69.09	48.40	34.73	37.03	33.67	52.98
2017	183.87	74.37	132.27	75.31	113.05	32.56	30.76	55.85	144.66	56.99	73.20	54.47	35.57	35.52	32.84	55.05
2018	213.91	79.62	140.06	86.30	89.45	48.32	35.68	63.70	151.71	61.08	75.63	66.66	55.40	41.12	42.63	62.56
2019	239.71	88.37	157.08	98.53	90.55	58.60	41.66	72.48	170.78	68.22	82.18	74.81	66.14	47.15	50.76	70.87

表6-2 安徽省不同发展阶段16个城市地均二、三产业增加值年均增长率

不同发展阶段年均增长率	合肥市	蚌埠市	马鞍山市	黄山市	铜陵市	阜阳市	六安市	池州市	芜湖市	淮南市	淮北市	安庆市	滁州市	宿州市	亳州市	宣城市
经济增长阶段(2000—2011)年均增长率(%)	9.17	3.09	9.12	3.39	6.53	1.41	1.84	2.86	8.74	3.68	4.17	2.80	1.48	1.66	1.49	2.60
经济高质量发展阶段(2012—2019)年均增长率(%)	16.96	5.25	6.12	6.31	0.16	5.07	2.06	4.63	7.57	1.84	2.56	3.60	5.78	3.05	4.03	3.56
(2000—2019)年均增长率(%)	11.75	3.84	7.02	4.47	3.15	2.73	1.81	3.28	7.66	2.77	3.22	2.96	3.03	2.12	2.28	2.75

表6-3　2000—2019年安徽省市域建设用地经济产出基尼系数值及其贡献率

年份	市域建设用地第二产业产出基尼系数	市域建设用地第三产业产出基尼系数	市域建设用地二、三产业产出基尼系数	市域建设用地第二产业产出基尼系数贡献率（%）	市域建设用地第三产业产出基尼系数贡献率（%）
2000	0.174 6	0.014 8	0.100 1	93.14	6.86
2001	0.203 8	0.024 7	0.141 1	93.87	6.13
2002	0.217 9	0.013 8	0.151 5	97.03	2.97
2003	0.225 2	0.027 7	0.162 8	94.63	5.37
2004	0.245 4	0.028 3	0.179 7	95.24	4.76
2005	0.151 9	0.123 4	0.142 6	71.71	28.29
2006	0.281 1	0.100 4	0.222 9	85.48	14.52
2007	0.278 4	0.123 0	0.230 0	83.35	16.65
2008	0.274 4	0.106 5	0.225 2	86.15	13.85
2009	0.291 6	0.140 9	0.249 7	84.31	15.69
2010	0.295 2	0.162 2	0.261 2	84.13	15.87
2011	0.306 5	0.208 8	0.283 3	82.50	17.50
2012	0.297 7	0.213 8	0.277 7	81.63	18.37
2013	0.303 7	0.211 4	0.280 3	80.88	19.12
2014	0.284 7	0.212 8	0.265 5	78.63	21.37
2015	0.278 3	0.211 4	0.258 5	75.73	24.27
2016	0.280 8	0.223 6	0.262 7	72.96	27.04
2017	0.307 9	0.228 5	0.281 9	73.45	26.55
2018	0.229 2	0.218 6	0.225 5	66.20	33.80
2019	0.212 7	0.233 3	0.220 7	58.79	41.21

　　3）2000—2005年安徽省市域建设用地二、三产业产出基尼系数在0.2以下，表示绝对平均，其他14个年份其值在0.2～0.3，表示比较平均。2000—2011年经济速度增长阶段，二、三产业产出基尼系数年均增长0.016 7；2012—2019年经济高质量发展阶段，其年均下降0.008 1，这说明经济高质量发展阶段，安徽省市域建设用地二、三产业产出不平衡性呈缩小趋势。2000—2019年安徽省市域建设用地二、三产业产出基尼系数总体呈波动上升趋势，表明安徽省市域建设用地二、三产业产出不平衡性呈扩大趋势，但是，经济高质量发展阶段其呈缩小趋势，目前城市间差距还处在比较平均水平。造成城市间差距的主要原因是第二产业发展不平衡，不过，第二产业影响程度逐年下降，第三产业影响程度逐年上升。

（2）城市间建设用地经济产出基尼系数的产业效应分解测算结果。依据式（6-3）、式（6-4），测算安徽省 16 个城市 2000—2019 年建设用地经济产出不平衡性的基尼系数，结果如表 6-4，从表 6-4 中可以得出如下结论。

表 6-4 安徽省市域建设用地经济产出差异变动的产业效应分解

年份	总基尼系数变化值	产业效应分解					
		产业结构效应	贡献率（%）	产业集聚效应	贡献率（%）	产业综合效应	贡献率（%）
2000—2001	4.101 3	2.073 5	50.56	4.325 3	105.46	−2.297 6	−56.02
2001—2002	1.039 8	0.504 4	48.51	1.101 4	105.92	−0.566 0	−54.43
2002—2003	1.129 5	0.189 0	16.73	1.123 2	99.45	−0.182 7	−16.18
2003—2004	1.691 2	0.287 7	17.01	1.717 2	101.54	−0.313 8	−18.55
2004—2005	−3.714 6	−0.069 0	1.86	−3.257 1	87.68	−0.388 4	10.46
2005—2006	8.030 5	0.083 9	1.04	8.101 2	100.88	−0.154 6	−1.92
2006—2007	0.708 3	0.167 3	23.62	0.681 1	96.16	−0.140 1	−19.78
2007—2008	−0.471 6	0.311 9	−66.14	−0.448 4	95.09	−0.335 1	71.05
2008—2009	2.449 3	0.224 2	9.15	2.423 8	98.96	−0.198 6	−8.11
2009—2010	1.145 1	0.298 9	26.09	1.105 0	96.50	−0.258 7	−22.59
2010—2011	2.214 6	0.177 2	8.00	2.150 7	97.11	−0.113 3	−5.12
2011—2012	−0.562 8	−0.009 9	1.75	−0.561 2	99.71	0.008 3	−1.47
2012—2013	0.257 4	−0.138 6	−53.83	0.244 9	95.11	0.151 2	58.72
2013—2014	−1.476 1	−0.094 7	6.42	−1.449 3	98.18	0.067 9	−4.60
2014—2015	−0.706 9	−0.200 2	28.32	−0.691 8	97.86	0.185 1	−26.18
2015—2016	0.420 5	−0.120 2	−28.59	0.440 8	104.83	0.099 9	23.76
2016—2017	1.924 8	−0.079 0	−4.10	1.902 7	98.85	0.101 1	5.25
2017—2018	−5.637 8	−0.022 3	0.39	−5.493 0	97.43	−0.122 5	2.17
2018—2019	−0.479 2	0.084 9	−17.72	−0.350 5	73.14	−0.213 6	44.58

注：总基尼系数变化值及产业效应值均乘以 100，便于分析。

1）总基尼系数变化值反映了 2000—2019 年的市域建设用地二、三产业产出基尼系数总体呈波动上升趋势，表明安徽省市域建设用地二、三产业产出不平衡性呈扩大趋势。产业结构效应在 11 个年份为正值，即扩大了城市间建设用地二、三产业产出的不平衡性，但扩大效应不强；其余 8 个年份为负值，且大部分出现在经济高质量发展阶段，即对不平衡性起缩小作用，但总体缩小效应较弱。总体上，产业结构优化扩大了安徽省市域建设用地二、三产业产出的不平衡性，但扩大效应不强。

2）产业集聚效应在12个年份为正值，即扩大了安徽省市域建设用地二、三产业产出不平衡性，且年均贡献率平均超过90%，扩大效应强烈；其余7个年份为负值，且大部分出现在经济高质量发展阶段，即对不平衡性起缩小作用，但贡献率不高，总体缩小效应较弱。总体上，产业集聚扩大了安徽省市域建设用地二、三产业产出的不平衡性，扩大效应强烈。

3）产业综合效应在7个年份为正值，且大部分出现在经济高质量发展阶段，即扩大了安徽省市域建设用地二、三产业产出的不平衡性，但贡献率不高，扩大效应不强；其余12个年份为负值，即对不平衡性起缩小作用，但总体缩小效应较弱。

总体上，安徽省市域建设用地二、三产业产出不平衡性呈扩大趋势，产业集聚扩大效应强烈，产业结构优化扩大效应不强，产业综合效应缩小作用较弱。

6.4.5 结论与启示

（1）2000—2019年的市域建设用地二、三产业产出基尼系数总体趋势波动上升，表明安徽城市间建设用地二、三产业产出不平衡性呈扩大趋势，但是，经济高质量发展阶段其呈缩小趋势，目前城市间差距处在比较平均水平。造成城市间差距的主要原因是第二产业发展不平衡，不过，第二产业影响程度逐年下降，第三产业影响程度逐年上升。

这给安徽省产业发展与建设用地集约利用带来的启示是：当前城市间建设用地二、三产业产出存在区域不平衡，但其差距处在比较平均水平，因此应该进一步优化产业结构，扩大第三产业比重；同时，逐步改善16个城市间第二产业不平衡发展现状，在第二产业落后城市，通过承接高端制造业、淘汰或技改边际产业等措施增强其第二产业生产效率，防止建设用地二、三产业产出差距进一步扩大。

（2）安徽省城市间建设用地二、三产业产出不平衡性产业效应分解结果表明：产业集聚扩大效应强烈，产业结构优化扩大效应不强，经济高质量发展阶段两者呈缩小效应，综合效应缩小作用较弱。

这给安徽省产业发展与建设用地集约利用带来的启示是：16个城市应该进一步优化产业结构，扩大第三产业比重，增强产业集聚程度，发挥产业规模效应，提升建设用地集约利用度；同时，在产业集聚规模效应落后城市，通过强化建设用地使用"门槛"、加快承接生产要素与产业转移、延伸产业链等措施，扩大产业集聚效应，提高单位建设用地二、三产业产出。

6.5　本章小结

本章按照"演绎归纳—机理分析—途径—实证检验"的逻辑思路对产业结构调整对建设用地集约利用的影响进行了分析。

首先，演绎产业结构调整与建设用地集约利用过程与特征，归纳两者的互动变化规律。两者之间存在内在的必然联系：产业发展状况影响建设用地的利用状况，影响建设用地的配置格局。产业结构调整与优化，引导建设用地利用结构向与之相适应的方向调整与优化，使建设用地的生产要素效益最优。反过来，建设用地利用结构的调整与优化又促进了产业结构实现调整与优化，促进经济发展速度、效益与质量的全面协调与提升。

其次，依据主导产业理论进行机理分析，主导产业的选择影响建设用地利用结构与布局；产业规模扩张和产业集聚影响建设用地利用强度和规模；主导产业的置换影响建设用地利用方式与集约度。

再次，从产业结构优化、产业集聚两个途径论述产业结构调整对建设用地集约利用的影响，结论是：产业结构优化促进产业建设用地规模适度化、建设用地布局合理化及建设用地效益最优化。产业集聚的内部规模经济、地区化效应与城市化效应促进建设用地产出的提高、建设用地投入产出比的提高及建设用地规模收益的增加。

最后，基于安徽省 16 个城市之间建设用地经济产出不平衡性视角，应用基尼系数测算安徽省 16 个城市 2000—2019 年的建设用地经济产出不平衡性特征，进一步运用产业结构与产业集聚效应分解公式测算产业效应，验证结论是：①2000—2019 年的市域建设用地二、三产业产出基尼系数总体呈波动上升趋势，表明安徽省城市间建设用地二、三产业产出不平衡性呈扩大趋势，但是，经济高质量发展阶段其呈缩小趋势，目前城市间差距处在比较平均水平。造成城市间差距的主要原因是第二产业发展不平衡，不过，第二产业影响程度逐年下降，第三产业影响程度逐年上升；②安徽省城市间建设用地二、三产业产出不平衡性产业效应分解结果表明，产业集聚扩大效应强烈，产业结构优化扩大效应不强，经济高质量发展阶段两者呈缩小效应，产业综合效应缩小作用较弱。

第7章 技术进步对建设用地集约利用的影响分析

本章的逻辑思路是"影响因素—机理分析—途径—实证检验"。首先，从技术进步环境、技术创新（广义技术进步）能力、技术转移（扩散）能力、技术产出绩效四个方面的影响因素分析技术进步对建设用地利用的影响；其次，从集聚效应、要素替代效应与产业结构调整和优化角度进行技术进步影响建设用地集约利用的机理分析；再次，进一步具体讨论技术进步的两个途径（技术创新、技术扩散）对建设用地集约利用的影响；最后，基于Malmquist指数实证检验2000—2019年安徽省建设用地利用效率、规模效率贡献、技术扩散效率贡献、技术创新效率贡献，研判不同经济发展阶段技术进步效应，验证理论分析机理，探究安徽省技术进步方向。

7.1 技术进步对建设用地集约利用影响的一般分析

技术进步指技术不断发展、完善，新技术不断代替旧技术。技术进步的途径主要有技术创新、技术扩散、技术转移与引进。因此技术进步的含义比技术创新、技术扩散要更深，其也从更广的范围、更宏观的层次影响建设用地的集约利用。下文将从其对建设用地集约利用影响因素与机理两方面具体分析。

7.1.1 技术进步影响建设用地利用的因素

关于技术进步影响建设用地利用的因素，目前大多数研究集中在研发投入、人力资本、市场需求、土地稀缺性、技术扩散环境、进出口贸易、FDI及管理制度等技术进步因素对建设用地集约利用的影响方面[1][2][3]。借鉴马太飞（2010）从技术进步环境、技术创新能力、技术转移能力与技术产出绩效等四

---

[1] 张顺. 科技投入与经济增长动态关系研究 [J]. 商业研究，2006（13）：146-149.

[2] 孙敬水，岳牡娟. 我国R&D投入与经济增长实证研究：基于panel data模型分析 [J]. 科技管理研究，2009，(7)：86-88.

[3] 严思齐，彭建超，吴群. 中国省际土地节约型技术进步测度与影响因素研究 [J]. 中国人口·资源与环境，2018，28（12）：98-105.

个方面因素分析技术进步对建设用地利用的影响[①]。

（1）技术进步环境。通过对影响技术进步的 R&D 投入等内外部众多要素的整合与投入，将这些要素有机集中于一个特定的区域，形成合力，共同促进该区域技术进步环境水平的提升，使得其产生的效应大于个体的简单加和效应，并产生集聚效应与规模经济。聚集活动作用于该区域建设用地空间，为建设用地节约型技术进步创造了条件。

（2）技术创新（广义技术进步）能力。我国要实现技术进步、缩小与发达国家之间的技术差距状况，仅仅是依赖于溢出效应的作用是远远不够的，还必须提高技术自主创新能力。研究和开发经费的投入在很大程度上反映了创新主体开展创新活动的规模。大量研究表明，用于研究和开发的经费占国内生产总值的比例的大小与技术进步对经济增长的贡献大小在很大程度上存在正相关关系。相关创新数据显示，我国的专利发明相对于外观设计和实用新型的数量在早期较少；随着国家科技创新政策的逐步实施，我国的专利发明的数量逐渐增长，技术进步效果明显。这说明我国的技术自主创新能力趋强。研发经费投入与专利发明数量这两方面取得的进步离不开庞大的大学生数投入和专业技术人员数共同的长期努力。技术进步使得更为先进的管理理念和科技成果应用于建设用地集中利用，建设用地集约得以提升。

（3）技术转移（扩散）能力。技术转移（扩散）兼具经济效益和社会效益，技术在空间上的传播会影响区域内外建设用地的集约利用情况。对外开放政策反映了我国经济与世界各国经济的联系密切情况。国际技术转移（扩散）的渠道主要有国际贸易、外商直接投资（FDI）、人才流动和信息交流等。事实证明，外商直接投资和国际贸易是推动东道国技术进步的主要因素，随着开放度的提高，更多地引进国外的先进技术和管理经验，无疑会提高生产要素的使用效率。外商直接投资或财政追加投向土地，各类产品的国内外贸易增加，能大幅度提高级差收益，贸易可以促进产业结构的调整和优化，也可以促进建设用地利用方式的改变，提高建设用地的投入强度与产出效益，实现建设用地的集约利用。

（4）技术产出绩效。技术产出绩效在现代经济增长中起着重要作用，是经济增长及转变经济增长方式与建设用地利用方式的主要动力，决定了经济增长的质量、速度、效益；能实现建设用地与其他要素生产函数的改变，推迟报酬递减的出现，使建设用地的投入与产出强度大幅度提升。

---

① 马太飞. 技术进步对湖南土地集约利用的影响分析 [D]. 长沙：湖南大学，2010.

7.1.2 技术进步对建设用地集约利用的影响机理

技术进步通过实现集聚效应、要素替代效应与产业结构调整和优化[①]，来提高建设用地的投入产出水平，促进建设用地利用方式的改变，优化建设用地利用结构与布局，促进建设用地集约化利用。

（1）集聚效应对建设用地集约利用的影响。集聚效应是指各种产业和经济活动在空间上的集中，产业集群是培育企业学习能力与创新能力的温床，更具综合潜力的大范围的劳动力群体间的学习与竞争；企业彼此接近，交流与模仿变得更加畅通，合作与竞争使得整体具备竞争优势，产生的效应远大于个体的简单加和。社会发展中技术的不断进步必然引起产业和经济活动的集聚，而集聚所带来的生产成本降低、信息共享、资源共享等优势，会进一步强化这种效应。更多的劳动力、资本、技术等生产要素在一定区域建设用地空间集聚，使建设用地集约水平大幅度提升。各地的经济开发区、高新技术产业园区、工业集聚园区等都是集聚效应的体现，其建设用地的集约利用水平较一般的建设用地利用水平要高。合理适度的聚集可以促进单位面积建设用地上的投入产出水平，促进建设用地集约利用程度的不断提高。

（2）要素替代效应对建设用地集约利用的影响。由于建设用地资源的稀缺性和土地用途管制的需要，一定范围内的建设用地供给是有限的，产业的发展无法依靠持续不断地建设用地投入来支撑，同时这种外延式的经济发展方式也需要改变。企业不断追求成本节约、规模经济等效益，集聚效应与技术进步使得这变为可能。技术进步是转变经济增长方式的主要、持久的动力来源，技术进步实现资本与劳动力等生产要素对稀缺的建设用地要素的替代，进而影响建设用地、资本与劳动力等生产要素的数量与组合比例，促进建设用地利用方式的改变，提高建设用地的投入强度与产出效益，实现建设用地的集约利用。例如，工业生产中新工艺的运用、新产品的研发、新管理方式的实行等加大技术投入的措施整合了各类生产要素的投入，发挥了要素替代机制的作用。

（3）产业结构调整和优化对建设用地集约利用的影响。简单地说，产业结构就是社会经济发展中第一、第二、第三产业的比例和相互关系的有机构成，反映了生产要素配置的比例及关系[②]。技术进步是产业的形成、发展及产业结构调整的推动力。历史上农耕技术的运用、蒸汽机的发明、信息技术的推广分别推动了农业的发展、工业革命和现代化进程，相应地产业结构也由此发生变化。从建设用地利用效益的角度来看，第二、第三产业用地的集约利用程度递

---

① 韩峰. 技术进步对湖南省城镇土地集约利用的影响 [J]. 中国土地科学，2012（5）：9 - 15.

② 佘时飞. 技术选择、产业结构与珠三角经济发展 [J]. 广东经济，2009（8）：50 - 51.

增，技术进步引发的产业结构调整同样遵循了这一规律，即产业用地向着有利于集约利用的方向发展。除产业之间的结构调整以外，各产业在原有的基础上，通过生产要素的优化组合、技术的创新、新产品的研发、管理水平的提升等手段，进行产业内部的产业升级，使产业结构实现优化，经济发展方式发生转变。这必然要求转变建设用地利用方式，从而促进建设用地利用结构与布局的优化，实现建设用地的集约利用。

综上所述，技术进步主要通过集聚效应、要素替代效应及产业结构调整和优化来影响建设用地集约利用的各个方面。技术进步对建设用地集约利用的影响机理如图7-1所示。

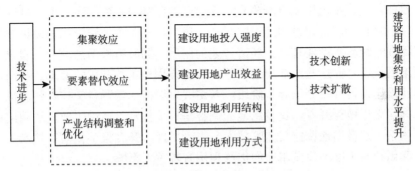

图7-1　技术进步对建设用地集约利用的影响机理

7.2　技术创新对建设用地集约利用的影响

7.2.1　建设用地利用技术创新对建设用地集约利用的影响

建设用地利用技术创新是指在土地的利用过程中，采用新的生产方式和经营管理模式，提高建设用地的利用效率和产出率。建设用地集约利用是指在单位面积建设用地上投入较多的资金、物质、劳动力和技术以提高集约度的建设用地经营方式。显然，提高建设用地利用集约度的重要途径是在一定建设用地空间的持续技术创新。

建设用地利用技术创新作用于建设用地集约利用有以下两个方面（图7-2）。

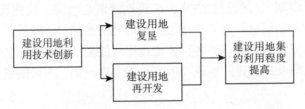

图7-2　建设用地利用技术创新对建设用地集约利用的影响

　　(1) 通过建设用地复垦推动建设用地的二次利用。建设用地复垦是指对因采掘、工业发展和其他工矿废弃物堆积等而被占用或破坏的土地进行相应的整治，使其恢复到可供利用状态的活动。通过完善土地复垦的法律法规和政策，编制土地复垦规划，建立土地复垦工程技术体系，可以有效促进废弃、闲置土地的再利用。同时，注重相关复垦技术的综合集成和新技术的开发创新，可以提高建设用地复垦的效果和效率①。

　　(2) 通过建设用地再开发提升建设用地利用效益，推动建设用地集约利用。建设用地再开发主要是指根据区域发展规划、建设用地利用规划和城镇发展规划，通过相应的再开发技术对区域建设用地的规模强度和布局结构进行调整。目前，我国建设用地再开发的主要类型有"旧城镇、旧厂区、旧村庄改造""城中村改造""建设用地退二优二、退二进三"等。建设用地的再开发可以保障战略性新兴产业和低碳经济产业的用地，同时有效增加商业、娱乐、住宅用地的供给，而这些产业用地一般符合建设用地集约利用的要求。当前，我国的建设用地再开发处于起步阶段，其实践发展迫切需要科学技术的支撑。围绕我国建设用地再开发，建设用地的调查与评价技术、建设用地集约利用评价技术体系、建设用地调控与监管技术、建设用地再开发数字化监管技术等技术研究和创新对于推动建设用地的集约利用有着重大影响。

7.2.2　建设用地管理技术创新对建设用地集约利用的影响

　　建设用地管理主要包括建设用地调查，建设用地登记，建设用地分等定级，建设用地统计、地籍档案管理，建设用地市场监管等。建设用地管理各方面的技术创新都直接或间接地对建设用地的集约利用产生影响（图 7-3）。

　　(1) 建设用地调查技术创新对建设用地集约利用的影响。建设用地调查是为明确建设用地的存在、权属、利用状况而进行的调查，其是开展建设用地管理的基础性工作。建设用地调查技术创新可以更快速、准确地获得建设用地的基础数据，为建设用地的集约利用奠定基础。在我国开展的第三次全国国土调查中，先进科学技术（包括航天航空遥感、全球卫星定位、地理信息系统和数据库及网络通信等技术）起到了关键的作用。第三次国土调查的主要任务，即农村与城镇建设用地调查，在高科技成果支持下，不到 2 年就顺利完成。建设用地调查技术创新后可以更加快速、准确地获取全国每一块建设用地的类型、面积、权属和布局信息，为需要建设用地信息的各部门、各行业提供准确的建设用地基础数据，为各部门、各行业建设用地的集约利用奠定基础，最终达到调查信息的互联共享，建立连通"国家—省—市—县"四级的建设用地调查数

　　①　王莹. 村镇土地利用技术创新体系研究［D］. 北京：北京交通大学，2012.

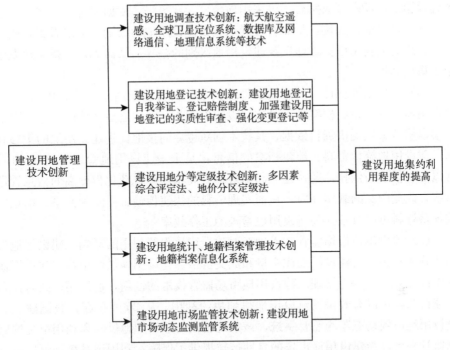

图 7-3　建设用地管理技术创新对建设用地集约利用的影响

据库和地籍信息系统。

（2）建设用地登记技术创新对建设用地集约利用的影响。建设用地登记是指建设用地登记机关将建设用地权利人依法取得、变更、灭失的各项建设用地权利、用途、面积、价格等情况依法记录于专门的簿册上。长期以来，由于技术水平落后，我国的建设用地登记工作手段落后，管理水平不高，资料繁多且陈旧，不利于建设用地登记工作的开展。第三次全国国土调查开始后，借助于完整的建设用地调查数据库和地籍管理信息系统，建设用地登记的信息化建设逐步完善，从而实现对建设用地信息快速、方便、准确的管理。此外，开展建设用地登记自我举证、完善建设用地登记赔偿制度、加强建设用地登记的实质性审查、强化变更登记等建设用地登记的管理和技术创新都会间接地影响到建设用地的集约利用。

（3）建设用地分等定级技术创新对建设用地集约利用的影响。建设用地分等定级是对建设用地的自然和经济属性进行综合鉴定，并使结果等级化的过程。依据分等定级结果，等级较高的建设用地一般集约利用程度也较高，因此可以依据建设用地分等定级的结果，合理确定各类建设用地应达到的集约利用程度。目前，城镇建设用地定级主要采用多因素综合评定法，该方法从影响城镇建设用地质量级别的原因入手间接地推断城镇建设用地质量的差别。而当城镇建设用地市场发育成熟后，可采用地价分区定级法，依据地价水平在城市地域空间上划分地价区块，从而直接确定城镇建设用地的级别。可以看到，相应技术方法的创新可以更好地反映建设用地级别的差异，从而更好地指导建设用地的集约利用。

（4）建设用地统计、地籍档案管理技术创新对建设用地集约利用的影响。建设用地统计、地籍档案管理是在建设用地调查、登记之后开展的工作，主要为建设用地管理提供资料依据，其技术创新也会间接地促进建设用地的集约利用。建设用地统计资料、地籍档案的信息化是未来建设用地管理的发展方向，其以信息技术为依托，通过建立起高效率、高精度、自动化程度高的信息管理系统，改变图文的载体介质，从而实现资料的快速传输、更新和共享。信息化的地籍资料可以有效提高建设用地管理的工作效率[①]。

（5）建设用地市场监管技术创新对建设用地集约利用的影响。建设用地市场监管主要包括对建设用地成交量和成交价格、建设用地供给结构、建设用地建设情况等的监测与管理。建设用地市场监管技术的创新，通过相应的管控和反馈机制，可以有效保证建设用地得到集约利用。从 2003 年起，我国建立了建设用地市场动态监测监管系统，该系统已成为建设用地供应和利用情况的监测监管平台，为建设用地市场的良性运转提供了保障。利用该系统，可以对全国、重点区域和重点城市建设用地市场、投资主体和行业分类等进行适时监测分析，确保建设用地的开发进度和投资强度，提高建设用地的利用效率，避免建设用地产生闲置的情况[②]。

7.2.3　土地制度创新对建设用地集约利用的影响

土地制度创新作用于建设用地集约利用有以下几个方面。

（1）土地所有制创新对于建设用地集约利用的影响。从所有制形式来看，土地所有制主要分为土地公有制和土地私有制。我国实行的是土地公有制和集体土地所有制，其主要按城市和农村来区分。无论是实行土地公有制还是土地私有制，都可以有效提高建设用地的集约利用程度。土地所有制对于建设用地集约利用的影响，更多的是通过土地的使用制度来体现。

（2）土地使用制度创新对于建设用地集约利用的影响。土地使用制度是对建设用地使用的程序、条件和形式的制度，是土地所有制的反映和体现。土地使用制度反映了在建设用地利用过程中人与人之间的经济关系。改革开放前，我国实行的是农村集体土地人民公社所有和城市土地公有制，其特点主要是禁

①　叶公强. 地籍管理［M］. 北京：中国农业出版社，2004.
②　吕苑娟. 土地市场动态监测监管系统基本覆盖全国［N］. 中国国土资源报，2010－02－04.

止使用权流转、无偿无限期使用，这些规定在很大程度上造成了土地的粗放利用。改革开放后，我国实行农村土地家庭联产承包责任制和城市土地有偿使用制，相对于之前的土地制度安排，使用制度的创新极大地提高了建设用地的集约利用程度。因此要在现有的土地使用制度基础上，积极探索，不断创新各项有利于建设用地集约利用的土地使用制度。

（3）建设用地使用年限对于建设用地集约利用的影响。现行的城市住宅用地、工业用地、娱乐商业用地使用权出让年限分别为 70 年、50 年、40 年，城市建设用地在使用期满时会被无偿收回建设用地使用权，若想要继续使用，则需再次办理出让手续。这些规定有可能不利于权利人对建设用地的持续投入，从而不利于建设用地的集约利用。一般而言，产权越稳定，建设用地的收益越高，并且波动越小，建设用地集约利用水平越高[①]。产权稳定和不稳定情形下土地收益变动如图 7 - 4 所示。

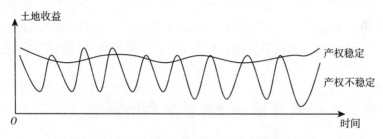

图 7 - 4　产权稳定和不稳定情形下土地收益变动

（4）建设用地产权流转对建设用地集约利用的影响。产权流转是市场交易的基础，也是资源有效配置的前提。改革开放之后，我国土地制度经过改革，在产权流转方面已经逐步放开，特别是城市建设用地流转市场已经逐步建立。建设用地产权流转对于建设用地的合理配置和建设用地集约利用的提高发挥了重要作用。但农村土地产权由于用途管制的制度规定，其流转受到一定的限制，市场机制不能充分发挥作用，资源无法配置到最高和最好的用途上。但是即使在这种情况下，农村土地承包权的流转还是为农用地的规模利用、集约化利用提供了条件，而农村非农建设用地（宅基地与经营性建设用地）产权流转的限制在制度层面上被打破，对建设用地利用效率的提升发挥了重要作用。因此单从提高建设用地利用效率的角度出发，继续推进农用地的承包经营权流转，逐步放开农村非农建设用地的流转，可以有效提高建设用地利用的经济效益。近年来，我国推出的城乡建设用地增减挂钩制度、土地换保障和宅基地换房制度、集体建设用地流转制度、征地制度改革等制度都意在推动农村土地产

---

① 毕宝德. 土地经济学 [M]. 北京：中国人民大学出版社，2006.

权的流转。不考虑其他的因素，其对于建设用地的合理配置和建设用地利用效率的提高都起到了一定的促进作用①。

（5）建设用地出让制度对建设用地集约利用的影响。结合产业结构调整、经济转型，在建设用地出让过程中，通过设定一定的投资门槛，可以有效提高建设用地单位面积的投资强度。例如，目前的建设用地出让政策明确规定了出让建设用地的建筑密度、容积率、投资强度等硬性指标，产业转移过程中产业向园区集中等。此外，建设用地市场的价格机制也会自动发挥作用，引导建设用地的利用朝着集约、节约的方向发展。

（6）建设用地税收制度对建设用地集约利用的影响。建设用地税收的功能之一是引导建设用地的合理利用和配置，通过建设用地税收政策的变化，实现引导建设用地利用方向的目的。例如，可以对不希望的建设用地利用方向和建设用地利用方式课以重税，对希望的则给予轻税或免税，以此调整建设用地的利用方向和效率。因此，针对当前经济发展形势和严格建设用地管理的需要，可以考虑推广房地产税，促使房地产用地合理配置，体现房地产用地效率与公平；对于符合产业结构调整方向、有利于建设用地集约利用的产业用地则给予轻税②。

7.3 技术扩散对建设用地集约利用的影响

技术扩散是一项技术从首次应用，经过推广、普遍采用阶段，至最后被淘汰的过程。而技术扩散是技术的创新应用和推广，只有技术扩散，技术创新才会发挥作用，否则它将仅停留在意识形态，不以任何物质形态影响生产；没有技术扩散，技术创新将无法产生经济效益。由此可知，技术扩散是指技术在空间上的传播，不同区域之间的技术差距是技术得以扩散的前提③。

建设用地利用、管理技术与土地制度的创新，不同于一般产品的技术创新，其兼具经济效益和社会效益。技术的创新和扩散都有其自身的特点，但是无论如何，技术在空间上的传播都会影响到区域内外建设用地的集约利用状况。

7.3.1 区域内技术扩散对建设用地集约利用的影响

技术创新是技术扩散的前提。一般而言，理论上建设用地利用、管理中的

---

① 王华春，赵春学，刘颖梅. 城市化进程、农民转移与土地制度创新［J］. 农村经济，2010（9）：30-32.
② 党国英. 土地制度改革要坚持用途管制［J］. 中国土地，2010（6）：18-20.
③ 曾刚. 技术扩散与区域经济发展［J］. 地域研究与开发，2002（21）：38-40.

技术创新都能够提高建设用地的利用效率和产出率，但是在实践中由于受到各种因素的影响，技术创新的传播和应用往往无法和预期完全相同，即技术扩散对于区域建设用地的集约利用有正反两方面的作用。

首先，在技术扩散的初期阶段，技术扩散可以有效提高建设用地的集约利用程度。建设用地利用中新技术的扩散，同样可以起到相同的效果。此外，企业生产工艺、生产技术的创新和扩散，可以实现企业产品结构的调整，从而增加新品种，同时提高产品质量，促进产品升级换代。这样也就间接地提高了建设用地的产出效益。

其次，技术扩散有可能阻碍建设用地的集约利用。技术的创新和扩散，从开始的基础研究到生产中的实际应用及商业化，这一过程相当复杂，蕴藏着较大的风险。对于技术创新的前期投入巨大，并且投资可能无法收回，因此一旦技术创新获得成功，在实际运用中，人们往往为了收回成本而过度使用这项新技术。这一点在企业的技术扩散中表现得尤为明显。作为市场经济的个体，追逐利益最大化使其无法兼顾技术运用可能带来负面问题。一方面，为了获取更多的经济收益，在建设用地利用过程中，过度使用新技术反而阻碍了建设用地的集约化利用，如建设用地利用中的地质塌陷、土地污染、用地结构不合理等，是过度追求容积率、过度注重经济效益造成的。另一方面，为了拥有垄断性的利润，企业通过各种方式保密和垄断技术，从而使技术扩散的速度减缓、范围减小，这样就延缓了整个区域建设用地集约利用程度的提高。因此，合理的新技术运用和技术共享是保证建设用地得到集约利用的前提，否则技术的扩散反而不利于建设用地的集约利用。

最后，土地制度的扩散和运用对于建设用地的集约利用影响较为复杂。土地制度的变更往往会对社会经济的发展产生巨大的影响，因此制度的创立和推广需要极其谨慎。此外，一项制度总是存在于经济、政治、社会和法律规则所构成的制度环境中，其产生的绩效不仅依赖于自身，也受制于外部环境的约束，同时其绩效的发挥也需要一段时间来显现。在我国，关于土地制度的推广和运用是较为谨慎的，但其对建设用地的集约利用会产生较大的影响。一方面，在建设用地出让过程中，通过设定一定的投资门槛，可以有效提高建设用地单位面积的投资强度。经过时间的检验，城镇建设用地有偿使用制已经被证明可以有效提高建设用地的集约利用程度。而另一方面，土地新制度的推广虽然可以提高建设用地的利用效率，但有可能不利于建设用地的综合利用或者不利于社会经济的稳定发展，因此在实践中，我国多采用试点的方式进行制度推广。例如，集体建设用地使用权流转、城乡建设用地增减挂钩制度、新农村建设中的"双置换""三集中"等，这些制度都以试点的形式进行探索，并提前做社会稳定性风险评估，当其确实能够提高建设用地的综合使用效率和促进社会经济发展时，再在更大的范围内进行推广和扩散，否则可以即时停止新制度的试验推广。这样可以保证土地制度的扩散确实有利于建设用地集约利用的提高。

7.3.2　区域间技术扩散对建设用地集约利用的影响

技术扩散是指技术在空间上的一种传播。在一个较大的地域范围内，不同区域之间的技术差距是技术得以扩散的基本前提，而扩散的原因是发达地区的技术溢出和落后地区的技术需求。扩大到一定区域的建设用地集约利用的要求不仅体现在对某块建设用地的强度利用上，还体现在对该区域内建设用地结构的合理布局上。合理安排各类生产生活用地，可以达到建设用地利用的最佳效益。

区域间技术扩散对建设用地集约利用的影响，主要包括以下三个方面（图 7-5）。

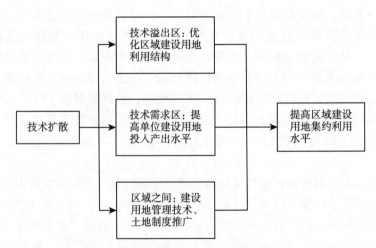

图 7-5　区域间技术扩散对建设用地集约利用的影响

（1）优化技术溢出区域的建设用地利用结构。新技术的不断创新会驱使原有技术扩散和转移。发达地区在原有技术创新过程中投入了大量的资本，在运用一段时间后，其需要及时地对技术进行转移，这样才可以使技术开发的成本得到补偿，因此原有技术的扩散使相对发达地区的新技术运用得以实现。这种技术扩散在企业之间表现得较为明显，技术的创新使企业的生产设备和工艺水平得到改善和提高，企业的管理水平也显著提升，从而大幅度地提高劳动生产率，企业的用地效益也由此提高。同时新技术的创新会促使区域内的高新技术产业、战略性新兴产业不断增多，这些产业的主要特点之一是高投入和高产出，通过高投入可以有效提高单位面积土地的投资强度。相应地，单位面积产值、地均利税等土地收益也会提高。在这种情况下，更多的新技术的运用会不断地促进整个区域的产业结构调整，通过合理配比第一、第二、第三产业，促进区域经济持续发展。产业结构优化的过程同时也是产业用地结构不断优化的过程。技术的扩散可以优化区域的建设用地利用结构，同时进一步提高建设用地利用的经济效益。

（2）提高技术需求区域的建设用地投入产出水平。对于欠发达地区来说，技术的需求是较迫切的。欠发达地区想要快速发展经济，实现跨越式发展，就必须大力发展科技，发达地区的技术扩散正好提供了这样的契机。欠发达地区通过技术引进，结合区域自身的资源优势、劳动力优势等，发展区域经济，提升土地利用效益。首先，欠发达区域可以抓住技术扩散和产业转移的契机，引进一些劳动密集型产业来加快地区的工业化进程，提高建设用地投入产出水平，同时提升第二产业用地的比例。其次，欠发达地区可以抓住机遇，直接引进一些技术密集型产业、新兴产业，通过技术引导带动区域经济发展。最后，欠发达地区可以在技术引进的同时，注重区域自身的技术创新和推广，带动企业的技校创新和发展，从而直接带动区域建设用地利用水平的提高。

（3）形成不同区域之间建设用地集约利用的梯度分布。区域间由于自然资源禀赋、经济发展程度、社会发展水平等的差异，在建设用地利用方面，也存在一定的差异。经济发达地区的建设用地集约利用水平一般要高于经济欠发达地区，而技术扩散的空间方向也是从发达地区向欠发达地区延伸，技术的扩散强化了这一规律，使得不同区域的建设用地集约利用形成梯度分布。区域间的技术扩散可以使先进地区加快技术创新和产业升级，集中优势发展高附加值、高技术含量的产业，而后进地区可以以较低的成本引进发达地区的技术和产业，提升地区产业层次与水平，从而实现区域之间建设用地利用效益的共同提高，同时形成梯度分布。

7.4　建设用地集约利用经济产出效率的技术进步影响因素分析

7.4.1　理论假说提炼

依据本章的理论分析可以提出以下理论假说。

H7-1：各地技术进步创新环境条件区域分异显著，且其推进的时序也不同，不同经济发展阶段，技术进步及其分解的技术创新与技术扩散效应将会呈现波动与区域分异；同时形成建设用地集约利用的时空分异。

7.4.2 研究方法与数据

（1）研究方法。近年来，全要素生产率的问题已开始得到普遍重视与广泛研究，但是受到新古典经济增长理论的影响，学者们仅考虑了资本和劳动力两大投入要素，未将建设用地要素对经济增长的影响进行有效剥离。对于正处于工业化和城市化快速发展阶段的中国而言，建设用地在短期内难以被其他要素所替代，如果不考虑其对经济增长的贡献，显然不能很好地解释经济增长规律。相关研究证明了将建设用地纳入 Malmquist 指数模型来研究全要素生产率的可行性[①]。全要素生产率结合建设用地要素利用效率对宏观经济增长的影响研究，不仅可以分析要素投入本身的效率水平变化，还可以深度剖析制度和技术，尤其是建设用地调控政策和集约利用技术对经济增长的作用。两者互为补充，可以全景展示建设用地利用水平的变化。因此，本章拟以资本、劳动力和建设用地作为主要投入要素，利用 Malmquist 指数模型的分解，进一步分析包含建设用地的全要素生产率，以期看出技术在建设用地集约利用中的作用变化，考察安徽省经济发展的主要动力来源与改进方向。

Malmquist 指数则以数据包络分析为基础，不需要设置生产函数，没有诸多前提假设；测算结果可用于更专注地分析技术效率（技术的最大产出，即技术扩散程度）、规模效率和技术进步变化（技术对生产边界的扩展程度，即技术创新程度）的作用。

Malmquist 指数表达式如下：

$$M_i(x^t,\ y^t,\ x^{t+1},\ y^{t+1})=\frac{D_i^{t+1}(x^{t+1},\ y^{t+1})}{D_i^t(x^t,\ y^t)}\times\left[\frac{D_i^t(x^{t+1},\ y^{t+1})}{D_i^{t+1}(x^{t+1},\ y^{t+1})}\times\frac{D_i^t(x^t,\ y^t)}{D_i^{t+1}(x^t,\ y^t)}\right]^{1/2}$$

$$(7-1)$$

式中：$M_i(x^t,\ y^t,\ x^{t+1},\ y^{t+1})$ 为从第 t 期到第 $t+1$ 期决策单元 i 的 Malmquist 指数，该指数大于 1 时，表明从 t 时期到 $t+1$ 时期全要素生产率是增长的；x 为投入量；y 为产出量；$D_i^t(x^t,\ y^t)$ 为以 t 时期的生产前沿面为参考，其他的符号含义以此类推。

Malmquist 指数（tfpch），实质上是分析年度间各决策单元生产效率的相对变动情况，可以被分解为两个时段生产要素组合的技术进步指数（techch）和综合效率指数（effch），即 tfpch＝techch×effch。若 tfpch＞1，表明从 t 至 $t+1$ 期，全要素生产率整体出现增长趋势；反之，全要素生产率下降；等于 1，表示没有变化。

---

① 陆砚池，方世明. 基于 SBM - DEA 和 Malmquist 模型的武汉城市圈城市建设用地生态效率时空演变及其影响因素分析 [J]. 长江流域资源与环境，2017，26（10）：1575 - 1586.

techch 表示技术生产边界的推移程度（即技术创新程度），effch 表示相对综合效率的变化程度。techch 和 effch 大于 1，意味着技术水平和综合效率分别有所提升；反之，则意味着两者降低；等于 1，表示没有变化。effch 在 Malmquist 指数模型下又可分解为纯技术效率指数（pech，表示技术的最大产出，即技术扩散程度）和规模效率指数（sech），即 effch＝pech×sech。pech 和 sech 大于 1，意味着纯技术效率和规模效率分别有所提高；反之，技术效率和规模效率降低[①]。Malmquist 指数模型中的全要素生产率 tfpch、技术进步指数 techch 与纯技术效率指数 pech 分别对应测算本文的技术进步、技术创新和技术扩散效应。

（2）数据。本章主要分析安徽省 16 个城市 2000—2019 年经济发展中建设用地等要素利用效率和全要素生产力水平的差异，从要素投入产出角度出发，研究建设用地与其他资源配置的合理程度、利用水平及经济健康程度。综合参考指标筛选的目的和原则，模型的应用条件，研究对象的基本特征及考虑数据可获得性，选取以下投入产出指标。

1）投入指标。投入指标的选择以柯布-道格拉斯生产函数为理论依据，选取建设用地、劳动力及资本作为投入要素。但是建设用地在生产函数中出现的形式不统一，有学者将建设用地纳入资本之中，也有学者将建设用地、资本与劳动力并列。在劳动力与资本在建设用地承载需求得到满足时，建设用地对劳动力与资本不存在真正的边际替代关系，因此，借鉴相关文献做法[②③]，将建设用地作为其他要素的分母，也就是单位建设用地面积上的资本与劳动力的产出，相当于控制建设用地要素投入，第二、第三产业从业人数与固定资本存量在单位建设用地面积上的产出变化。因此，选取各城市地均二、三产业从业人数（二、三产业从业人数 L/建设用地面积 CL）作为劳动力投入强度指标，选取地均固定资本存量（固定资本存量 C/CL）代表资本投入指标，进行投资强度测算，以便准确地反映建设用地投入和利用情况。固定资本存量数据采用永续盘存法获得，折算成 1999 年可比价。

2）产出指标。为考察安徽省建设用地利用效率和全要素生产率，产出指标选取地均产出水平的建设用地二、三产业增加值（二、三产业增加值 V/

---

① 童磊，王鹏. 京津冀城市群绿色 TFP 时空演进及趋势预测研究 [J]. 同济大学学报（社会科学版），2021，32（5）：76-82，124.

② 薛建春，张安录. 黄河流域城市土地利用全要素生产率指数的偏向型技术进步分析及收敛性检验 [J]. 湖北社会科学，2021（6）：73-80.

③ 朱孟珏，庄大昌，李涛. 基于环境约束的中国矿业城市工业用地效率评价 [J]. 中国土地科学，2018，32（10）：59-66.

CL），所涉第二、第三产业增加值数据均换算成 1999 年可比价。

3）数据来源。本章所用社会经济数据来源于《安徽统计年鉴》（1999—2020 年）；建设用地数据来源于历年安徽省土地利用变更调查成果（表 7-1）。

7.4.3 研究结果及分析

（1）安徽省建设用地经济产出效率的空间特征分析。运用 DEAP 2.1 做出 2000—2019 年安徽省 16 个城市建设用地经济产出效率 Malmquist 指数及分解得到各指标值的积累变化值，结果如表 7-2 所示。

安徽省 16 个城市 2000—2019 年各指标积累变化分析。

1）tfpch：合肥市、马鞍山市、黄山市、铜陵市、池州市与芜湖市 6 个城市全要素生产率呈增长趋势，合肥市增长趋势非常明显；其他 10 个城市全要素生产率分别出现下降，淮南下降程度最大。建设用地经济产出全要素生产率区域分异明显，且与经济发展区域分异一致。

2）effch：只有马鞍山市与铜陵市综合效率降低，其他 14 个城市都有所提高。各城市建设用地经济产出综合效率普遍获得提升，区域分异不明显。

3）techch：合肥市、马鞍山市、黄山市、铜陵市与芜湖市 5 个城市技术水平有所提升，其他 11 个城市降低。依赖技术创新获得的建设用地经济产出区域分异明显，技术创新效益总体不高，只有毗邻长三角核心城市的 4 个城市与皖南旅游区的 1 个城市技术创新进步显著。

4）pech：马鞍山市、铜陵市、淮南市与宣城市 4 个城市的纯技术效率降低，其他 12 个城市的提高。依赖技术扩散，提高现有技术的产出水平，是安徽大部分城市提高建设用地产出效率的主要技术措施。

5）sech：马鞍山市、黄山市、阜阳市与淮北市 4 个城市的规模效率出现较轻程度降低，其他 12 个城市均有所提高，区域分异明显。

（2）安徽省建设用地利用效率的时序特征分析。运用 DEAP 2.1 做出 2000—2019 年安徽省建设用地经济产出效率 Malmquist 指数及分解得到各指标值的积累变化值，结果如表 7-3 及图 7-6 所示。

安徽省 2000—2019 年各指标相对上年与积累变化分析。

1）tfpch：相对上年变化，提升的年份共有 8 年，下降的年份共有 11 年，总体呈现波动变化；积累变化，20 年来，全要素生产率有所提高，但程度不高，仅提升了 0.199 7。

2）effch：相对上年变化，提升的年份共有 12 年，下降的年份共有 7 年，总体呈现波动变化；积累变化，20 年来，综合效率有所提高，是所有指标中有所提高程度最高的一项，提升了 0.492 2。

表 7 - 1 安徽省 16 个城市建设用地投入与产出统计（2000—2019 年）

年份	指标	合肥市	蚌埠市	马鞍山市	黄山市	铜陵市	阜阳市	六安市	池州市	芜湖市	淮南市	淮北市	安庆市	滁州市	宿州市	亳州市	宣城市	安徽省
	C/CL	5.05	5.92	6.05	5.20	10.78	3.43	2.84	4.07	9.72	4.59	9.54	6.12	2.50	2.92	2.71	5.21	4.48
2000	V/CL	16.51	15.45	23.62	13.54	30.72	6.77	7.21	10.19	25.32	15.55	20.99	18.58	8.51	6.94	7.50	18.53	12.57
	L/CL	7.40	8.92	8.52	8.11	13.09	10.31	9.63	9.86	11.86	10.20	12.16	17.80	4.33	5.51	7.82	10.10	9.35
	C/CL	7.50	6.51	6.58	6.23	12.50	2.84	3.01	4.65	9.75	4.36	7.48	6.20	2.54	2.96	2.88	5.00	4.78
2001	V/CL	18.19	18.10	25.36	15.68	33.01	6.98	7.61	10.28	26.40	16.11	20.69	22.45	10.85	7.56	8.35	19.00	13.33
	L/CL	7.53	9.00	8.89	9.14	13.20	10.49	9.77	10.89	10.72	9.86	12.53	18.66	4.75	5.83	8.01	6.75	9.50
	C/CL	8.75	7.32	11.57	7.48	14.42	3.22	3.40	6.19	12.38	5.14	7.76	7.38	2.95	3.11	3.33	6.70	5.74
2002	V/CL	20.48	18.09	28.11	16.16	35.53	6.65	7.89	11.39	29.87	18.01	22.84	19.88	11.14	7.51	7.98	20.08	13.81
	L/CL	7.79	9.02	9.79	9.76	14.33	10.59	9.81	11.78	10.92	9.44	14.01	18.37	5.08	5.82	8.27	11.39	9.89
	C/CL	13.06	9.80	19.41	10.30	18.23	3.73	3.84	7.84	17.79	6.81	10.77	8.66	3.26	3.53	3.97	10.01	7.65
2003	V/CL	24.01	20.23	34.32	17.93	40.81	7.41	8.81	12.81	34.12	20.31	25.68	21.80	12.40	8.31	8.77	22.45	16.77
	L/CL	7.75	9.91	8.17	7.59	11.43	8.93	9.18	8.25	11.72	11.53	12.88	18.54	5.49	7.06	10.87	11.41	10.59
	C/CL	17.61	11.23	22.59	14.54	21.87	4.34	4.80	11.44	20.46	10.29	12.38	8.67	4.11	3.98	4.71	13.84	9.52
2004	V/CL	27.36	22.76	40.35	20.88	48.65	7.81	10.05	14.50	39.66	23.70	29.48	21.99	13.19	9.52	9.92	24.50	19.18
	L/CL	9.18	10.60	7.06	7.95	12.25	10.15	9.29	9.18	12.29	12.11	12.35	16.17	5.57	7.62	10.97	11.32	11.01
	C/CL	22.61	13.32	28.87	20.84	26.27	5.83	6.31	14.83	25.63	15.02	16.13	10.54	5.28	4.91	5.49	15.80	12.18
2005	V/CL	41.76	22.92	46.22	22.43	58.61	12.09	13.95	18.00	43.81	19.61	28.57	22.24	15.21	17.94	15.91	30.71	23.70
	L/CL	8.73	10.77	7.43	8.06	12.50	11.08	9.44	9.33	12.31	12.47	12.93	16.53	5.65	8.23	11.10	11.55	11.63

（续）

年份	指标	合肥市	蚌埠市	马鞍山市	黄山市	铜陵市	阜阳市	六安市	池州市	芜湖市	淮南市	淮北市	安庆市	滁州市	宿州市	亳州市	宣城市	安徽省
2006	C/CL	37.03	14.57	40.02	28.59	30.98	5.12	9.23	16.93	32.72	22.93	15.70	15.05	5.20	4.84	10.17	22.54	16.48
	V/CL	47.83	30.86	65.89	29.52	83.69	12.36	15.01	19.87	53.92	33.13	39.34	28.19	13.13	13.32	14.32	28.45	27.17
	L/CL	9.85	10.95	7.87	8.11	12.88	11.87	9.63	9.64	12.20	12.94	13.16	16.51	5.79	9.02	11.20	11.90	12.25
2007	C/CL	55.57	19.20	48.66	35.22	36.91	6.89	11.07	24.57	46.20	27.33	25.89	20.51	10.16	6.82	9.26	32.10	22.62
	V/CL	56.14	33.59	79.33	32.22	91.37	14.49	17.56	23.10	61.32	36.65	41.44	30.57	14.86	15.49	15.80	31.34	30.26
	L/CL	11.32	11.25	8.23	7.89	12.62	13.92	10.28	12.92	12.26	13.60	13.68	15.95	6.14	10.02	11.46	12.49	13.24
2008	C/CL	72.92	22.75	56.16	40.42	43.82	7.52	12.99	28.96	59.75	22.58	32.23	23.20	14.34	10.46	10.69	42.17	27.80
	V/CL	65.09	36.51	89.39	34.45	83.44	15.97	20.11	25.98	72.77	43.69	52.12	31.76	16.60	18.69	17.71	35.93	34.45
	L/CL	12.22	11.51	9.04	9.38	11.74	15.98	10.71	13.65	13.16	12.81	13.83	15.26	6.37	10.41	12.58	14.71	14.00
2009	C/CL	97.34	30.35	69.35	54.26	63.13	9.82	18.06	41.62	81.78	27.06	41.78	31.27	20.98	14.03	13.87	57.70	37.46
	V/CL	82.77	38.40	85.72	38.71	78.70	17.92	21.48	34.87	82.25	46.54	52.77	35.80	18.59	19.08	18.43	35.87	38.57
	L/CL	12.55	11.42	8.45	10.61	10.56	16.65	11.21	14.00	12.84	12.58	14.03	15.15	6.96	10.81	12.18	14.22	14.21
2010	C/CL	111.88	41.96	90.15	71.07	73.02	13.08	23.03	48.18	102.24	35.36	49.63	39.91	27.75	17.98	18.36	65.06	46.30
	V/CL	98.69	43.26	100.33	44.57	97.04	20.70	24.19	36.28	93.50	51.60	60.02	43.51	22.11	21.87	21.14	41.03	44.87
	L/CL	13.32	12.92	15.48	11.59	9.96	17.27	10.92	12.09	12.42	12.26	13.40	14.97	7.57	11.21	12.61	13.65	13.93
2011	C/CL	109.80	48.14	103.77	53.52	70.82	13.85	22.78	36.62	100.72	40.82	56.30	37.58	24.03	19.64	16.24	50.00	45.51
	V/CL	117.36	49.49	123.91	50.83	102.60	22.31	27.50	41.60	121.43	56.06	66.91	49.37	24.80	25.18	23.87	47.11	53.05
	L/CL	17.43	14.16	13.50	12.54	9.18	17.42	10.97	12.31	15.72	13.11	13.65	14.87	8.42	11.99	12.72	13.59	13.87
2012	C/CL	116.88	58.53	112.26	61.09	74.53	15.85	24.75	40.22	108.38	46.66	61.89	39.37	27.64	22.20	17.21	54.41	49.74
	V/CL	121.00	51.64	114.24	54.39	89.45	23.12	27.25	40.09	117.78	55.35	64.27	49.64	25.67	25.82	22.52	45.92	52.82
	L/CL	18.06	14.12	13.32	13.70	8.32	17.75	10.94	11.68	15.11	13.11	13.07	14.77	8.27	11.91	12.25	13.90	14.26

（续）

年份	指标	合肥市	蚌埠市	马鞍山市	黄山市	铜陵市	阜阳市	六安市	池州市	芜湖市	淮南市	淮北市	安庆市	滁州市	宿州市	亳州市	宣城市	安徽省
2013	C/CL	133.00	70.65	132.66	76.04	82.89	19.70	30.46	49.59	123.74	58.03	71.37	47.95	32.79	27.62	20.82	62.60	58.54
	V/CL	136.61	58.57	118.31	63.81	89.64	25.38	30.38	45.15	125.81	57.46	69.34	51.27	28.17	29.48	24.12	48.73	58.67
	L/CL	19.15	10.93	13.59	14.75	7.68	18.24	12.00	11.82	14.58	13.02	12.46	14.83	8.75	12.08	12.04	13.19	14.62
2014	C/CL	149.48	79.31	147.15	75.58	86.58	23.28	32.87	55.18	130.47	52.24	78.88	54.09	36.23	31.61	22.52	65.37	63.73
	V/CL	146.19	65.27	116.15	65.46	83.60	27.75	30.37	48.42	125.81	52.58	69.31	54.41	30.58	31.58	25.10	48.24	60.22
	L/CL	19.99	12.74	13.88	14.58	7.31	19.23	13.52	11.86	13.95	12.59	12.08	14.88	8.80	12.11	11.53	12.36	14.62
2015	C/CL	156.25	88.69	155.99	72.30	111.37	27.81	31.21	58.45	140.67	60.23	83.38	51.72	40.61	36.33	29.51	70.28	69.46
	V/CL	151.69	68.16	113.55	65.53	95.33	28.58	27.64	48.59	127.74	54.42	66.50	48.39	31.79	33.21	30.27	49.00	61.90
	L/CL	20.44	13.36	14.07	14.61	13.71	20.16	12.91	11.81	14.37	12.19	12.29	14.96	8.78	12.59	13.48	12.32	14.91
2016	C/CL	169.64	87.98	170.84	77.40	123.82	35.39	30.29	62.93	154.58	61.77	85.34	52.23	46.85	40.34	33.32	76.55	74.95
	V/CL	164.93	65.92	122.83	71.00	98.93	31.67	27.25	52.57	139.21	57.55	69.09	48.40	34.73	37.03	33.67	52.98	65.82
	L/CL	20.52	12.14	13.99	14.62	15.09	20.94	12.17	11.79	15.25	18.36	12.55	13.74	8.99	12.78	14.83	12.44	14.63
2017	C/CL	164.85	100.39	174.47	83.56	134.29	40.07	35.87	68.74	162.14	58.90	85.35	59.11	47.30	38.63	35.40	78.43	76.84
	V/CL	183.87	74.37	132.27	75.31	113.05	32.56	30.76	55.85	144.66	56.99	73.20	54.47	35.57	35.52	32.84	55.05	69.38
	L/CL	20.85	12.38	13.79	14.57	14.49	19.22	13.50	12.00	62.49	16.33	11.69	13.40	8.02	11.36	13.22	11.71	13.86
2018	C/CL	166.97	95.69	178.64	83.24	139.55	42.98	35.98	70.53	167.90	59.66	87.78	60.58	49.45	40.53	37.33	81.04	80.38
	V/CL	213.91	79.62	140.06	86.30	89.45	48.32	35.68	63.70	151.71	61.08	75.63	66.66	55.40	41.12	42.63	62.56	80.68
	L/CL	21.39	12.55	14.83	14.69	14.29	19.90	13.49	11.98	14.60	15.90	11.90	13.38	8.79	12.03	13.59	12.07	13.81
2019	C/CL	182.11	107.26	198.21	90.08	157.79	49.16	39.64	78.30	186.78	65.28	96.91	66.85	55.44	45.52	42.17	90.16	88.80
	V/CL	239.71	88.37	157.08	98.53	90.55	58.60	41.66	72.48	170.78	68.22	82.18	74.81	66.14	47.15	50.76	70.87	90.42
	L/CL	21.94	11.74	15.11	14.95	14.25	20.13	13.76	12.18	14.70	15.47	11.78	13.52	9.05	12.11	13.53	12.24	13.83

注: 地均固定资本存量（亿元/公顷）表示为 C/CL；地均二、三产增加值（亿元/公顷）表示为 V/CL；地均二、三产从业人口数（万人/公顷）表示为 L/CL。

表 7-2　2000—2019 年安徽省 16 个城市建设用地利用效率积累变化值

城市	effch（综合效率指数）	techch（技术进步指数）	pech（纯技术效率指数）	sech（规模效率指数）	tfpch（全要素生产率指数）
合肥	1.193 0	1.656 2	1.171 9	1.019 7	1.973 5
蚌埠	1.514 5	0.440 3	1.671 2	1.055 3	0.774 7
马鞍山	0.895 4	2.050 4	0.901 2	0.994 8	1.836 0
黄山	1.010 1	1.252 1	1.265 9	0.797 5	1.259 8
铜陵	0.811 0	1.663 1	0.592 0	1.369 2	1.346 6
阜阳	1.516 9	0.498 8	1.788 0	0.848 7	0.755 6
六安	1.667 6	0.447 7	1.467 6	1.139 8	0.749 0
池州	1.561 6	0.661 9	1.281 5	1.219 1	1.034 2
芜湖	1.298 2	1.165 8	1.140 0	1.140 8	1.513 2
淮南	1.003 7	0.615 5	0.930 6	1.076 5	0.620 1
淮北	1.374 2	0.540 5	1.460 6	0.940 3	0.742 3
安庆	1.549 3	0.495 4	1.145 8	1.356 0	0.766 7
滁州	1.560 7	0.614 1	1.000 0	1.560 7	0.959 9
宿州	1.577 8	0.559 8	1.343 5	1.172 1	0.883 2
亳州	1.594 1	0.394 2	1.245 1	1.279 1	0.629 7
宣城	1.276 8	0.756 8	0.692 5	1.840 3	0.965 8

表 7-3　2000—2019 年安徽省建设用地利用效率相对与积累变化值

年份	effch（综合效率指数）		techch（技术进步指数）		pech（纯技术效率指数）		sech（规模效率指数）		tfpch（全要素生产率指数）	
	相对上年变化	积累变化	相对上年变化	积累变化	相对上年变化	积累变化	相对上年变化	积累变化	相对上年变化	积累变化
2000—2001	1.011 0	1.011 0	1.065 0	1.065 0	0.991 0	0.991 0	1.021 0	1.021 0	1.077 0	1.077 0
2001—2002	1.014 0	1.025 2	0.899 0	0.957 4	1.046 0	1.036 6	0.969 0	0.989 3	0.911 0	0.981 1
2002—2003	0.968 0	0.992 3	1.051 0	1.006 3	0.979 0	1.014 8	0.989 0	0.978 5	1.017 0	0.997 8
2003—2004	1.020 0	1.012 2	0.965 0	0.971 0	1.012 0	1.027 0	1.008 0	0.986 2	0.984 0	0.981 9
2004—2005	0.969 0	0.980 8	1.089 0	1.057 5	0.936 0	0.961 3	1.035 0	1.020 8	1.055 0	1.035 9
2005—2006	0.955 0	0.936 2	1.024 0	1.082 8	0.921 0	0.885 3	1.037 0	1.058 6	0.977 0	1.012 0
2006—2007	1.161 9	1.088 3	0.985 1	1.066 7	0.975 0	0.863 2	1.191 7	1.261 5	1.144 6	1.158 4
2007—2008	1.144 0	1.245 0	0.844 0	0.900 3	1.150 0	0.992 7	0.995 0	1.255 2	0.966 0	1.119 0

（续）

年份	effch（综合效率指数）		techch（技术进步指数）		pech（纯技术效率指数）		sech（规模效率指数）		tfpch（全要素生产率指数）	
	相对上年变化	积累变化	相对上年变化	积累变化	相对上年变化	积累变化	相对上年变化	积累变化	相对上年变化	积累变化
2008—2009	1.100 2	1.369 8	0.986 2	0.887 9	1.051 0	1.043 3	1.046 8	1.314 0	1.085 0	1.214 1
2009—2010	1.001 0	1.371 2	0.939 0	0.833 7	0.989 0	1.031 8	1.012 0	1.329 7	0.940 0	1.141 3
2010—2011	1.113 0	1.526 1	1.058 0	0.882 1	1.075 0	1.109 2	1.036 0	1.377 6	1.178 0	1.344 4
2011—2012	1.057 0	1.613 1	0.885 0	0.780 6	1.035 0	1.148 0	1.021 0	1.406 5	0.936 0	1.258 4
2012—2013	1.016 0	1.638 9	0.906 0	0.707 3	1.003 0	1.151 5	1.013 0	1.424 8	0.920 0	1.157 7
2013—2014	1.045 0	1.712 7	0.920 0	0.650 7	1.024 0	1.179 1	1.021 0	1.454 7	0.962 0	1.113 7
2014—2015	0.983 0	1.683 5	0.954 0	0.620 7	1.010 0	1.190 9	0.973 0	1.415 5	0.937 0	1.043 5
2015—2016	0.991 0	1.668 4	0.996 0	0.618 3	1.009 0	1.201 6	0.982 0	1.390 0	0.988 0	1.031 0
2016—2017	0.898 0	1.498 2	1.108 0	0.685 0	0.954 0	1.146 3	0.942 0	1.309 4	0.996 0	1.026 9
2017—2018	0.996 0	1.492 2	1.163 0	0.796 7	0.957 0	1.097 1	1.041 0	1.363 0	1.159 0	1.190 2
2018—2019	1.000 0	1.492 2	1.008 0	0.803 1	0.990 0	1.086 1	1.010 0	1.376 7	1.008 0	1.199 7

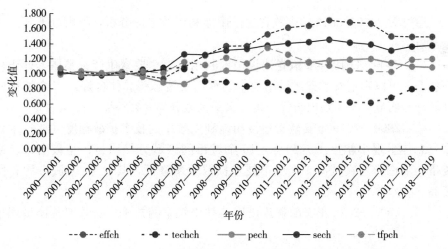

图 7 - 6　2000—2019 年安徽省建设用地利用效率积累变化值趋势图

3）techch：相对上年变化，提升的年份共有 8 年，下降的年份共有 11年，总体呈现波动变化；积累变化，20 年来，技术进步效率出现降低，下降了 0.196 9。

4）pech：相对上年变化，提升的年份共有 10 年，下降的年份共有 9 年，总体呈现波动变化；积累变化，20 年来，纯技术效率有所提高，但程度不高，提升了 0.086 1。

5）sech：相对上年变化，提升的年份共有 13 年，下降的年份共有 6 年，总体呈现波动变化；积累变化，20 年来，规模效率有所提高，提升了 0.376 7。

6）2012—2019 年经济高质量发展阶段，建设用地利用效率中，仅技术进步呈现小幅度提升，全要素生产率、综合效率、纯技术效率与规模效率均呈现小幅度下降，这与我国经济高质量发展阶段的经济发展全要素生产率等技术进步指标测算结果相悖[1][2][3]。这可能的原因是，安徽省建设用地技术进步水平有待大幅度提升，在现有的技术水平下未能有效挖掘最大效益。安徽省建设用地规模扩张在经济高质量发展阶段也佐证了这一现象，2000—2019 年安徽省城市建设用地面积扩张总量达 6 637.63 平方千米，年均增长 331.88 平方千米，年均增长率为 1.93%。2012—2019 年安徽省城市建设用地扩张面积年均增长率提升到 2.41%，扩张趋势上升明显；但是，研究期内 20 年间经济年均增长率为 10.83%，2012—2019 年经济增长速度年均增长率下降到 7.53%。这反映了安徽省建设用地集约利用的滞后与经济高质量发展。

7.4.4 结论及启示

通过对 2000—2019 年安徽省建设用地利用效率的分析，得出以下几点结论与启示。

（1）2000—2019 年安徽省建设用地利用效率全要素生产率整体上处于提高状态，可以判定安徽省建设用地集约利用发展态势总体良好，16 个城市间区域分异明显，其呈现出与经济发展水平区域分异一致特征。

（2）2000—2019 年安徽省建设用地利用效率的技术扩散程度（纯技术效率）总体呈现小幅度上升趋势，16 个城市间区域分异明显，马鞍山市、铜陵市、淮南市与宣城市 4 个城市技术扩散效率降低，其他 12 个城市均有所提高。

（3）2000—2019 年安徽省建设用地利用效率的技术创新效率总体呈现小

---

① 赵娜，李光勤，何建宁. 省域环境全要素生产率时空差异及其影响因素 [J]. 经济地理，2021，41（4）：100-107.

② 孙亚男，杨名彦. 中国绿色全要素生产率的俱乐部收敛及地区差距来源研究 [J]. 数量经济技术经济研究，2020，37（6）：47-69.

③ 周璇，长琪. 要素空间集聚、制度质量对全要素生产率的影响研究 [J]. 系统工程理论与实践，2019，39（4）：1051-1066.

幅度下降，16 个城市间区域分异明显，毗邻长三角核心城市的合肥市、马鞍山市、铜陵市与芜湖市 4 个城市与皖南旅游区的黄山市技术创新效率提升显著。

（4）2000—2019 年安徽省建设用地利用效率的规模效率总体呈现较大幅度上升，马鞍山市、黄山市、阜阳市与淮北市 4 个城市出现较轻程度降低，其他 12 个城市有所提高，区域分异明显。

综上，安徽省建设用地集约利用效率区域发展不平衡。但是，2012—2019年经济高质量发展阶段，建设用地利用效率中，仅技术进步呈现小幅度提升，全要素生产率、综合效率、纯技术效率与规模效率均呈现小幅度下降，这在一定程度上说明，安徽省建设用地技术创新水平有待大幅度提升，应该继续加大科技投入，促进技术进步；安徽省建设用地在现有的技术水平下未能有效挖掘最大效益，应该优化技术溢出区域的建设用地利用结构、提高技术需求区域的建设用地投入产出水平、形成不同区域之间建设用地集约利用的梯度分布、共同推动区域之间的建设用地集约利用程度，同时逐步缩小区域间建设用地利用效率差距。

7.5　本章小结

本章按照"影响因素—机理分析—途径—实证检验"的逻辑思路对技术进步对建设用地集约利用的影响进行了分析。

首先，从技术进步环境、技术创新（广义技术进步）能力、技术转移（扩散）能力、技术产出绩效四个方面的影响因素分析技术进步对建设用地利用的影响。

其次，从集聚效应、要素替代效应与产业结构调整和优化角度进行技术进步影响建设用地集约利用的机理分析，理论结论是：技术进步通过实现集聚效应、要素替代效应与产业结构调整和优化，来提高建设用地的投入产出水平，促进建设用地利用方式的改变，优化建设用地利用结构与布局，促进建设用地集约利用。

再次，进一步讨论技术进步的两个途径（技术创新、技术扩散）对建设用地集约利用的影响，结论是：①建设用地利用技术创新包括建设用地利用技术创新、土地制度创新和建设用地管理技术创新三个方面，三者均不同程度地促进着建设用地集约利用水平的提高。②技术扩散对建设用地集约利用的影响主要包括以下四个方面：优化技术溢出区域的建设用地利用结构，提高技术需求区域的建设用地投入产出水平，形成不同区域之间建设用地集约利用的梯度分布，共同推动区域之间的建设用地集约利用程度。

最后，基于 Malmquist 指数实证检验 2000—2019 年安徽省建设用地利用效率分析发现，安徽省建设用地集约利用效率发展态势总体良好（提升了 0.199 7），建设用地利用效率的提升主要来源于规模效率贡献（提升了 0.376 7），技术扩散效率贡献有限（提升了 0.086 1），技术创新效率欠缺（下降了 0.196 9），建设用地集约利用效率区域发展不平衡。但是，2012—2019 年经济高质量发展阶段，建设用地利用效率中，仅技术进步呈现小幅度提升，全要素生产率、综合效率、纯技术效率与规模效率均呈现小幅度下降。这在一定程度上说明，安徽省建设用地技术创新水平有待大幅度提升，应该继续加大科技投入，促进技术进步；安徽省建设用地在现有的技术水平下未能有效挖掘最大效益，应该优化技术溢出区域的建设用地利用结构、提高技术需求区域的建设用地投入产出水平、形成不同区域之间建设用地集约利用的梯度分布、共同推动区域之间的建设用地集约利用程度，同时逐步缩小区域间建设用地利用效率差距。

第 8 章 安徽经济发展与建设用地集约利用协调发展时空特征

理论与实证分析都已表明,经济发展是建设用地集约利用的显著驱动力,经济增长、产业结构与技术进步均对建设用地集约利用具有明显的促进作用。但是经济发展三个维度不是以孤立作用方式存在的,而是相互影响、共同作用的。因此,有必要将经济发展三个维度作为一个"总"的系统,分析其与建设用地集约利用系统的作用过程与时空特征。首先,在介绍安徽省经济发展与建设用地集约利用现状基础上,构建衡量两系统的发展水平的指标体系,评价两系统发展水平;其次,借助地理探测器探测建设用地集约利用的经济发展三个维度两两驱动力交互作用力大小;最后,构建协调度与协调发展度模型,评价两者协调发展的时空特征,构建重心转移模型与空间自相关模型,分析两者空间特征,探究两系统良好协调发展。

8.1 研究区域概况

8.1.1 社会经济发展概况

1. 社会经济发展现状

安徽省地处暖温带和亚热带过渡地区,以淮河为分界线,北部属暖温带半湿润性季风气候,南部属亚热带湿润性季风气候。安徽省的主要特征是气候温和,日照充足,季风明显,四季分明。地形地貌呈现多样性,以平原、丘陵和低山为主,平原与丘陵、低山相间排列。长江和淮河自西向东横贯全境。全省大致可分为五个自然区域:淮北平原、江淮丘陵、皖西大别山区、沿江平原和皖南山区。

随着全国范围的"经济圈""经济带""增长极"不断涌现,以及全面建成小康社会的要求,安徽省经济发展战略也进行了相应的调整。一般认为,安徽省可划分为五个经济区:合肥都市经济圈,包括合肥市及其周边地区;皖江经济区,包括芜湖市、马鞍山市、铜陵市等沿江城市;合蚌芜国家自主创新示范区,包括合肥市、蚌埠市、芜湖市;皖南旅游经济区,包括黄山市及其周边旅游景区;皖北经济区,包括淮北市、淮南市、阜阳市、亳州市等。为了便于直接从公开发表的统计资料中获得各方面的数据,本章运用现代统计方法对这些数据进行加工处理，研究对象定位为省辖市。

2019 年，安徽省全年地区生产总值实现 37 113.98 亿元，比上年增长 7.5%，人均地区生产总值达 58 496.00 元，第二、第三产业产值占地区生产总值的比例为 41.3%、50.8%，财政收入达 57 105 000.00 万元，占地区生产总值的比例为 15.4%，社会消费品零售总额 178 621 000.00 万元，城镇化率 55.81%，比上年提高 1.12%。（表 8-1）。

表 8-1　2019 年安徽省主要经济发展指标

指标	数值
地区生产总值（亿元）	37 113.98
地区生产总值增长率（%）	7.5
人均地区生产总值（元）	58 496.00
第二产业占地区生产总值的比例（%）	41.30
第三产业占地区生产总值的比例（%）	50.80
财政收入（万元）	57 105 000.00
财政收入占地区生产总值的比例（%）	15.4
固定资产投资额（万元）	356 313 048.00
外商投资总额（万美元）	1 042 910.90
社会消费品零售总额（万元）	178 621 000.00
职工平均工资（元）	68 694.3
研发经费支出（亿元）	754.03
城镇化率（%）	55.81
每 10 万人口拥有的受大专及以上教育程度人口（人）	14 352

2. 安徽经济发展的特点和趋势

从国内外发展的大环境，结合安徽省经济发展的现状和经济发展的规律来看，在未来的一段时期内，安徽省经济社会发展将呈现出以下特点和趋势。

（1）经济将继续保持稳定增长。2000—2019 年，安徽省经济平均增长速度为 8.99%，其中，2000—2011 年经济速度增长阶段平均增长速度为 10.30%，2012—2019 年经济高质量发展阶段平均增长速度为 7.01%。对地区生产总值增长速度进行排名，2007 年以前安徽省地区生产总值增长速度在全国排名中基本处于下游，2008 年开始进入中上游，2015 年后，进入全国前十（表 8-2）。

表 8-2　安徽省地区生产总值增长速度在全国排名

年份	排名	年份	排名
2000	24	2010	11
2001	23	2011	10
2002	24	2012	9
2003	30	2013	11
2004	11	2014	11
2005	25	2015	9
2006	20	2016	6
2007	23	2017	6
2008	13	2018	7
2009	12	2019	9

（2）投资持续增长形成有力支撑。投资驱动是我国经济增长的典型特征，安徽省也不例外。从拉动经济增长的消费、投资和净出口三大需求来看，安徽省净出口比例较低，经济的需求结构变动主要表现为消费和投资之间的此消彼长。进入 21 世纪后，在拉动安徽省经济增长的"三驾马车"中，投资保持平稳较快增长。2000—2019 年固定资产投资增长速度数据显示，只有 2001 年安徽省的固定资产投资增长速度低于全国平均水平，其他年份均高于全国平均水平（表 8-3）。其中，2000—2011 年安徽省固定资产投资平均增长速度为 28.98%，高于全国 22.62%；2012—2019 年安徽省固定资产投资平均增长速度为 14.79%，高于全国 10.34%。可见，经济高质量发展阶段安徽省的投资驱动减弱。

表 8-3　安徽省固定资产投资增长速度比较

单位：%

年份	全国平均	安徽省	年份	全国平均	安徽省
2000	11.3	11.99	2006	23.9	40.6
2001	12.1	11.24	2007	24.8	43.7
2002	16.1	17.55	2008	25.9	33.5
2003	27.7	30.39	2009	30.0	36.2
2004	26.0	29.54	2010	23.8	33.55
2005	26.0	31.7	2011	23.8	27.82

（续）

年份	全国平均	安徽省	年份	全国平均	安徽省
2012	20.3	24.2	2016	7.0	11.7
2013	16.1	21.2	2017	6.2	11.0
2014	13.5	16.5	2018	5.9	11.8
2015	8.6	12.7	2019	5.1	9.2

（3）产业结构趋向高级化。产业结构高级化的特征是第二、第三产业比重不断上升，进一步发展将是第三产业比重占主要，2000—2019 年安徽第二、第三产业比重不断上升，产业结构趋向高级化，但是，第三产业比重所占份额偏低（表 8-4）。安徽省乃至全国目前的发展水平仍然没有达到发达国家的发展水平。其中，2000—2011 年安徽省第二产业比重由 36.4％提高到 54.4％，第三产业比重由 38.0％下降到 32.5％，2012—2019 年第二产业比重由 54.6％下降到 41.3％，第三产业比重由 32.7％提高到 50.8％。在经济高质量发展阶段，重工业的发展仍然是一个重要方面，我们的工作重点在于降低重工业的发展对资源的依赖度和对环境的损害度，着力发展第三产业。

表 8-4　安徽省产业结构变化情况

单位：%

年份	第二产业产值占 地区生产总值的比例	第三产业产值占 地区生产总值的比例	年份	第二产业产值占 地区生产总值比例	第三产业产值占 地区生产总值的比例
2000	36.4	38.0	2010	52.1	33.9
2001	38.7	37.9	2011	54.4	32.5
2002	38.0	34.9	2012	54.6	32.7
2003	39.1	41.8	2013	49.7	39.7
2004	38.8	41.6	2014	48.8	41.0
2005	42.0	40.9	2015	45.5	44.5
2006	43.3	40.3	2016	43.8	46.7
2007	44.8	37.9	2017	42.7	48.6
2008	47.4	36.5	2018	41.4	50.8
2009	48.8	36.4	2019	41.3	50.8

资料来源：《安徽统计年鉴》（2001—2020 年）。

（4）消费结构加速转型升级。城乡居民人均收入稳步提高，人民的生活水平持续改善。从恩格尔系数来看，安徽省城镇居民生活水平已经超越千元级，进入小康与富裕阶段，而农村居民的生活水平也已经达到小康水平。根据西方国家的发展经验，可以预见，随着安徽省城乡人均可支配收入水平的进一步提高，食品、衣着等生活必需品在消费支出中的比例会逐渐下降，而居住、交通、教育、医疗等占消费支出的比例会逐渐上升。居民消费将由生存型消费向发展型、享受型消费转变；与此同时，居民的消费能级也将进一步升级，由目前千元级向万元级的小康型消费与 10 万元级的富裕型消费转变。

（5）进入国际化提升期。后国际金融危机时期，世界经济格局面临重大调整。经济全球化将进一步向纵深发展，新一轮产业革命和科技革命加快推进，高新技术产业和现代服务业跨国转移步伐加快，我国对外开放政策也由以出口和吸收外资为主逐步向进口和出口、吸收外资和对外投资并重转变。国家对外开放政策及国际经济形势为安徽省优化利用外资结构和方式、加快转变外贸发展方式，提升经济水平提供了有利的环境。近年来，安徽省外贸一直呈快速增长态势，外贸依存度迅速提高。随着我国加入世界贸易组织过渡期的结束，我国将在新起点上参与全球分工。2000—2019 年，安徽省外商直接投资额从41 432.43 万美元增加到 104 291 0.90 万美元，增长了约 24.2 倍，但是一些年份呈现不稳定波动增长，其中，2000—2011 年安徽省外商直接投资年均达38 946.97 万美元，2012—2019 年安徽省外商直接投资年均达 84 728.39 万美元，在经济高质量发展阶段，安徽省采用更加积极主动、互利共赢的开放战略，扩大对外开放空间，加强国际产业分工和合作，积极参与国际竞争与合作，积极进行技术扩散与模仿等，创新高质量发展驱动力，促进经济发展质量进一步提高。

（6）城市化进入加速期。截至 2019 年年底，安徽省城市化水平为55.81%，城市群、城市带逐步形成和扩大，人口、产业进一步向城市集聚，以城市带、都市圈为主体的城镇空间结构初步形成，城乡一体化格局初步形成。按照安徽省"十四五"发展规划，安徽省将重点抓住皖江城市带承接产业转移示范区和合蚌芜自主创新示范区建设的机遇，推动江淮城市群加快发展，使城市化成为推动经济社会发展的主体力量。到 2025 年，安徽城市化和现代化水平将明显提高，预计安徽省城市化水平将达 62% 以上。

（7）技术进步对推动安徽省经济发展的提升空间很大。安徽省研究和开发经费投入从 2000 年的 17.27 亿元增长到 2019 年的 438.34 亿元，增长了约24.4 倍，其中，2000—2011 年安徽省研究和开发经费投入年均增加 11.49 亿元，2012—2019 年年均增加 40.24 亿元。安徽省研究和开发经费投入的增长速度较快，自主创新能力趋强，技术创新已经取得了很大的进展，特别是在经济高质量发展阶段，安徽省加大了研究和开发经费投入，积极创新经济发展驱动力。但当前我国安徽省经济增长来源于技术进步的贡献率与发达国家的水平

（50％～70％）差距较大，技术进步水平总体相对较低，还没有步入技术创新阶段。技术进步对推动安徽省经济发展的提升空间很大，这说明安徽省的经济发展依然是低水平的，加快技术升级换代，改变经济发展方式的要求十分迫切。安徽省下一步应该加大科研院所研究和开发投入，积极推动产学研项目的开展与落实，大力提升企业的技术水平，增强企业的市场竞争力，提高经济发展质量。

8.1.2 土地利用现状与面临的挑战

（1）土地利用现状。截至 2019 年年底，安徽省主要土地利用类型中，耕地面积为 554.69 万公顷，占全部土地面积的 39.92％；园地面积为 37.27 万公顷，占全部土地面积的 2.68％；林地面积为 409.15 万公顷，占全部土地面积的 29.44％；草地面积 4.79 万公顷，占全部土地面积的 0.34％；其他农用地面积为 89.15 万公顷，占全部土地的 6.42％。建设用地面积为 219.59 万公顷，占全部土地面积的 15.80％。其他土地面积为 75.00 万公顷，占全部土地面积的 5.40％（表 8-5）。

表 8-5 2019 年安徽省土地利用统计

一级地类	二级地类	三级地类	面积（万公顷）	占全部土地面积的比例（％）
	总计		1 389.64	100
	合计		1 095.05	78.80
		耕地	554.69	39.92
		园地	37.27	2.68
农用地		林地	409.15	29.44
		草地	4.79	0.34
		其他农用地	89.15	6.42
	合计		219.59	15.80
		城市	18.82	1.35
		建制镇	24.61	1.77
建设用地	城乡建设用地	村庄	125.72	9.05
		采矿用地	4.33	0.31
	其他建设用地		2.09	0.15
	交通水利用地		44.02	3.17
	合计		75.00	5.39
其他土地	水域		70.23	5.05
	自然保留地		4.77	0.34

（2）建设用地利用面临的挑战。

1）持续扩张的建设用地需求与有限供给的矛盾，使耕地占补平衡和基本农田保护的难度越来越大。随着世界产业空间布局的不断调整，长江三角洲地区正在打造国际制造业基地，逐步成为承接发达国家制造业转移的重要区域。安徽省目前正处于工业化中期经济发展阶段，而其水土资源和产业基础等优势为重化工业提供了良好的发展条件。然而，根据西方国家的发展经验，土地资源会随着重化工业的高速发展而快速非农化。这种非农化趋势与我国的粮食安全政策和耕地保护政策是相悖的。因此，如果仍然按照现行的建设用地利用方式，安徽省建设用地的供求矛盾将会日益突出。安徽省人口数量基数大，2019 年人均耕地面积只有 1.17 亩，低于全国平均水平 1.43 亩。近年来，安徽省经济高质量持续发展，工业化、城市化发展导致建设用地需求量巨大，对耕地保护形成巨大压力。

2）单位建设用地投入与产出持续提升，建设用地扩展势头亟须控制。安徽省经济高质量持续发展，随着工业化、城镇化与交通基础设施建设进程的加快，单位建设用地产出持续提升，建设用地也呈现快速扩张的趋势。2000—2019 年，安徽省城市建设用地的地均固定资本存量从 4.48 亿元/公顷增长到88.80 亿元/公顷，增加超过 18 倍；地均第二、第三产业从业人口数从 9.35万人/公顷增长到 13.83 万人/公顷，增加超过 0.48 倍；地均第二、第三产业增加值从 12.57 亿元/公顷增长到 90.42 亿元/公顷，规模增加超过 6 倍。2000—2019 年，安徽省城市建设用地面积扩张总量达 6 637.63 平方千米，年均增长 331.88 平方千米，年均增长率为 1.93%，而 2012—2019 年城市建设用地面积扩张年均增长率由 1.70% 提升到 2.43%，不减反增，扩张趋势上升明显（表 7-1）。在目前耕地保护政策下，因经济发展导致的不断扩张的耕地占用需求与后备土地资源有限的现实状况形成了强烈的反差，耕地占补平衡任务艰巨。这在一定程度上制约着这部分地区区域经济的进一步发展。如何适应科学发展的要求、破解建设用地供给难题成为各级政府面临的重要课题。

3）建设用地利用结构不尽合理。安徽省在土地利用的内在结构构成上，存在许多不尽合理现象：一是各地现有乡镇企业和自然村庄的分布过于零乱，用地量过大。据统计，2012 年安徽省农村居民点人均用地面积高达 199.44 平方米，高于村镇规划确定的上限，也远远超过安徽省政府规定的 100 平方米的标准。二是各地现有各类工业用地占用面积过于宽大。据统计，现在皖江城市带承接产业转移示范区的新增建设用地中各类工业用地占 50% 以上，远高于发达国家的 10%。2012 年安徽省人均城镇工矿地面积为 151.28 平方米，高于全国平均水平[①]，城乡用地结构不甚合理，居民点用地布局分散。例如，

---

① 陶培荣．集约之路：江苏省土地集约利用文集 [M]．北京：中国大地出版社，2005.

2012 年安徽省农村居民用地点所占比例达 8.19%；城镇用地所占比例为 2.3%，虽逐年增加，但与农村居民点用地占比相比仍有很大的差距[①]，尤其是其中的农村居民点用地规模严重偏大，人均用地严重超标，土地利用集约度偏低。安徽省应该通过边际产业转出与承接高端产业转移优化当前建设用地利用结构。

4）建设用地环境压力驱使安徽省向低碳与循环建设用地利用模式转变。安徽省的重点产业是第二产业。传统工业对资源、能源的恶性开发和利用引起了一系列的环境问题。工业固体废弃物虽然综合利用量、储存量、处置量均有增加，但处理能力已趋饱和，在可预见的将来，将有大量的工业固体废弃物无法处理。部分低山、丘陵地区的土地开发利用不合理，导致水土流失、河道淤塞、河床抬高等现象发生。建设用地环境压力驱使安徽省向低碳与循环土地利用模式转变，在增加经济产出的同时，减少土地碳排放，降低单位土地能耗。

8.2　安徽经济发展与建设用地集约利用水平测度

8.2.1　指标选取与评价方法

经济发展与建设用地集约利用是两个内涵非常丰富的概念，要研究经济发展与建设用地集约利用的相关关系，必须通过综合评价方法分别计算出二者的综合效应指数，才能进行相关分析。本节将主要使用一系列指标来指代经济发展和建设用地集约利用。

（1）经济发展的评价指标体系与权重。

评价指标体系：根据经济发展的内涵及影响因素，遵循指标选取的科学性、系统性、可比性和可获取性等原则，在借鉴已有成果的基础上，从经济增长、产业结构和技术进步三个方面构建经济发展度评价指标体系，再根据专家打分法分别确定各个指标的权重（表 8-6）。

指标标准化：由于经济发展系统内各指标间的量纲及它们对系统的指向不同，在进行经济发展水平（及下文的建设用地集约利用水平）测算之前对指标进行标准化，以消除由于计量单位、量纲及数量级不同对评价结果造成的影响。采用极差标准化的方法，对原始数据进行标准化处理[②]。

---

① 安徽省土地利用总体规划（2006—2020 年）。

② 江红莉，何建敏. 区域经济与生态环境系统动态耦合协调发展研究［J］. 软科学，2010，24 (3)：63-68.

表8-6　经济发展评价指标权重

目标层	准则层	指标层	指标权重
经济发展	经济增长	人均地区生产总值增加值	0.117 9
		人均固定资产投资	0.126 1
		人均财政收入	0.107
		人均社会消费品零售总额	0.078 5
		职工平均工资	0.089 4
	产业结构	第二产业占地区生产总值的比例	0.074 7
		第三产业占地区生产总值的比例	0.137 6
	技术进步	每十万人口拥有的受大专及以上教育程度人口	0.071
		研究与发展经费投入	0.127 6
		外贸依存度	0.070 2

正向作用指标：$X'_{ij} = (X_{ij} - \min X_j)/(\max X_j - \min X_j)$ （8-1）

负向作用指标：$X'_{ij} = (\max X_j - X_{ij})/(\max X_j - \min X_j)$ （8-2）

式中：X_{ij} 和 X'_{ij} 分别为第 i 年第 j 项指标的原始值和标准化值；$\max X_j$ 和 $\min X_j$ 分别为第 j 项指标的最大值和最小值。

（2）建设用地利用集约的评价指标体系与权重。对于建设用地集约利用的评价涉及很多指标，指标体系的建立有很多种方法，但至今没有被认为是最好的、最有效的指标体系。大多数情况下，遵循指标选取的科学性、系统性、可比性和可获取性等原则[1][2]，在借鉴已有成果的基础上，从投入水平、利用程度、利用效益和利用可持续性四个方面构建评价指标体系[3]，再根据专家打分法分别确定各个指标的权重（表8-7）。

表8-7　建设用地集约利用评价指标权重

目标层	准则层	指标层	指标权重
建设用地集约利用	投入水平	地均二、三产业从业人口数	0.112 6
		地均固定资产投资	0.120 2
	利用程度	地均道路面积	0.094 5
		市区人口密度	0.097 6

① 许艳，濮励杰，张丽芳，等．土地集约利用与经济发展时空差异研究 [J]．南京大学学报（自然科学），2009，45（6）：810-820．

② 徐霞．我国城市土地集约利用经济学分析 [D]．南京：河海大学，2007．

③ 蔡俊，郑华伟，刘友兆，等．中国经济发展与城市土地集约利用的协调发展评价研究 [J]．农业系统科学与综合研究，2011，27（3）：350-355．

（续）

目标层	准则层	指标层	指标权重
	利用效益	地均二、三产业增加值	0.136 4
		地均财政收入	0.126 9
建设用地集约利用		地均社会消费品零售额	0.098 1
	利用可持续性	建成区绿地覆盖率	0.127 6
		城市污水处理率	0.086 1

8.2.2 数据来源与计算结果

经济发展与土地集约利用的相关指标数据均来源于 2001—2020 年的《中国统计年鉴》、2001—2020 年《中国城市统计年鉴》和 2001—2020 年《中国国土资源年鉴》等，同时参考了国民经济和社会发展统计公报的相关数据，从而保证了数据的可靠性与权威性。为了保障数据的可比性，本章以 1999 年不变价对数据进行调整。

按照以上方法定量测算出安徽省 16 个城市各年份经济发展度和建设用地集约利用度（表 8-8 和表 8-9）及与协调发展度计算结果。

表 8-8　经济发展评价结果

年份	经济增长	产业结构	技术进步	经济发展度
2000	0.028 6	0.120 7	0.007 6	0.156 9
2001	0.029 6	0.122 8	0.049 8	0.202 2
2002	0.033 6	0.115 4	0.057 3	0.206 3
2003	0.036 6	0.131 8	0.066 5	0.234 9
2004	0.041 9	0.131 1	0.067 1	0.240 1
2005	0.049 8	0.132 8	0.068 8	0.251 3
2006	0.065 8	0.132 8	0.076 2	0.274 8
2007	0.081 1	0.128 9	0.083 5	0.293 4
2008	0.092 7	0.128 5	0.088 2	0.309 4
2009	0.107 6	0.129 6	0.083 3	0.320 4
2010	0.136 2	0.127 4	0.090 5	0.354 0
2011	0.152 0	0.126 6	0.098 5	0.377 1
2012	0.159 8	0.127 2	0.110 6	0.397 6
2013	0.160 4	0.137 8	0.128 6	0.426 7

（续）

年份	经济增长	产业结构	技术进步	经济发展度
2014	0.170 4	0.139 8	0.136 5	0.446 7
2015	0.181 0	0.144 2	0.143 5	0.468 8
2016	0.196 2	0.147 4	0.141 7	0.485 3
2017	0.221 2	0.150 5	0.152 6	0.524 3
2018	0.259 1	0.154 1	0.148 4	0.561 6
2019	0.264 0	0.154 0	0.153 0	0.571 1

表 8 - 9　建设用地集约利用评价结果

年份	投入水平	利用程度	利用效益	利用可持续性	建设用地集约利用度
2000	0.037 8	0.051 9	0.016 3	0.079 0	0.184 9
2001	0.038 5	0.063 0	0.016 2	0.082 4	0.200 1
2002	0.040 6	0.056 6	0.016 9	0.077 3	0.191 3
2003	0.044 3	0.067 7	0.019 8	0.096 0	0.227 9
2004	0.047 1	0.057 3	0.021 8	0.089 5	0.215 7
2005	0.051 0	0.059 8	0.028 4	0.095 0	0.234 2
2006	0.055 9	0.079 2	0.030 7	0.120 5	0.286 4
2007	0.063 3	0.083 2	0.037 6	0.143 1	0.327 2
2008	0.069 3	0.081 2	0.043 1	0.147 3	0.340 9
2009	0.075 9	0.085 6	0.048 3	0.154 1	0.363 9
2010	0.080 2	0.093 5	0.061 2	0.159 1	0.394 0
2011	0.079 5	0.092 5	0.070 7	0.164 8	0.407 5
2012	0.083 5	0.095 7	0.071 1	0.165 2	0.415 5
2013	0.090 2	0.062 7	0.078 6	0.167 6	0.399 1
2014	0.093 3	0.064 8	0.080 9	0.170 4	0.409 4
2015	0.097 8	0.065 7	0.086 8	0.170 8	0.421 1
2016	0.100 1	0.067 2	0.092 8	0.172 6	0.432 6
2017	0.098 3	0.063 8	0.102 0	0.173 4	0.437 5
2018	0.100 3	0.070 3	0.134 0	0.174 5	0.479 0
2019	0.105 4	0.071 2	0.126 4	0.174 5	0.477 5

（1）时间维度。就经济发展度总体演进趋势而言，2000—2019 年安徽

省经济发展度稳步提升，其中，2000—2011 年历经波动提升、快速提升过程，2012—2019 年以较低速度上升。分析其原因，安徽省自 2012 年下调了经济增长速度，步入经济高质量发展阶段，因此，经济发展度呈现两阶段典型特征。

就建设用地集约利用度总体演进趋势而言，2000—2019 年安徽省建设用地集约利用度波动提升，基本与经济发展度提升趋势一致。两者总体演进趋势一致提升的结论验证了第 4 至第 7 章的理论分析：经济发展显著正向影响建设用地集约利用。

（2）时空维度。从安徽省 16 个城市 2000—2019 年演进趋势来看，安徽省 16 个城市的经济发展度与建设用地集约利用度总体演进趋势一致提升，但两者发展水平呈现区域不平衡性扩大趋势（这与第 6 章的建设用地经济产出区域不平衡性扩大趋势研究结论一致）、提升速度区域差异显著（见与协调发展度计算结果合并的表 8 - 10）。2000—2019 年安徽省 16 个城市的经济发展度标准差由 2.962 4 扩大为 17.091 4，建设用地集约利用度标准差由 6.168 4 扩大为 10.890 4。2000—2019 年安徽省 16 个城市的经济发展度最高值，铜陵市占 11 年次，合肥市占 9 年次，经济发展度最低值，阜阳市占 9 年次，亳州市占 11 年次。2000—2019 年安徽省 16 个城市的建设用地集约利用度最高值，马鞍山市占 3 年次，合肥市占 17 年次，建设用地集约利用度最低值，滁州市占 12 年次，亳州市占 2 年次，六安市占 4 年次，宿州市占 2 年次。

8.2.3　理论假说提炼

根据第 4 至第 7 章的理论分析，提炼出本章的两个假说。

H8 - 1：经济发展三个维度驱动力两两交互作用力在不同经济发展阶段差异显著。

H8 - 2：在不同经济发展阶段，经济发展与土地集约利用之间的协调发展程度呈现不同的时空特征。

8.3　安徽建设用地集约利用的经济发展驱动力交互探测

8.3.1　研究方法

地理探测器作为探究事物空间分异特征，揭示其背后驱动因子的一种新型统计学方法[①]，其中因子探测，可以通过 q 值度量不同指标因子对区域建设用地集约利用空间分异的解释力度，q 的取值范围在 0~1，其值越大，自变量 X

---

① 王劲峰，徐成东. 地理探测器：原理与展望 [J]. 地理学报，2017，72（1）：116 - 134.

表 8 - 10 2000—2019 年安徽省 16 个城市经济发展与建设用地集约利用协调发展度评价结果

城市	2000 年			2001 年			2002 年			2003 年			2004 年		
	经济发展度	建设用地集约利用度	协调发展度	经济发展度	建设用地集约利用度	协调发展度	经济发展度	建设用地集约利用度	协调发展度	经济发展度	建设用地集约利用度	协调发展度	经济发展度	建设用地集约利用度	协调发展度
合肥	19.740 3	27.483 9	0.466 5	36.427 2	29.121 1	0.561 1	38.746 2	27.189 7	0.547 9	42.116 7	31.232 7	0.585 7	43.672 8	34.075 8	0.609 3
蚌埠	15.247 0	18.848 8	0.406 0	21.157 9	20.884 0	0.458 5	20.243 6	21.161 6	0.454 7	21.807 2	22.619 0	0.471 1	21.855 6	22.846 2	0.472 4
马鞍山	19.258 1	28.221 7	0.461 4	27.037 0	30.615 1	0.533 8	29.478 4	30.207 6	0.546 2	33.291 9	28.815 4	0.552 9	33.777 9	28.866 9	0.554 5
黄山	17.110 7	15.061 7	0.398 6	20.935 3	17.687 7	0.434 8	20.430 9	19.227 9	0.444 7	21.315 3	21.243 4	0.461 3	21.847 1	18.279 0	0.442 6
铜陵	20.537 4	20.501 4	0.453 0	36.000 4	23.493 1	0.509 7	38.503 7	24.754 5	0.523 0	40.734 5	26.221 0	0.538 3	40.583 5	26.325 0	0.539 4
阜阳	11.743 9	19.344 1	0.359 4	14.258 2	21.425 7	0.397 1	13.511 1	17.512 5	0.384 1	14.885 2	23.033 7	0.405 6	14.247 0	18.301 9	0.394 1
六安	12.181 3	12.261 1	0.349 6	14.088 7	13.692 4	0.372 6	13.835 2	14.424 2	0.375 7	14.976 3	17.236 0	0.398 4	15.293 1	15.524 4	0.392 5
池州	14.288 1	10.923 4	0.345 6	15.985 1	14.384 1	0.388 1	16.822 1	12.530 6	0.370 9	17.768 2	16.687 5	0.414 5	17.994 8	13.257 6	0.381 8
芜湖	19.541 9	22.775 9	0.456 0	26.803 1	23.604 8	0.499 0	29.191 2	24.069 8	0.508 9	31.751 2	25.711 2	0.527 2	33.335 9	27.001 8	0.540 2
淮南	17.537 3	18.583 4	0.424 4	21.752 9	19.783 0	0.454 2	22.764 9	20.268 6	0.461 5	24.386 3	21.750 1	0.477 9	24.686 9	22.795 2	0.486 1
淮北	16.603 0	22.100 0	0.426 7	19.232 9	24.657 7	0.457 7	19.920 1	24.827 3	0.464 5	21.437 8	26.496 9	0.481 4	21.169 5	25.729 7	0.477 4
安庆	14.374 3	23.425 3	0.397 9	19.835 3	23.528 7	0.460 6	16.700 6	18.342 2	0.417 2	17.201 1	25.410 8	0.436 1	17.751 2	18.787 2	0.426 9
滁州	14.161 5	7.453 2	0.282 4	16.347 0	11.353 0	0.354 2	16.033 0	7.772 0	0.284 6	17.479 4	13.521 2	0.384 1	17.616 4	9.861 4	0.327 3
宿州	11.433 0	10.384 2	0.329 1	12.696 7	11.898 1	0.350 1	12.630 8	12.148 9	0.351 8	13.476 8	14.298 7	0.372 2	13.030 5	13.529 2	0.364 2
亳州	12.061 0	11.779 6	0.345 2	14.248 0	13.752 7	0.374 0	13.205 4	14.513 2	0.371 0	13.945 9	17.574 5	0.389 1	13.850 8	17.096 4	0.386 9
宣城	16.893 7	11.690 0	0.359 4	18.279 9	12.027 9	0.364 0	19.003 7	12.191 6	0.367 0	19.932 2	16.587 6	0.422 0	20.598 6	14.585 5	0.401 2
标准差	2.962 4	6.168 4	0.053 0	7.071 4	5.987 8	0.065 0	8.165 1	6.104 3	0.074 5	8.925 9	5.168 6	0.063 8	9.267 4	6.455 5	0.077 2

（续）

城市	2005年 经济发展度	2005年 建设用地集约利用度	2005年 协调发展度	2006年 经济发展度	2006年 建设用地集约利用度	2006年 协调发展度	2007年 经济发展度	2007年 建设用地集约利用度	2007年 协调发展度	2008年 经济发展度	2008年 建设用地集约利用度	2008年 协调发展度	2009年 经济发展度	2009年 建设用地集约利用度	2009年 协调发展度
合肥	43.446 2	33.318 0	0.603 4	46.788 1	36.804 8	0.632 7	50.629 8	41.572 3	0.669 2	54.837 0	43.285 1	0.685 9	56.200 5	44.585 9	0.695 8
蚌埠	22.335 7	23.484 9	0.478 2	24.978 5	26.123 3	0.505 1	27.569 1	27.554 7	0.525 0	27.566 4	30.085 8	0.535 4	29.344 6	31.522 0	0.550 6
马鞍山	38.842 1	32.286 9	0.588 8	42.092 0	35.356 8	0.615 2	47.647 6	38.484 5	0.645 1	51.410 0	40.510 4	0.663 7	56.517 4	38.090 3	0.649 0
黄山	22.264 5	22.011 7	0.470 5	25.475 8	26.637 8	0.510 1	28.206 7	29.925 3	0.538 4	29.186 4	32.605 3	0.553 3	31.054 5	35.727 2	0.573 6
铜陵	47.277 4	29.222 1	0.567 5	49.721 1	32.834 1	0.602 6	58.183 1	37.017 9	0.639 4	64.271 0	36.478 1	0.630 3	63.368 0	37.338 5	0.639 7
阜阳	17.036 5	19.247 6	0.423 6	16.372 0	23.443 8	0.425 2	17.733 6	26.635 1	0.442 9	17.996 1	28.375 4	0.445 8	18.917 3	30.083 8	0.456 9
六安	17.846 6	17.374 8	0.419 5	17.849 1	22.561 8	0.440 4	18.986 6	22.855 3	0.451 5	19.600 8	23.679 1	0.459 0	20.121 9	27.503 5	0.470 5
池州	20.436 5	14.507 8	0.400 1	20.906 9	22.472 5	0.464 8	22.607 6	27.169 3	0.492 6	23.947 3	31.532 7	0.512 0	26.793 9	34.859 0	0.541 0
芜湖	34.689 0	30.806 2	0.569 2	37.969 4	28.837 2	0.561 8	42.635 3	36.676 3	0.624 4	44.332 4	38.631 4	0.639 5	49.673 9	43.234 1	0.676 7
淮南	23.771 5	26.295 8	0.498 4	29.888 2	29.579 4	0.545 3	30.642 4	31.004 6	0.555 1	31.266 1	33.955 1	0.569 6	33.958 9	33.325 1	0.579 9
淮北	22.313 6	25.757 0	0.486 5	24.459 7	28.823 6	0.511 0	26.803 8	33.670 6	0.539 3	27.937 3	35.416 1	0.551 1	30.302 1	35.366 0	0.567 9
安庆	18.616 4	19.880 9	0.438 0	21.087 5	26.256 4	0.477 9	22.796 3	30.976 8	0.500 6	23.576 2	30.880 9	0.507 3	24.788 7	34.289 8	0.522 6
滁州	20.272 0	10.770 0	0.339 9	19.159 5	16.976 0	0.422 7	20.693 5	19.879 9	0.450 1	22.317 7	21.353 3	0.466 9	23.801 0	26.338 3	0.498 8
宿州	18.673 7	14.868 3	0.401 6	15.373 3	16.954 8	0.400 6	16.520 4	26.098 2	0.427 2	18.325 8	25.798 6	0.449 6	19.093 6	25.792 7	0.458 0
亳州	18.991 9	17.747 1	0.427 9	16.813 5	23.446 3	0.430 5	17.468 8	27.953 0	0.439 0	18.618 4	31.796 6	0.451 5	19.124 7	34.174 9	0.455 7
宣城	23.699 5	16.086 6	0.421 7	24.715 7	22.137 6	0.481 8	26.666 6	26.181 7	0.514 0	29.099 4	27.340 4	0.530 5	31.860 1	30.836 7	0.559 7
标准差	9.403 3	6.698 2	0.074 5	10.756 9	5.563 0	0.074 4	12.560 8	5.739 7	0.070 4	13.889 2	5.813 4	0.076 9	14.265 0	5.190 5	0.075 9

（续）

城市	2010 年			2011 年			2012 年			2013 年			2014 年		
	经济发展度	建设用地集约利用度	协调发展度	经济发展度	建设用地集约利用度	协调发展度	经济发展度	建设用地集约利用度	协调发展度	经济发展度	建设用地集约利用度	协调发展度	经济发展度	建设用地集约利用度	协调发展度
合肥	62.687 3	50.675 3	0.740 2	59.054 6	57.620 5	0.763 6	62.931 5	55.906 7	0.766 8	64.679 7	59.356 1	0.785 3	69.693 9	62.344 1	0.808 7
蚌埠	31.651 1	35.770 5	0.577 4	33.409 8	38.512 6	0.595 6	35.343 5	40.272 4	0.611 0	36.851 6	41.040 8	0.621 4	39.463 6	44.328 3	0.644 0
马鞍山	62.845 4	49.081 0	0.731 2	53.113 7	52.023 2	0.724 9	56.876 3	52.657 2	0.738 4	58.531 0	52.105 1	0.740 0	62.145 8	52.334 8	0.748 3
黄山	34.660 6	37.949 1	0.600 7	34.894 4	38.040 0	0.602 2	36.405 1	39.627 4	0.614 9	39.099 8	41.020 2	0.632 4	42.022 8	41.718 7	0.647 1
铜陵	67.263 6	39.911 8	0.661 7	68.923 6	42.195 7	0.681 6	71.794 1	38.007 9	0.638 3	80.995 2	41.005 8	0.658 6	82.137 2	40.817 8	0.655 1
阜阳	20.314 8	31.965 8	0.473 7	20.725 4	32.222 8	0.478 6	21.304 4	33.129 5	0.485 2	22.512 4	34.337 8	0.498 9	23.650 9	35.470 1	0.511 4
六安	21.928 3	26.995 8	0.486 7	22.467 5	30.163 1	0.496 6	23.885 4	31.388 8	0.511 2	25.453 5	33.076 4	0.527 3	26.553 5	34.276 2	0.538 2
池州	29.250 4	34.921 1	0.559 8	29.791 5	35.362 0	0.564 5	31.019 7	35.893 1	0.573 8	34.917 7	37.311 6	0.600 0	36.890 9	38.634 6	0.614 0
芜湖	55.052 8	46.429 8	0.704 6	47.538 5	51.431 0	0.701 8	50.259 2	52.522 0	0.716 4	52.795 2	54.454 8	0.732 8	57.793 4	54.255 3	0.747 4
淮南	35.288 4	35.070 9	0.593 1	36.694 7	37.669 1	0.609 6	38.616 1	39.126 2	0.623 4	41.223 5	40.180 8	0.637 8	40.095 5	38.499 9	0.626 5
淮北	33.738 9	39.689 7	0.600 0	35.788 9	40.831 1	0.614 9	37.647 6	40.994 3	0.625 4	38.890 4	42.039 2	0.634 7	40.697 1	42.343 4	0.644 0
安庆	26.248 3	34.910 2	0.536 4	27.033 1	35.063 1	0.543 3	28.222 3	35.751 4	0.553 9	29.988 5	38.181 0	0.571 4	32.391 4	38.784 1	0.589 4
滁州	27.288 8	28.039 3	0.525 8	29.225 9	29.179 0	0.540 4	30.310 3	30.560 9	0.551 7	34.862 4	32.429 5	0.578 9	37.226 4	34.500 4	0.597 6
宿州	20.575 1	27.778 6	0.475 4	21.032 6	29.546 3	0.481 7	21.649 5	32.848 5	0.489 3	24.045 4	33.563 9	0.514 9	24.855 4	35.947 4	0.524 1
亳州	20.660 3	35.687 1	0.475 2	20.865 7	36.891 7	0.476 5	21.296 2	30.006 3	0.484 7	22.515 2	36.679 2	0.498 2	23.954 2	35.577 8	0.514 7
宣城	33.566 8	34.923 2	0.584 8	34.005 2	35.439 1	0.588 9	35.413 6	35.829 8	0.596 8	38.027 9	38.502 1	0.618 6	40.126 8	39.449 6	0.630 7
标准差	15.685 0	6.841 6	0.086 2	13.892 8	8.073 5	0.087 1	14.818 1	7.805 3	0.084 9	15.895 1	7.605 1	0.082 1	16.547 1	7.722 9	0.083 3

（续）

城市	2015年			2016年			2017年			2018年			2019年		
	经济发展度	建设用地集约利用度	协调发展度	经济发展度	建设用地集约利用度	协调发展度	经济发展度	建设用地集约利用度	协调发展度	经济发展度	建设用地集约利用度	协调发展度	经济发展度	建设用地集约利用度	协调发展度
合肥	77.226 8	64.459 7	0.831 5	79.405 8	66.376 8	0.843 6	84.900 2	72.069 1	0.877 1	87.500 5	75.447 9	0.895 2	91.734 7	79.102 8	0.916 7
蚌埠	43.812 7	44.403 7	0.664 1	45.669 4	43.669 6	0.667 9	49.799 4	46.326 8	0.691 9	51.835 3	46.186 4	0.696 6	56.001 5	49.686 8	0.723 1
马鞍山	60.598 1	53.483 3	0.750 9	66.754 3	55.747 6	0.773 2	68.529 1	57.631 0	0.785 4	71.107 8	58.594 4	0.794 1	75.631 0	62.542 9	0.820 0
黄山	42.820 6	42.522 8	0.653 2	45.526 9	43.725 8	0.667 6	48.459 8	45.065 2	0.682 5	49.857 9	46.775 8	0.694 0	52.798 5	49.169 1	0.712 7
铜陵	58.465 2	44.742 9	0.699 4	62.838 2	47.637 0	0.722 0	65.209 3	49.832 1	0.738 2	71.372 9	48.090 9	0.729 3	77.070 1	59.192 2	0.804 2
阜阳	25.217 7	36.039 5	0.527 7	27.074 0	39.263 9	0.547 0	28.810 9	39.082 6	0.562 7	30.287 9	41.329 6	0.577 2	34.112 2	43.639 6	0.609 5
六安	29.639 8	35.557 3	0.563 9	31.633 9	35.069 5	0.575 2	34.216 0	37.190 3	0.596 0	35.633 6	37.691 0	0.604 8	38.317 6	39.119 6	0.622 1
池州	38.821 3	39.191 3	0.624 5	42.444 8	40.248 2	0.642 3	45.177 2	41.208 2	0.655 1	45.388 6	45.837 9	0.675 4	48.936 2	44.164 2	0.679 6
芜湖	62.962 2	55.665 1	0.765 8	65.708 8	59.010 2	0.786 3	70.525 7	78.555 3	0.859 6	71.792 9	61.835 9	0.810 0	77.285 2	66.541 6	0.840 9
淮南	36.262 4	39.445 3	0.613 6	37.002 0	43.374 2	0.628 0	38.902 5	43.770 5	0.639 6	40.474 5	45.031 9	0.651 1	43.285 2	46.217 0	0.667 9
淮北	42.898 3	43.018 8	0.655 4	45.290 9	43.893 5	0.667 3	47.988 2	43.595 8	0.674 4	49.651 3	45.024 2	0.685 6	54.713 7	47.189 0	0.708 0
安庆	36.044 8	39.621 1	0.613 0	38.016 8	39.758 3	0.623 1	39.573 8	40.178 4	0.631 4	40.623 5	41.124 7	0.639 3	43.526 4	41.537 3	0.651 6
滁州	39.645 2	35.741 6	0.611 5	43.784 2	36.798 3	0.627 6	46.373 0	36.856 4	0.632 5	47.103 7	38.649 4	0.645 3	52.159 9	41.867 2	0.673 4
宿州	26.827 9	37.195 7	0.543 7	28.415 4	37.236 0	0.557 0	30.447 0	46.667 9	0.580 2	32.355 7	37.058 6	0.585 1	34.468 8	38.300 0	0.600 7
亳州	25.094 6	37.606 7	0.526 8	26.469 9	38.203 5	0.540 8	29.158 4	34.920 4	0.559 2	30.793 2	37.143 9	0.575 2	33.473 6	39.312 6	0.597 5
宣城	46.050 3	40.446 7	0.653 5	45.673 2	41.473 8	0.657 8	47.598 7	41.532 2	0.662 9	48.934 2	42.418 6	0.670 7	51.996 3	44.052 1	0.685 9
标准差	14.420 0	7.907 1	0.083 7	15.074 6	8.463 9	0.084 7	15.756 6	11.960 5	0.092 9	16.336 9	10.043 6	0.086 9	17.091 4	10.890 4	0.087 5

对于因变量 Y 的解释力度就越大，反之则越小；交互因子探测则在此基础上，进一步识别不同因子对于区域建设用地集约利用空间分异的交互影响[①]，故该方法适用于探测经济发展三个维度两两驱动力对建设用地集约利用的影响程度。地理探测模型表达式如下：

$$q = 1 - \frac{\sum_{h=1}^{L} N_h \sigma_h^2}{N \sigma_h^2} \qquad (8-3)$$

式中：q 为影响因素对建设用地集约利用空间分异特征的解释力度；$h = 1$，2，$\cdots$，L，L 为建设用地集约利用空间分异影响因素 X 的分类或分区；N_h 和 N 分别为层 h 和研究区的样本数；σ_h^2 和 σ^2 分别为层 h 和全区的 Y 值的方差。

8.3.2　变量选取与数据来源

（1）变量选取。本小节由于以安徽省 16 个城市的县区为样本区，受限于统计年鉴指标数据，将 8.2.1 小节的经济发展水平指标体系做微调（表 8-11），并用"建设用地扩张面积"单指标指代建设用地集约利用水平。

表 8-11　经济发展评价指标

目标层	准则层	指标层（X_i）
经济发展	经济增长	人均地区生产总值（X_1）
		人均固定资产投资（X_2）
		人均财政收入（X_3）
		人均社会消费品零售总额（X_4）
	产业结构	城镇化率（X_5）
		第二产业占地区生产总值的比例（X_6）
		第三产业占地区生产总值的比例（X_7）
	技术进步	外贸依存度（X_8）
		外商直接投资（X_9）
		每万人发明专利件数（X_{10}）

（2）数据来源。研究样本选取安徽省 16 个城市的 105 个县区，在 2000—2011 年选取 2011 序列数据，在 2012—2019 年选取 2019 年序列数据。数据来源同 8.2.2 小节。

[①] 刘彦随，李进涛．中国县域农村贫困化分异机制的地理探测与优化决策 [J]．地理学报，2017，72（1）：161-173．

8.3.3 分析结果

在 95% 置信区间下，安徽省建设用地扩张空间分异的经济发展驱动力单因子探测结果显示，不同驱动力解释力度从大到小的排序（表 8-11）如下：

2011 年，人均地区生产总值（X_1，0.523）＞人均固定资产投资（X_2，0.424）＞城镇化率（X_5，0.382）＞第二产业占地区生产总值的比例（X_6，0.379）＞外贸依存度（X_8，0.327）＞外商直接投资（X_9，0.314）＞第三产业占地区生产总值的比例（X_7，0.308）＞人均社会消费品零售总额（X_4，0.226）＞人均财政收入（X_3，0.187）。因此，2011 年排名前三的驱动力是人均地区生产总值（X_1）、人均固定资产投资（X_2）、城镇化率（X_5）。这反映了这一时期经济增长因素的主导作用，与第 4 章同时期研究结论一致。

2019 年，第三产业占地区生产总值的（X_7，0.504）＞外商直接投资（X_9，0.461）＞人均固定资产投资（X_2，0.344）＞人均地区生产总值（X_1，0.331）＞第二产业占地区生产总值的比例（X_6，0.327）＞人均社会消费品零售总额（X_4，0.305）＞人均财政收入（X_3，0.289）＞外贸依存度（X_8，0.242）＞城镇化率（X_5，0.219），每万人发明专利件数（X_{10}）因子两个年度未通过 0.05 水平下的显著性检验，故未列出。因此，2019 年排名前三的驱动力是第三产业占地区生产总值的比例（X_7）、外商直接投资（X_9）、人均固定资产投资（X_2）。这反映了这一时期产业结构、技术进步与经济增长因素的共同作用，与第 4 章同时期研究结论一致。

将每万人发明专利件数（X_{10}）这一不显著因素从交互探测结果中剔除（表 8-12），在 95% 置信区间下，各因子的交互解释力度多在 50% 以上，相较于单因子的影响，因子交互的影响更大，也验证了经济发展三个维度相互作用于建设用地集约利用理论假说。

2011 年，人均地区生产总值（X_1）与城镇化率（X_5）的交互作用（0.923）、人均地区生产总值（X_1）与人均固定资产投资（X_2）的交互作用（0.916）、人均固定资产投资（X_2）与城镇化率（X_5）的交互作用（0.912）三组非常强烈，这反映了这一时期建设用地扩张受经济增长速度与要素投入的影响强烈，表征了经济速度型增长方式的经济驱动力对建设用地集约利用解释力显著。

2019 年，人均固定资产投资（X_2）与第三产业占地区生产总值的比例（X_7）的交互作用（0.921）、人均固定资产投资（X_2）与外商直接投资（X_9）的交互作用（0.905）、第三产业占地区生产总值的比例（X_7）与外商直接投资（X_9）的交互作用（0.904）三组非常强烈，这反映了这一时期建设用地扩张规模受经济增长速度的影响，同时，产业结构优化与技术进步因素影响强烈，表征了经济高质量型发展方式的经济驱动力对建设用地集约利用解释力增强。

表 8 - 12　建设用地扩张的经济发展驱动力单因子探测

年份	指标	X_1	X_2	X_3	X_4	X_5	X_6	X_7	X_8	X_9	X_{10}
2011	q	0.523	0.424	0.187	0.226	0.382	0.379	0.308	0.327	0.314	0.118
	P	0.000	0.000	0.012	0.011	0.000	0.013	0.006	0.000	0.017	0.126
2019	q	0.331	0.344	0.289	0.305	0.219	0.327	0.504	0.242	0.461	0.206
	P	0.011	0.000	0.013	0.000	0.000	0.012	0.009	0.000	0.000	0.114

表 8 - 13　建设用地规模扩张的经济发展驱动力交互探测

	2011 年			2019 年		
两两交互	交互值	值对比	交互结果	两两交互	交互值	值对比	交互结果
$X_1 \cap X_2$	0.916	$>\max(X_1, X_2)$	双因子增强	$X_1 \cap X_2$	0.743	$>\max(X_1, X_2)$	双因子增强
$X_1 \cap X_3$	0.713	$>\max(X_1, X_3)$	双因子增强	$X_1 \cap X_3$	0.657	$>\max(X_1, X_3)$	双因子增强
$X_1 \cap X_4$	0.725	$>\max(X_1, X_4)$	双因子增强	$X_1 \cap X_4$	0.682	$>\max(X_1, X_4)$	双因子增强
$X_1 \cap X_5$	0.923	$>X_1+X_5$	非线性增强	$X_1 \cap X_5$	0.803	$>\max(X_1, X_5)$	双因子增强
$X_1 \cap X_6$	0.737	$>\max(X_1, X_6)$	双因子增强	$X_1 \cap X_6$	0.692	$>\max(X_1, X_6)$	双因子增强
$X_1 \cap X_7$	0.679	$>\max(X_1, X_7)$	双因子增强	$X_1 \cap X_7$	0.813	$>\max(X_1, X_7)$	双因子增强
$X_1 \cap X_8$	0.701	$>\max(X_1, X_8)$	双因子增强	$X_1 \cap X_8$	0.573	$>\max(X_1, X_8)$	双因子增强
$X_1 \cap X_9$	0.841	$>X_1+X_9$	非线性增强	$X_1 \cap X_9$	0.581	$>X_1+X_9$	非线性增强
$X_2 \cap X_3$	0.671	$>X_2+X_3$	非线性增强	$X_2 \cap X_3$	0.604	$>X_2+X_3$	非线性增强
$X_2 \cap X_4$	0.635	$>X_2+X_4$	非线性增强	$X_2 \cap X_4$	0.593	$>X_2+X_4$	非线性增强
$X_2 \cap X_5$	0.912	$>X_2+X_5$	非线性增强	$X_2 \cap X_5$	0.661	$>\max(X_2, X_5)$	双因子增强
$X_2 \cap X_6$	0.773	$>\max(X_2, X_6)$	双因子增强	$X_2 \cap X_6$	0.709	$>\max(X_2, X_6)$	双因子增强
$X_2 \cap X_7$	0.604	$>\max(X_2, X_7)$	双因子增强	$X_2 \cap X_7$	0.921	$>\max(X_2, X_7)$	双因子增强
$X_2 \cap X_8$	0.746	$>\max(X_2, X_8)$	双因子增强	$X_2 \cap X_8$	0.714	$>\max(X_2, X_8)$	双因子增强
$X_2 \cap X_9$	0.771	$>\max(X_2, X_9)$	双因子增强	$X_2 \cap X_9$	0.905	$>\max(X_2, X_9)$	双因子增强
$X_3 \cap X_4$	0.617	$>X_3+X_4$	非线性增强	$X_3 \cap X_4$	0.538	$>X_3+X_4$	非线性增强
$X_3 \cap X_5$	0.582	$>X_3 \cap X_5$	非线性增强	$X_3 \cap X_5$	0.572	$>X_3 \cap X_5$	非线性增强
$X_3 \cap X_6$	0.594	$>X_3+X_6$	非线性增强	$X_3 \cap X_6$	0.504	$>X_3+X_6$	非线性增强
$X_3 \cap X_7$	0.697	$>X_3+X_7$	非线性增强	$X_3 \cap X_7$	0.581	$>X_3+X_7$	非线性增强
$X_3 \cap X_8$	0.751	$>X_3+X_8$	非线性增强	$X_3 \cap X_8$	0.493	$>X_3+X_8$	非线性增强

（续）

2011 年				2019 年			
两两交互	交互值	值对比	交互结果	两两交互	交互值	值对比	交互结果
$X_3 \cap X_9$	0.792	$>X_3+X_9$	非线性增强	$X_3 \cap X_9$	0.502	$>X_3+X_9$	非线性增强
$X_4 \cap X_5$	0.684	$>X_4+X_5$	非线性增强	$X_4 \cap X_5$	0.817	$>X_4+X_5$	非线性增强
$X_4 \cap X_6$	0.669	$>X_4+X_6$	非线性增强	$X_4 \cap X_6$	0.730	$>X_4+X_6$	非线性增强
$X_4 \cap X_7$	0.731	$>\max(X_4,X_7)$	双因子增强	$X_4 \cap X_7$	0.831	$>\max(X_4,X_7)$	双因子增强
$X_4 \cap X_8$	0.803	$>\max(X_4,X_8)$	双因子增强	$X_4 \cap X_8$	0.511	$>\max(X_4,X_8)$	双因子增强
$X_4 \cap X_9$	0.742	$>\max(X_4,X_9)$	双因子增强	$X_4 \cap X_9$	0.498	$>\max(X_4,X_9)$	双因子增强
$X_5 \cap X_6$	0.831	$>X_5+X_6$	非线性增强	$X_5 \cap X_6$	0.743	$>X_5+X_6$	非线性增强
$X_5 \cap X_7$	0.782	$>X_5+X_7$	非线性增强	$X_5 \cap X_7$	0.821	$>X_5+X_7$	非线性增强
$X_5 \cap X_8$	0.813	$>\max(X_5,X_8)$	双因子增强	$X_5 \cap X_8$	0.602	$>\max(X_5,X_8)$	双因子增强
$X_5 \cap X_9$	0.841	$>\max(X_5,X_9)$	双因子增强	$X_5 \cap X_9$	0.711	$>\max(X_5,X_9)$	双因子增强
$X_6 \cap X_7$	0.704	$>X_6+X_7$	非线性增强	$X_6 \cap X_7$	0.703	$>X_6+X_7$	非线性增强
$X_6 \cap X_8$	0.815	$>\max(X_6 \cap X_8)$	双因子增强	$X_6 \cap X_8$	0.658	$>\max(X_6 \cap X_8)$	双因子增强
$X_6 \cap X_9$	0.832	$>\max(X_6 \cap X_9)$	双因子增强	$X_6 \cap X_9$	0.649	$>\max(X_6 \cap X_9)$	双因子增强
$X_7 \cap X_8$	0.648	$>\max(X_7 \cap X_8)$	双因子增强	$X_7 \cap X_8$	0.783	$>\max(X_7 \cap X_8)$	双因子增强
$X_7 \cap X_9$	0.661	$>X_7+X_9$	非线性增强	$X_7 \cap X_9$	0.904	$>X_7+X_9$	非线性增强
$X_8 \cap X_9$	0.846	$>\max(X_8,X_9)$	双因子增强	$X_8 \cap X_9$	0.547	$>\max(X_8,X_9)$	双因子增强

8.4　安徽经济发展与建设用地集约利用的协调发展时空特征分析

由于经济发展与建设用地集约利用是两个相互影响的系统过程，在两者相互作用过程中，要达到两者的良性、协调发展，必须确保这两个系统交互作用程度达到一定的协调水平。鉴于此，在安徽省经济发展水平和建设用地集约利用水平测算的基础上，构建协调发展评价模型，评价安徽省 2000—2019 年经济发展水平和建设用地集约利用水平之间的时空协调状况，以启发两者良好、协调发展对策。

8.4.1　研究方法

1. 协调发展评价模型

假设 x_1，x_2，…，x_m 为描述经济发展水平的 m 个指标；y_1，y_2，…，y_n 为描述建设用地集约利用水平的 n 个指标，则经济发展水平与建设用地集约利

用水平分别为

$$u(x) = \sum_{i=1}^{m} a_i x_i \quad e(y) = \sum_{j=1}^{n} b_j y_j \qquad (8-4)$$

式中：$u(x)$、$e(y)$ 分别为经济发展水平与建设用地集约利用水平；a_i、b_j 分别为经济发展与建设用地集约利用各评价指标的权重。

协调度是度量系统或要素之间协调程度的定量指标。本节采用耦合协调度模型，依据离差系数原理构建协调度，计算公式为[①②]

$$C = \left\{ \frac{u(x)e(y)}{\left[\frac{u(x)+e(y)}{2}\right]^2} \right\}^K \qquad (8-5)$$

式中：C 为协调度；K 为调节系数（$K \geqslant 2$）。式（8-5）反映了经济发展水平与建设用地集约利用水平在一定条件下（即 $u(x)$ 与 $e(y)$ 之和一定），为使经济发展水平与建设用地集约利用水平（即 $u(x)$ 与 $e(y)$ 之积）最大，经济发展水平与建设用地集约利用水平进行组合协调的数量程度。协调度 C 的取值范围为 $[0, l]$，C 值越大，表明经济发展与建设用地集约利用之间越协调；反之，则越不协调，表明系统处于失调或无序状态。借鉴有关研究成果[③]，结合我国实际情况，笔者设定协调度等级及其划分标准：$0 \leqslant C < 0.352$，为严重失调；$0.352 \leqslant C < 0.490$，为中度失调；$0.490 \leqslant C < 0.619$，为轻度失调；$0.619 \leqslant C < 0.705$，为濒临失调；$0.705 \leqslant C < 0.885$，为初级协调；$0.885 \leqslant C < 0.929$，为中级协调；$0.929 \leqslant C < 0.993$，为良好协调；$0.993 \leqslant C \leqslant 1$，为优质协调。

协调度表现为某一状态的值，不仅可以反映系统之间的同步性，还能体现出系统发展的综合实力。协调发展度是指两系统之间或系统内部要素在协调这有益的约束和规定之下的综合发展，追求的是一种整体提高、全局优化、共同发展的美好前景。

在经济发展与建设用地集约利用协调度模型的基础上，笔者构建经济发展与建设用地集约利用协调发展度模型：

$$D = \sqrt{CT} \quad T = \alpha u(x) + \beta e(y) \qquad (8-6)$$

式中：D 为协调发展度；C 为协调度；T 为反映经济发展与建设用地集约利用

① 陈兴雷，李淑杰，郭忠兴. 吉林省延边朝鲜自治州土地利用与生态环境协调度分析 [J]. 中国土地科学，2009，23（7）：66-70.

② 封毅，阎伍玖，崔灵周，等. 芜湖市经济与环境协调发展类型评价研究 [J]. 水土保持通报，2007，27（6）：211-215.

③ 张锐，郑华伟. 中国城市土地集约利用与城市化协调发展评价研究 [J]. 西安财经学院学报，2011，24（3）：10-14.

的整体效益或水平综合评价指数；α、β 为待定权数，由于经济发展、建设用地集约利用同等重要，笔者取 $\alpha=\beta=0.5$。在此基础上，按照协调发展度 D 的大小将经济发展与建设用地集约利用的协调发展状况划分为由简到详的不同层次，共七大类 21 种协调发展亚类（表 8-14）。据此进行经济发展与建设用地集约利用协调发展状况的定量评判[①]。

表 8-14　经济发展与建设用地集约利用的协调发展分类

协调发展度	协调发展类型	水平指数对比	协调发展亚类
		$u(x)<e(y)$	经济发展滞后
$0.895 \leqslant D \leqslant 1.000$	优质协调发展类	$u(x)=e(y)$	经济发展与建设用地集约利用同步
		$u(x)>e(y)$	建设用地集约利用滞后
		$u(x)<e(y)$	经济发展滞后
$0.795 \leqslant D < 0.895$	良好协调发展类	$u(x)=e(y)$	经济发展与建设用地集约利用同步
		$u(x)>e(y)$	建设用地集约利用滞后
		$u(x)<e(y)$	经济发展滞后
$0.695 \leqslant D < 0.795$	中级协调发展类	$u(x)=e(y)$	经济发展与建设用地集约利用同步
		$u(x)>e(y)$	建设用地土地集约利用滞后
		$u(x)<e(y)$	经济发展滞后
$0.595 \leqslant D < 0.695$	初级协调发展类	$u(x)=e(y)$	经济发展与建设用地集约利用同步
		$u(x)>e(y)$	建设用地集约利用滞后
		$u(x)<e(y)$	经济发展滞后
$0.495 \leqslant D < 0.595$	勉强协调发展类	$u(x)=e(y)$	经济发展与建设用地集约利用同步
		$u(x)>e(y)$	建设用地集约利用滞后
		$u(x)<e(y)$	经济发展滞后
$0.295 \leqslant D < 0.495$	濒临失调类	$u(x)=e(y)$	经济发展与建设用地集约利用同步
		$u(x)>e(y)$	建设用地集约利用滞后
		$u(x)<e(y)$	经济发展滞后
$0 \leqslant D < 0.295$	失调衰退类	$u(x)=e(y)$	经济发展与建设用地集约利用同步
		$u(x)>e(y)$	建设用地集约利用滞后

2. 重心迁移分析

重心迁移分析的理论源于力学，决定重心的因素有两个，即各地的区域几

---

① 陈兴雷，李淑杰，郭忠兴. 吉林省延边朝鲜自治州土地利用与生态环境协调度分析［J］. 中国土地科学，2009，23（7）：66-70.

何重心和属性变化，重心的迁移反映所代表属性空间变化。设某个区域有 n 个统计单元，第 i 个统计单元的中心坐标为 (X_i, Y_i)，其属性值为 M_i，则该区域属性重心坐标为[①]

$$X = \frac{\sum\limits_{i=1}^{n} M_i X_i}{\sum\limits_{i=1}^{n} M_i} \quad Y = \frac{\sum\limits_{i=1}^{n} M_i Y_i}{\sum\limits_{i=1}^{n} M_i} \qquad (8-7)$$

通过式（8-7），得出安徽省经济发展与建设用地集约利用的重心。

3. 空间自相关分析

空间自相关反映的是某属性值在邻近区域单元表现的关联程度。本章采用 Moran's I 指数来衡量全局空间自相关，公式为

$$I = \frac{\sum\limits_{i=1}^{n}(D_i - \overline{D})\sum\limits_{j=1}^{n} W_{ij}(D_j - \overline{D})}{S_{ij}^2 \sum\limits_{i=1}^{n}\sum\limits_{j=1}^{n} W_{ij}} \qquad (8-8)$$

式中：S_{ij}^2 为各市耦合协调度的方差；n 为空间单元数目；D_i、D_j 分别为空间单元 i 和 j 的耦合协调度；$\overline{D}$ 为研究区域 D 内的属性均值；W_{ij} 为空间权重系数矩阵，表示各空间单元邻近关系。

采用局部空间自相关指标 LISA（Local Indicators of Spatial Association）反映一个城市耦合协调度与邻近城市耦合协调度的相关程度，公式为

$$I_i = \frac{(D_i - \overline{D})}{S_{ij}^2} \sum\limits_{j=1}^{n} W_{ij}(D_j - \overline{D}) \qquad (8-9)$$

式中：I_i 为局部空间自相关指标 LISA。[②]

8.4.2 时空特征与分析

1. 协调性评价结果与分析

（1）时序变化。根据协调发展评价模型，计算 2000—2019 年安徽省经济发展与建设用地集约利用的协调度和协调发展度（图 8-1）。

总体来说，2000—2019 年安徽省经济发展与建设用地集约利用的协调度处在良好协调状态，这反映出政府在探索经济发展建设路径与建设用地集约利用措施过程中，这些活动有效减少了两者矛盾，实现了两者共同促进、互惠

---

① 李发志，朱高立，姬超，等．基于不透水表面指数的城市扩张趋势及驱动机制分析：以南京市为例［J］．长江流域资源与环境，2021，30（3）：575-590．
② 杨清可，段学军，金志丰，等．长三角地区城市土地开发强度时空分异与影响机理［J］．资源科学，2020，42（4）：723-734．

互利。

2000—2019 年经济发展与建设用地集约利用的协调发展度整体上逐年提高，经历了"濒临失调—勉强协调—初级协调—中级协调"四个阶段。在经济速度增长阶段，2000—2005 年协调发展度较低，源于经济发展滞后与建设用地集约利用滞后交错发生；2006—2012 年协调发展类型转为经济发展滞后型。这反映了这一时期虽然经济增长速度快，但经济发展质量不高。在经济高质量发展阶段，2013—2019 年协调发展类型转为建设用地集约利用滞后型，这反映了这一时期经济发展质量较高，但建设用地集约利用水平滞后。安徽省2000—2011 年年均经济增长率为 11.58%，2012—2019 年年均增长率下降到9.1%；从同时期建设用地扩张面积来看，由年均增长率 1.70% 提升到2.43%，建设用地扩张面积年均增长率不减反增。这启示了安徽省建设用地集约利用水平有待提升，同时经济发展水平还需要进一步提高。在提高经济发展水平的同时，加强建设用地集约利用建设，最终达到经济发展水平与建设用地集约利用水平的一种更高层次的协调发展状态。

从安徽省 16 个城市 2000—2019 年经济发展与建设用地集约利用的协调发展度演进趋势来看（表 8-10），协调发展度整体上逐年提高，滁州市进步最快，由 0.282 4 提升到 0.673 4，提升 138.4%；其次是池州市，由 0.345 6 提升到 0.679 6，提升 96.6%；淮南市进步最缓，由 0.424 4 提升到 0.667 9，提升 57.4%。

（2）空间差异。依据 8.2.1 小节的评价模型与指标体系评价 2019 年安徽省16 个城市经济发展度与建设用地集约利用度（表 8-10、图 8-2 和图 8-3）。

2019 年，对经济发展水平而言，合肥市、芜湖市、铜陵市、马鞍山市等长江三角洲一体化安徽核心城市经济发展度较高，阜阳市、宿州市、亳州市等皖北地区经济发展度较低。合肥市、芜湖市、铜陵市、马鞍山市等的经济增长、产业结构与技术进步相对较高，阜阳市、宿州市、亳州市等的经济增长、产业结构与技术进步较低。

2019 年，对建设用地集约利用水平而言，合肥市、芜湖市、铜陵市、马鞍山市等长江三角洲一体化安徽核心城市建设用地集约利用度较高，阜阳市、宿州市、亳州市、六安市等皖北与皖西地区建设用地集约利用度较低。合肥市、芜湖市、铜陵市、马鞍山市等的投入水平与利用效益水平较高，阜阳市、宿州市、亳州市、六安市等的投入水平与利用效益较低。合肥市、芜湖市的利用程度较高，铜陵市、黄山市的利用程度较低。淮北市、滁州市、黄山市等的利用可持续性较好，阜阳市、宿州市、亳州市等的可用可持续性较差。

总体来讲，2019 年长江三角洲一体化安徽核心城市经济发展度与建设用

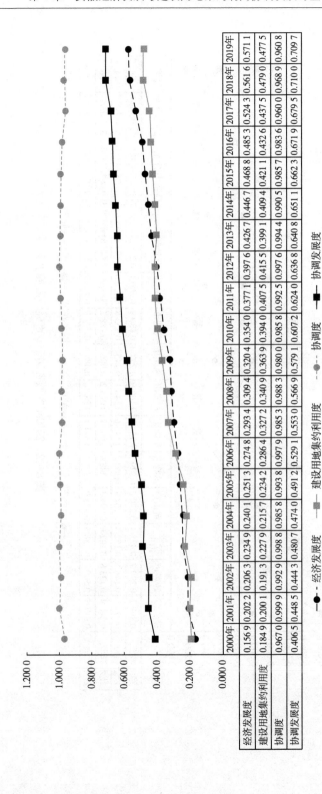

	2000年	2001年	2002年	2003年	2004年	2005年	2006年	2007年	2008年	2009年	2010年	2011年	2012年	2013年	2014年	2015年	2016年	2017年	2018年	2019年
经济发展度	0.156 9	0.202 2	0.206 3	0.234 9	0.240 1	0.251 3	0.274 8	0.293 4	0.309 4	0.320 4	0.354 0	0.377 1	0.397 6	0.426 7	0.446 7	0.468 8	0.485 3	0.524 3	0.561 6	0.571 1
建设用地集约利用度	0.184 9	0.200 1	0.191 3	0.227 3	0.215 7	0.234 2	0.286 4	0.327 2	0.340 9	0.363 9	0.394 0	0.407 5	0.415 5	0.399 1	0.409 4	0.421 1	0.432 6	0.437 5	0.479 0	0.477 5
协调度	0.967 0	0.999 9	0.992 9	0.998 8	0.985 8	0.993 8	0.997 9	0.985 3	0.988 3	0.980	0.985 8	0.992 5	0.997 6	0.994 4	0.990 5	0.985 7	0.983 6	0.960 0	0.968 9	0.960 8
协调发展度	0.406 5	0.448 5	0.444 3	0.480 7	0.474 0	0.491 2	0.529 1	0.553 0	0.566 9	0.579 1	0.607 2	0.624 0	0.636 0	0.640 8	0.651 1	0.662 3	0.671 9	0.679 5	0.710 0	0.709 7

●- 经济发展度　—— 建设用地集约利用度　--●-- 协调度　—■— 协调发展度

图 8-1　安徽省经济发展与建设用地集约利用的协调发展时序变化

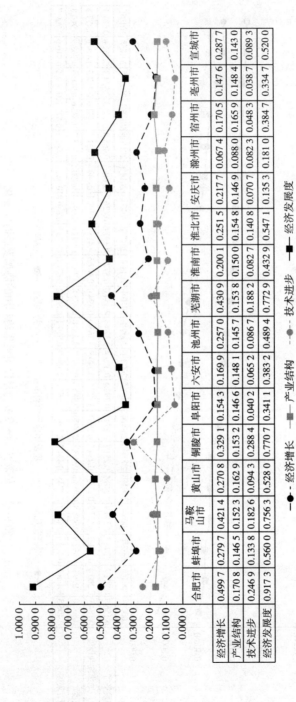

图 8-2 2019年安徽省16个城市经济发展水平

	合肥市	蚌埠市	马鞍山市	黄山市	铜陵市	阜阳市	六安市	池州市	芜湖市	淮南市	淮北市	安庆市	滁州市	宿州市	亳州市	宣城市
经济增长	0.4997	0.2797	0.4214	0.2708	0.3291	0.1543	0.1699	0.2570	0.4309	0.2001	0.2515	0.2177	0.0677	0.1705	0.1476	0.2877
产业结构	0.1708	0.1465	0.1523	0.1629	0.1532	0.1466	0.1481	0.1457	0.1538	0.1500	0.1548	0.1469	0.0880	0.1659	0.1484	0.1430
技术进步	0.2469	0.1338	0.1826	0.0943	0.2884	0.0402	0.0652	0.0862	0.1882	0.0827	0.1408	0.0707	0.0823	0.0483	0.0387	0.0893
经济发展度	0.9173	0.5600	0.7563	0.5280	0.7707	0.3411	0.3832	0.4894	0.7729	0.4329	0.5471	0.1353	0.1810	0.3847	0.3347	0.5200

—●— 经济增长　—■— 产业结构　--●-- 技术进步　—■— 经济发展水平

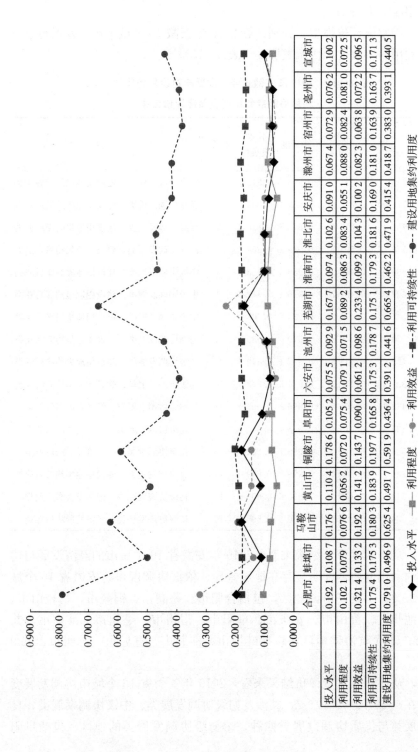

	合肥市	蚌埠市	马鞍山市	黄山市	铜陵市	阜阳市	六安市	池州市	芜湖市	淮南市	淮北市	安庆市	滁州市	宿州市	亳州市	宣城市
投入水平	0.192 1	0.108 7	0.176 1	0.110 4	0.178 6	0.105 2	0.075 5	0.092 9	0.167 7	0.097 4	0.102 6	0.091 0	0.067 4	0.072 9	0.076 2	0.100 2
利用程度	0.102 1	0.079 7	0.076 6	0.056 2	0.072 0	0.075 4	0.079 1	0.071 5	0.089 2	0.086 3	0.083 4	0.055 1	0.088 0	0.082 4	0.081 0	0.072 5
利用效益	0.321 4	0.133 2	0.192 4	0.141 2	0.143 7	0.090 0	0.061 2	0.098 6	0.233 4	0.099 2	0.104 3	0.100 2	0.082 3	0.063 8	0.072 2	0.096 5
利用可持续性	0.175 3	0.175 3	0.180 3	0.183 9	0.197 7	0.165 8	0.175 3	0.178 7	0.175 1	0.179 3	0.181 6	0.169 0	0.181 0	0.163 9	0.163 7	0.171 3
建设用地集约利用度	0.791 0	0.496 9	0.625 4	0.491 7	0.591 9	0.436 4	0.391 2	0.441 6	0.665 4	0.462 2	0.471 9	0.415 4	0.418 7	0.383 0	0.393 1	0.440 5

图 8-3 2019 年安徽省 16 个城市建设用地集约利用水平

━◆━ 投入水平 ━━ 利用程度 ━●━ 利用效益 ━■━ 利用可持续性 ━●━ 建设用地集约利用度

地集约利用度水平较高。

根据协调发展评价模型，分别计算 2019 年安徽 16 个城市经济发展与建设用地集约利用的协调度和协调发展度（表 8 - 15）。

表 8 - 15　2019 年安徽省经济发展与建设用地集约
利用协调度和协调发展度评价结果

城市	经济发展度	建设用地集约利用度	协调度	协调发展度	排序	类型
合肥	0.917 3	0.791 0	0.983 7	0.916 7	1	优质协调发展类、建设用地集约滞后亚类
芜湖	0.772 9	0.665 4	0.983 4	0.840 9	2	良好协调发展类、建设用地集约滞后亚类
马鞍山	0.756 3	0.625 4	0.973 3	0.820 0	3	良好协调发展类、建设用地集约滞后亚类
铜陵	0.770 7	0.591 9	0.949 2	0.804 2	4	良好协调发展类、建设用地集约滞后亚类
蚌埠	0.560 0	0.496 9	0.989 3	0.723 1	5	中级协调发展类、建设用地集约滞后亚类
黄山	0.528 0	0.491 7	0.996 2	0.712 7	6	中级协调发展类、建设用地集约滞后亚类
淮北	0.547 1	0.471 9	0.983 7	0.708 0	7	中级协调发展类、建设用地集约滞后亚类
宣城	0.520 0	0.440 5	0.979 6	0.685 9	8	初级协调发展类、建设用地集约滞后亚类
池州	0.489 4	0.441 6	0.992 1	0.679 6	9	初级协调发展类、建设用地集约滞后亚类
滁州	0.521 6	0.418 7	0.964 5	0.673 4	10	初级协调发展类、建设用地集约滞后亚类
淮南	0.432 9	0.462 2	0.996 8	0.667 9	11	初级协调发展类、经济发展滞后亚类
安庆	0.435 3	0.415 4	0.998 4	0.651 6	12	初级协调发展类、经济发展滞后亚类
六安	0.383 2	0.391 2	0.999 7	0.622 1	13	初级协调发展类、经济发展滞后亚类
宿州	0.384 7	0.383 0	0.999 8	0.619 6	14	初级协调发展类、建设用地集约滞后亚类
阜阳	0.341 1	0.436 4	0.955 6	0.609 5	15	初级协调发展类、经济发展滞后亚类
亳州	0.334 7	0.393 1	0.980 8	0.597 5	16	初级协调发展类、经济发展滞后亚类

第一，从协调度评价结果来看，2019 年安徽省 16 个城市的经济发展与建设用地集约利用的协调度明显存在地域差异。依据协调度可将安徽省 16 个城市划分为二类：①良好协调地区，包括合肥市、芜湖市、铜陵市、马鞍山市、六安市、池州市、黄山市、安庆市、阜阳市、宿州市、亳州市、淮南市，共 12 个城市；②优质协调地区，包括蚌埠市、淮北市、宣城市、滁州市，共 9 个城市。

第二，从协调发展度评价结果来看，2019 年安徽省 16 个城市协调发展度数值跨度在 0.597 5～0.916 7，共涉及初级协调发展类、中级协调发展类、良好协调发展类与优质协调发展类四种。①初级协调发展类的地区，包括阜阳

市、亳州市、六安市、池州市、滁州市、安庆市、宿州市、淮南市、宣城市，
共9个城市；②中级协调发展类的地区，包括蚌埠市、淮北市、黄山市，共3
个城市；③良好协调发展类的地区，包括芜湖市、铜陵市、马鞍山市，共3个
城市；④优质协调发展类的地区，包括合肥市，共1个城市。

　　第三，从协调发展度亚类评价结果来看，2019年安徽省16个城市中，安
庆市、六安市、阜阳市、亳州市、淮南市共5个城市属于经济发展滞后亚类，
皖北城市是该类型的主要城市；合肥市、芜湖市、马鞍山市、铜陵市、池州
市、黄山市、滁州市、淮北市、宣城市、宿州市、蚌埠市共11城市属于建设
用地集约滞后亚类。

　　总体来说，安徽省16个城市经济发展与建设用地集约利用的协调发展度
在空间上是长江三角洲一体化安徽核心城市高于其他地区。从协调发展度的空
间分布来看，不但协调发展类型存在地区差异，而且协调发展亚类也明显存在
地域差异。

2. 重心迁移轨迹结果与分析

　　通过式（8-7），得出2000—2019年安徽省经济发展度、建设用地集约利
用度及协调发展度的重心迁移方向与相对距离（图8-4和图8-5），探讨历年
发展过程中呈现的空间变化特征。

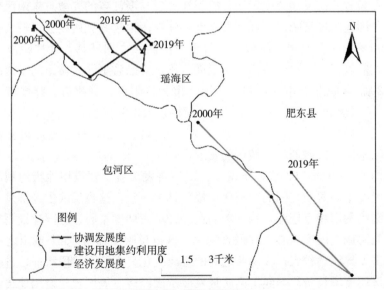

图8-4　重心迁移方向

　　由图8-4可知：①三者总体迁移方向一致，这反映经济发展与建设用地
集约利用相互依存、相互影响。②经济发展度重心迁移幅度较大，而建设用地
集约利用度与协调发展度重心迁移幅度较小，这反映安徽省16个城市之间经

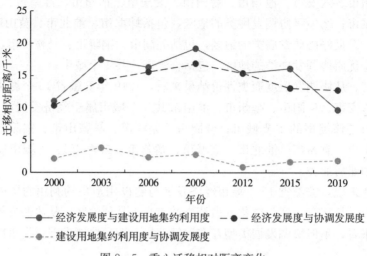

图 8-5　重心迁移相对距离变化

济发展度差异波动较大，而城市间建设用地集约利用度差异相对波动较小。③三者重心迁移方向变化呈现两个阶段特征，2000—2009 年为第一阶段，三者重心向东南方向迁移，迁移距离相对较大，可能的解释是，在经济速度增长阶段，安徽省经济发展速度较快，毗邻江苏省与浙江省的安徽省东南区城市受长江三角洲地区经济辐射，经济发展度与建设用地集约利用度获得较大程度提升；2009—2019 年为第二阶段，三者重心向西北方向迁移，迁移距离相对较小，可能的解释是，在经济高质量发展阶段，安徽省更注重城市间平衡高质量发展，2012 年皖北五市（宿州市、淮北市、阜阳市、亳州市、蚌埠市）纳入《中原经济区规划（2012—2020 年）》，获得较大发展机遇，2016 年安徽省提出加快"皖北崛起"进程，2010 年皖江城市带承接产业转移示范区设立，这些发展战略推进了安徽西北区城市的发展。

　　从图 8-5 中可以得出以下结论：①经济发展度、建设用地集约利用度及协调发展度重心两两之间的距离变化幅度基本一致，这也反映了经济发展与建设用地集约利用相互依存，相互影响；②经济发展度重心迁移同建设用地集约利用度与协调发展度重心迁移距离较大，这也反映安徽省 16 个城市之间经济发展水平差异波动较大；③两两之间的距离变化呈现两个阶段特征，进一步表征了经济速度增长阶段与经济高质量发展阶段经济发展度及建设用地集约利用度呈现阶段特征。

3. 空间相关性结果与分析

　　安徽省 16 个城市的协调发展度存在时空差异，利用 GeoDA095i 软件进行空间分析，从而进一步分析 16 个城市不同阶段协调发展度空间关联性。利用

Moran's I 指数衡量全局空间自相关性，计算得到 2011 年、2019 年 Moran's I 指数在 1% 显著水平下分别为 0.606 2 与 0.559 3，显著性检验 Z 值分别为 3.056 2 与 2.962 7，表明城市协调发展度单元间并非相互独立，而是呈一定程度的空间集聚。

　　通过空间局部自相关莫兰指数（Local Moran's I）指数分析，得到空间局部自相关分析图（图 8-6 和图 8-7），横轴表示协调发展度，纵轴表示空间滞后值，每个象限代表不同的空间自相关类型：第 I 象限和第 III 象限代表正相关，即该空间单元属性值较高（低），相邻单元属性值也较高（低），表示相似协调发展度的空间集聚效应；第 II 象限和第 IV 象限代表负相关，即该空间单元属性值较低（高），相邻空间单元较高（低），表示协调发展度的空间随机分布。通过图 8-6 和图 8-7 可知，2011 年，在第 I 象限中的城市包括合肥市、马鞍山市与芜湖市，这说明这 3 个城市所在区域是热点区；在第 III 象限的城市是宿州市、阜阳市与亳州市，说明这 3 个城市所在区域为冷点区。2019 年，在第 I 象限中的城市包括合肥市、马鞍山市、铜陵市与芜湖市，这说明 3 个城市所在区域是热点区；在第 III 象限的是阜阳市与亳州市，说明这 2 个城市所在区域为冷点区。

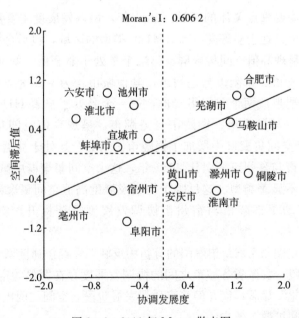

图 8-6　2011 年 Moran 散点图

　　通过绘制在 5% 显著水平下的 LISA 集聚图，可视化显示不同阶段安徽省 16 个城市协调发展度的空间集聚典型区域（图 8-8 和图 8-9），展示空间分

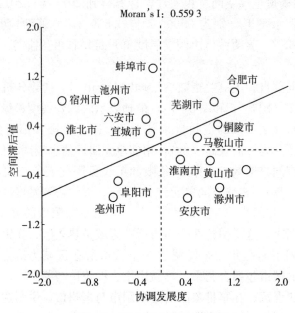

图 8-7　2019 年 Moran 散点图

布特征和未来需要重点关注的区域。2011 年，协调发展度主要形成两个空间集聚群：第一个是处于显著高—高（HH）类型的区域，包括合肥市、马鞍山市与芜湖市，呈现高值空间集聚群。第二个是处于显著低—低（LL）类型的区域，包括六安市、阜阳市与亳州市，其他城市均为不显著类型。2019 年，协调发展度主要形成两个空间集聚群：第一个是处于显著 HH 类型的区域，包括为合肥市、马鞍山市、铜陵市与芜湖市，呈现高值空间集聚群。对比 2011 年，这个空间集聚群中增加了铜陵市。第二个是处于显著 LL 类型的区域，包括阜阳市与亳州市。对比 2011 年，这个空间集聚群中减少了宿州市。其他城市均为不显著类型。这反映了协调发展度高值空间集聚群发挥了空间溢出作用，带动了铜陵市与宿州市协调发展度显著提升，空间扩散效应明显。

　　Moran 散点图与 LISA 集聚图的分析中反映，在经济速度增长阶段与经济高质量发展阶段，安徽省各城市之间的协调发展度存在明显的空间极化现象，且空间"两极化"显著；而在经济高质量发展阶段，空间"两极化"显著的同时，伴有"空间扩散"效应。

　　基于以上分析，为改善和推进安徽省经济发展与建设用地集约利用协调发展，提出以下建议：①差别化推进经济高质量发展进程，逐步缩小城市间差距。要考虑协调发展度的空间差异特征，明确区域自身的产业条件、资源优势

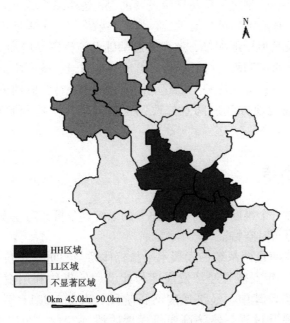

图 8 - 8　2011 年 LISA 集聚图

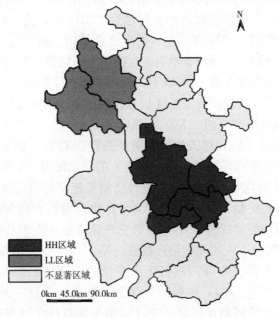

图 8 - 9　2019 年 LISA 集聚图

和功能定位，差别化推进经济高质量发展进程，逐步缩小城市间差距；巩固长江三角洲一体化核心城市的核心地位，增强辐射作用；未来逐步优化交通、水利、工业用地及其他用地配置，加大交通基础设施投资，增加交通用地供给；加强北向通道、沿江和跨江综合通道、合肥辐射通道、皖南旅游通道、煤炭运输通道的建设，发挥运输优势。②建立健全政府用地行为制约机制和科学的绩效考核机制，规范地方政府随意修改国土空间规划，抑制政府土地城镇化冲动。

8.5 本章小结

将经济发展三个维度作为一个"总"的系统，分析其与建设用地集约利用系统的作用过程与时空特征。

首先，构建衡量两系统的发展水平指标体系与权重，评价两系统发展水平：2000—2019 年安徽省经济发展度与建设用地集约利用度稳步提升，两者演进趋势同步，其中，经济速度增长阶段（2000—2011 年）两者历经波动提升、快速提升过程，经济高质量发展阶段（2012—2019 年）两者以较低速度上升；安徽省 16 个城市两系统发展水平呈现区域不平衡性扩大趋势。

其次，借助地理探测器探测建设用地集约利用的经济发展三个维度两两驱动力交互作用力：①单因子驱动力分析结论，2011 年，这一时期经济增长因素发挥主导驱动作用；2019 年，这一时期产业结构、技术进步与经济增长因素共同发挥驱动作用。②两两驱动力交互作用分析结论，在 95% 置信区间下，各因子的交互解释力度多在 50% 以上，相较于单因子的影响，因子交互的影响更大，也验证了经济发展三个维度相互作用于建设用地集约利用理论假说；2011 年，人均地区生产总值（X_1）与城镇化率（X_5）的交互作用（0.923）、人均地区生产总值（X_1）与人均固定资产投资（X_2）的交互作用（0.916）、人均固定资产投资（X_2）与城镇化率（X_5）的交互作用（0.912）三组非常强烈，这反映了这一时期建设用地扩张受经济增长速度与要素投入的影响强烈，表征了经济速度增长型方式的经济驱动力对建设用地集约利用解释力显著；2019 年，人均固定资产投资（X_2）与第三产业占地区生产总值的比例（X_7）的交互作用（0.921）、人均固定资产投资（X_2）与外商直接投资（X_9）的交互作用（0.905）、第三产业占地区生产总值的比例（X_7）与外商直接投资（X_9）的交互作用（0.904）三组非常强烈，这反映了这一时期建设用地扩张受经济增长速度的影响，同时，产业结构优化与技术进步因素影响强烈，表征了经济高质量发展型方式的经济驱动力对建设用地集约利用解释力增强。

最后，构建协调度与协调发展度模型评价两者协调发展时空特征，构建重心迁移模型与空间自相关模型分析两者空间特征。①2000—2019 年安徽省经济发展与建设用地集约利用的协调度严重失调转为良好协调。②协调发展度整体上逐年提高，经历了"濒临失调—勉强协调—初级协调—中级协调"四个阶段。在经济速度增长阶段，大部分年份协调发展水平处于经济发展滞后型，这反映了这一时期虽然经济增长速度快，但经济发展质量不高。在经济高质量发展阶段，2013—2019 年协调发展水平转为建设用地集约利用滞后型，这反映了这一时期经济发展质量较高，但建设用地集约利用水平滞后。③2019 年安徽省 16 个城市的协调度分为良好协调与优质协调两类，地域差异明显；协调发展度共涉及初级协调发展类、中级协调发展类、良好协调发展类与优质协调发展类四种，长江三角洲一体化安徽核心城市的协调发展水平高于其他地区，而且协调发展亚类也明显存在地域差异。④经济发展度、建设用地集约利用度及协调发展度的重心迁移与相对距离变化研究结论：第一，三者总体迁移方向一致，这反映经济发展与建设用地集约利用相互影响。第二，经济发展度重心迁移幅度较大，而建设用地集约利用度与协调发展度重心迁移幅度较小，这反映了安徽省 16 个城市之间经济发展度差异波动较大，而城市间建设用地集约利用度差异相对波动较小。第三，三者重心迁移方向变化呈现两个阶段特征，2000—2009 年为第一阶段，三者重心向东南方向迁移，迁移距离相对较大，毗邻江苏省与浙江省的安徽省东南区城市受长江三角洲地区经济辐射强烈；2009—2019 年为第二阶段，三者重心向西北方向迁移，迁移距离相对较小，经济高质量发展阶段，安徽省更注重城市间平衡高质量发展，"皖北崛起"与皖江城市带承接产业转移示范区设立等发展战略推进了安徽省西北区城市发展。⑤Moran 散点图与 LISA 集聚图分析结论：在经济速度增长阶段与经济高质量阶段，安徽省各城市之间的协调发展度存在明显的空间极化现象，且"两极化"空间显著；而在经济高质量发展阶段，空间"两极化"显著的同时，伴有"空间扩散"效应。

第9章 主要结论与政策建议

9.1 主要结论

主要研究结论如下：

1. 经济发展对建设用地集约利用具有显著正向的主导作用

理论分析表明，经济发展与资源禀赋、政策、生态环境等因素共同作用于建设用地集约化利用的过程。运用安徽省 2000—2019 年的时间序列数据实证探讨以上因素对建设用地集约利用的作用程度，结果显示如下内容：①经济转型期前后，经济发展因素对建设用地集约利用都具有积极的主导影响，其中经济增长因素是经济速度增长阶段建设用地集约利用提升的主要因素，在经济高质量发展阶段，产业结构与技术进步因素作用程度显著提高。从产业结构因素来看，在经济速度增长阶段，第二产业比重是该阶段提升建设用地集约利用度的产业驱动力；在经济高质量发展阶段，第三产业比重是该阶段提升建设用地集约利用度的产业驱动力。安徽省经济发展两个阶段中，技术进步是安徽省建设用地集约利用提升的一个重要因素，安徽省通过人才培育与引进促进建设用地集约利用的水平贡献突出。但是，技术扩散效应有限，未来应该继续加大科技投入，促进技术进步，安徽省建设用地在现有的技术水平下未能有效挖掘最大效益，因此应该进一步扩大技术扩散效应。②经济转型期中，土地市场化、经济体制、土地利用等政策对建设用地集约利用具有较强影响；经济高质量发展与绿色发展密不可分，贯彻生态文明建设发展之路，有利于建设用地粗放式利用向集约方式转变。

2. 经济增长能促使建设用地集约利用水平逐渐提升

按照"演绎归纳——机理分析——途径——实证检验"的逻辑思路研究分析经济增长对建设用地集约利用的影响。

首先，演绎经济增长与建设用地集约利用过程与特征，归纳两者的互动变化规律，即在不同经济发展阶段，表征建设用地使用方式的建设用地数量投入及建设用地要素替代变化、表征建设用地配置方式的建设用地价格信号与建设用地利用集约度呈现显著规律性变化。随着工业化阶段的持续推进，经济发展方式逐渐由粗放型向集约型转变，并且建设用地作为经济发展的重要生产要素，其使用方式也随着由粗放型向集约型转变。直至工业化后期阶段，建设用地利用集约水平达到高度集约。

其次，从投入角度进行经济增长影响建设用地集约利用的机理分析，将经济增长的主要动力来源分为直接动力因素与间接动力因素，可知生产要素投入直接影响经济增长，技术进步与制度安排间接影响动力，进而对建设用地集约利用产生影响。

再次，进一步具体讨论不同的经济增长速度与方式——两个途径对建设用地利用方式、建设用地管理方式与配置方式的影响。具体表现如下：①完全可以通过提高建设用地利用产出率（集约度）实现保持适度经济增长速度的目标，依赖增加建设用地供应数量的增长方式导致用地单位失去集约用地的外部压力；②随着经济增长阶段的推进，市场配置建设用地逐渐发挥作用，资本要素逐步替代建设用地要素；③在经济增长方式由粗放型转变为集约型过程中，市场机制配置建设用地逐渐完善，并且其管理方式逐步由无序的政府管理向市场配置与政府管理相结合转变。在该过程中，经济增长逐步转向由科技、管理创新、高素质劳动者与集约的其他生产要素有机结合来实现推动，建设用地向利用效率较高的高技术含量、高附加值、低资源消耗、低排放产业转换，经济发展方式逐渐由粗放型向集约型转变，建设用地作为经济发展的重要生产要素，其使用方式也随着由粗放型向集约型转变。最后，实证检验两者的全过程动态关系，应用协整理论，基于 VAR 模型进行 Granger 因果检验、VEC、IRF 和方差分解，以反映两者的全过程动态关系。结论如下：①经济增长与建设用地扩张都是二阶单整序列。②两者是正相关的长期均衡关系。lnGDP 每提高 1％，lnCUL 就提高 2.807 6％。③VEC 模型检验。建设用地扩张二阶系列 D（lnCUL，2）以 25％的力度调整短期偏离，以达到均衡状态，经济增长二阶系列以 −11％的力度调整。④Granger 检验。短期内，经济增长是建设用地扩张的 Granger 原因，而反向关系得不到实证支持。长期来看，经济增长不一定导致建设用地扩张，建设用地扩张也不一定导致经济增长，两者完全可以实现良好协调发展。⑤脉冲响应函数的分析。对于 lnCUL 的一个标准差冲击，lnGDP 响应较弱；而对于 lnGDP 的一个标准差冲击，lnCUL 的反应较强。⑥方差分析。城市建设用地扩张对经济增长的解释力度仅 8.52％；而经济增长对城市建设用地扩张的解释力度达 50.07％。

3. 产业结构优化和产业集聚能够有效促进建设用地集约利用水平不断提高

按照"演绎归纳—机理分析—途径—实证检验"的逻辑思路对产业结构调整对建设用地的影响进行了分析。

首先，演绎产业结构调整与建设用地集约利用过程与特征，归纳两者的互动变化规律。两者之间存在内在的必然联系：产业发展状况影响建设用地的利用状况，影响建设用地的配置格局。产业结构调整与优化，引导建设用地利用结构向与之相适应的方向调整与优化，使建设用地的生产要素效益最优。反过来，建设用地利用结构的调整与优化又促进了产业结构实现调整与优化，促进经济发展速度、效益与质量的全面协调与提升。

其次，依据主导产业理论进行机理分析，主导产业的选择影响建设用地利用结构与布局；产业规模扩张和产业集聚影响建设用地利用强度和规模；主导产业的置换影响建设用地利用方式与集约度。

再次，从产业结构优化、产业集聚两个途径论述产业结构调整对建设用地集约利用的影响，结论是：产业结构优化促进产业建设用地规模适度化、建设用地布局合理化及建设用地效益最优化。产业集聚的内部规模经济、地区化效应与城市化效应促进建设用地产出的提高、建设用地投入产出比的提高及建设用地规模收益的增加。

最后，基于安徽省 16 个城市之间建设用地经济产出不平衡性视角，应用基尼系数测算安徽省 16 个城市 2000—2019 年的建设用地经济产出不平衡性特征，进一步运用产业结构与产业集聚效应分解公式测算产业效应，验证结论如下：①2000—2019 年的市域建设用地第二、第三产业产出基尼系数总体呈波动上升趋势，表明安徽省城市间建设用地第二、第三产业产出不平衡性呈扩大趋势，但是，目前城市间差距处在比较平均水平。造成城市间差距的主要原因是第二产业发展不平衡，不过，第二产业影响程度逐年下降，第三产业影响程度逐年上升。②安徽省城市间建设用地第二、第三产业产出不平衡性产业效应分解结果表明，产业集聚扩大效应强烈，产业结构优化扩大效应不强，产业综合效应缩小作用较弱。

4. 技术进步能够推动建设用地集约利用水平的持续提升

本章按照"影响因素—机理分析—途径—实证检验"的逻辑思路对技术进步对建设用地集约利用的影响进行了分析。

首先，从技术进步环境、技术创新（广义技术进步）能力、技术转移（扩散）能力、技术产出绩效四个方面的影响因素分析技术进步对建设用地利用的影响。

其次，从集聚效应、要素替代效应与产业结构调整和优化角度进行技术进步影响建设用地集约利用的机理分析，结论是：技术进步通过实现集聚效应、要素替代效应与产业结构调整和优化，来提高建设用地的投入产出水平，促进建设用地利用方式的改变，优化建设用地利用结构与布局，促进建设用地集约利用。

再次，进一步具体讨论技术进步的两个途径（技术创新、技术扩散）对建设用地集约利用的影响，结论是：①建设用地利用技术创新包括建设用地利用技术创新、土地制度创新和建设用地管理技术创新三个方面，三者均不同程度地促进着建设用地集约利用水平的提高。②技术扩散对建设用地集约利用的影响主要包括以下四个方面：优化技术溢出区域的建设用地利用结构、提高技术需求区域的建设用地投入产出水平、形成不同区域之间建设用地集约利用的梯度分布、共同推动区域之间的建设用地集约利用程度。

最后，基于 Malmquist 指数实证检验 2000—2019 年安徽省建设用地利用效率分析发现，安徽省建设用地集约利用效率发展态势总体良好（提升了0.199 7），建设用地利用效率的提升主要来源于规模效率贡献（提升了0.376 7），技术扩散效率贡献有限（提升了 0.086 1），技术创新效率欠缺（下降了 0.196 9），建设用地集约利用效率区域发展不平衡。这在一定程度上说明，安徽省建设用地技术创新水平有待大幅度提升，应该继续加大科技投入，促进技术进步；安徽省建设用地在现有的技术水平下未能有效挖掘最大效益，应该优化技术溢出区域的建设用地利用结构、提高技术需求区域的建设用地投入产出水平、形成不同区域之间建设用地集约利用的梯度分布、共同推动区域之间的建设用地集约利用程度，同时逐步缩小区域间建设用地利用效率差距。

5. 实证了安徽省经济发展是从三个维度共同推进区域建设用地集约利用程度提升

将经济发展三个维度作为一个"总"的系统，分析其与建设用地集约利用系统的作用过程与时空特征。

首先，构建衡量两系统的发展水平指标体系与权重，评价两系统发展水平：2000—2019 年安徽省经济发展度与建设用地集约利用度稳步提升，两者演进趋势同步，其中，经济速度增长阶段（2000—2011 年）两者历经波动提升、快速提升过程，经济高质量发展阶段（2012—2019 年）两者以较低速度上升；安徽省 16 个城市两系统发展水平呈现区域不平衡性扩大趋势。

其次，借助地理探测器探测建设用地集约利用的经济发展三个维度两两驱动力交互作用力：①单因子驱动力分析结论，2011 年，这一时期经济增长因素发挥主导驱动作用；2019 年，这一时期产业结构、技术进步与经济增长因素共同发挥驱动作用。②两两驱动力交互作用分析结论，在 95% 置信区间下，各因子的交互解释力度多在 50% 以上，相较于单因子的影响，因子交互的影响更大，也验证了经济发展三个维度相互作用于建设用地集约利用理论假说；2011 年，人均地区生产总值（X_1）与城镇化率（X_5）的交互作用（0.923）、人均地区生产总值（X_1）与人均固定资产投资（X_2）的交互作用（0.916）、人均固定资产投资（X_2）与城镇化率（X_5）的交互作用（0.912）三组非常强烈，这反映了这一时期建设用地扩张受经济增长速度与要素投入的影响强烈，表征了经济速度型增长方式的经济驱动力对建设用地集约利用解释力显著；2019年，人均固定资产投资（X_2）与第三产业占地区生产总值的比例（X_7）的交互作用（0.921）、人均固定资产投资（X_2）与外商直接投资（X_9）的交互作用（0.905）、第三产业占地区生产总值的比例（X_7）与外商直接投资（X_9）的交互作用（0.904）三组非常强烈，这反映了这一时期建设用地扩张受经济增长速度的影响，同时，产业结构优化与技术进步因素影响强烈，表征了经济高质量型发展方式的经济驱动力对建设用地集约利用解释力增强。

最后，构建协调度与协调发展度模型评价两者协调发展时空特征，构建重心迁移模型与空间自相关模型分析两者空间特征。①2000—2019年安徽省经济发展与建设用地集约利用的协调度由严重失调转为良好协调。②协调发展度整体上逐年提高，经历了"濒临失调—勉强协调—初级协调—中级协调"四个阶段。在经济速度增长阶段，大部分年份的协调发展水平处于经济发展滞后型，这反映了这一时期虽然经济增长速度快，但经济发展质量不高；在经济高质量发展阶段，2013—2019年协调发展水平转为建设用地集约利用滞后型，这反映了这一时期经济发展质量较高，但建设用地集约利用水平滞后。③2019年度安徽省16个城市的协调度分为良好协调与优质协调两类，地域差异明显；协调发展度共涉及初级、中级、良好与优质协调发展四个类型，长江三角洲一体化安徽核心城市的协调发展水平高于其他地区，而且协调发展亚类也明显存在地域差异。④经济发展度、建设用地集约利用度及协调发展度的重心迁移与相对距离变化研究结论：第一，三者总体迁移方向一致，这反映经济发展与建设用地集约利用相互影响。第二，经济发展度重心迁移幅度较大，而建设用地集约利用度与协调发展度重心迁移幅度较小，这反映安徽省16个城市之间经济发展度差异波动较大，而城市间建设用地集约利用度差异相对波动较小。第三，三者重心迁移方向变化呈现两个阶段特征，2000—2009年为第一阶段，三者重心向东南方向迁移，迁移距离相对较大，毗邻江苏省与浙江省的安徽省东南区城市受长江三角洲地区经济辐射强烈；2009—2019年为第二阶段，三者重心向西北方向迁移，迁移距离相对较小，经济高质量发展阶段，安徽省更注重城市间平衡高质量发展，"皖北崛起"与皖江城市带承接产业转移示范区设立等发展战略推进了安徽省西北区城市发展。⑤Moran散点图与LISA集聚图分析结论：在经济速度增长型阶段与经济高质量发展阶段，安徽省各城市之间的协调发展度存在明显的空间极化现象，且"两极化"空间显著；而在经济高质量发展阶段，空间"两极化"显著的同时，伴有"空间扩散"效应。

9.2 政策建议

9.2.1 推动经济发展由速度型转为高质量型，实现经济增长速度、质量与 效益相统一

安徽省自 2012 年来一直在推动经济发展由速度型转为高质量型，加上发展转变过程中出现的新问题，这需要与时俱进的针对性对策。

1. 合理调控经济增长速度，调整和优化投资结构

第 5 章的实证结果表明，不依赖牺牲建设用地，可以实现经济合适速度高质量发展，因此，按照安徽省"十四五"规划中实现新发展理念下的高质量发展的指导思想和政策导向，切实转变经济发展方式，在确保提升质量和效益的基础上，提高适当经济增速预期目标。遏止投资过热、国民经济结构失衡、通货膨胀、供过于求等经济秩序混乱现象，避免地方各级政府为追求增速盲目扩张和重复建设、挤占企业流动资金、技改资金扩大规模，为经济发展方式转变、建设用地集约利用方式转变、提高发展质量与效益创造比较宽松的环境。优化投资结构，以拉动内需为主要指导方向来调整投资结构，改变经济增长过于依赖投资和出口的情况，保持投资合理增长，避免高投入高波动，形成内需、投资及出口共同促进经济持续稳健增长的局面。第 4 章实证结果表明，非国有投资比重显著正向影响建设用地集约利用；同时，依赖要素投入驱动经济增长仍然是经济高质量发展的重要途径，因此，鼓励不同的投资主体参与经济建设投资，将政府及国有企业投资领域进行合理的划分，2019 年安徽非国有投资比重高达 80.3%，但地区生产总值占比为 60%，还有待进一步提高投资数量与效率，进一步规范政府及国有企业投资行为，创造有利于提高广大民间主体投资能动性的体制环境[①]；遏制盲目扩张和重复建设现象蔓延，促进投资与消费良性循环，抑制供给过量，以需求定投资结构与方向，把优化投资结构和增加就业、过分依赖出口及改善民生有机结合起来，增加社会福利，形成最终有效需求。投资结构和调整产业结构形成良性互动，投资支持发展新兴十大战略产业与产业结构优化升级战略重点的服务业。不断减少能源与资源（建设用地）等生产要素的消耗，引导资金、人才、技术等创新资源发挥作用，切实转变经济增长方式，促进三次产业协调发展，实现经济发展速度、质量与效益的统一。

2. 以科技与管理创新驱动转变，节约资源和保护环境

第 8 章经济发展驱动建设用地集约利用交互力实证表明，安徽省的技术进

---

① 安徽十四五规划和 2035 年远景目标纲要。

步解释力显著增强，但是，安徽省建设用地利用效率的提升主要来源于规模效率贡献，技术扩散效率贡献有限，技术创新效率欠缺，建设用地集约利用效率区域发展不平衡。这在一定程度上说明，安徽省建设用地技术创新水平有待大幅度提升，应该继续加大科技投入，促进技术进步；安徽省建设用地在现有的技术水平下未能有效挖掘最大效益，应该优化技术溢出区域的建设用地利用结构、提高技术需求区域的建设用地投入产出水平、共同推动区域之间的建设用地集约利用程度。因此，未来应该充分利用科技与管理创新来驱动经济发展方式转变、产业升级，同时切实注意节约增效和生态环境保护，包括：提高在国民经济体系中处于基础地位传统产业的装备水平，在新技术、新工艺应用，生产流程优化等改造升级过程中，逐步提高产品的技术含量和附加值，使生产经营活动与科技高度结合；推动研发设计、生产流通、企业管理等环节信息化改造，以信息化促工业化，发挥管理创新促进生产，推行先进生产质量管理、人才管理，促进企业管理体制创新；同时，发展十大新兴战略产业与产业结构优化升级战略重点的服务业，要与绿色发展、循环发展、低碳发展有机结合，贯彻新发展理念，建立健全绿色、低碳、循环发展的经济体系目标。

在改造传统产业，发展战略性新兴产业、服务业及基础设施建设过程中，都要强化节约和集约利用建设用地意识，将建设用地向效益高的产业配置；降低建设用地的能源消耗水平和环境污染水平，严禁破坏与损毁建设用地，注重用地与养地相协调，使建设用地能够多次使用、永续利用，保护建设用地利用的生态环境，实现建设用地的经济社会与生态综合效益最优；构建生态型建设用地利用模式，实现建设用地利用由粗放型向集约型转变。

9.2.2 加快产业结构调整升级，引导产业集聚

1. 加快产业结构调整升级，优化建设用地利用结构

产业结构调整升级包括三个方面：一是三产占比，2019年安徽省第三产业增加值占比为50.80%，全国第三产业占比53.9%，这一数值相对于大多数发达国家的60%～80%而言，还是较低的。二是产业内部结构不尽合理，在工业方面，既表现为低附加值的产品生产过剩、重复建设、研发投入少，又表现为生产的高耗能、高成本。由于企业技术过分依赖引进，我国企业自主研发能力较弱，创新不强。一些地区产品重复建设问题较严重。例如，作为新兴战略性产业之一的新能源产业，对经济增长有一定的推动作用，而一些地区过于看重其作用，在各地争先建设新能源基地。三是区域间不合理，合肥都市圈地区由于存在地理位置好、资源丰富优势，产业结构相对皖北与皖西较为完善，产业结构区域差异显著。第6章产业结构调整分解效应实证表明，安徽省第二产业贡献率大于第三产业，产业集聚效应贡献大于产业结构效应，防止建设用

地经济产出城市间不平衡进一步扩大，应该加快发展第三产业，加快产业结构调整升级，优化建设用地利用结构。

安徽省"十四五"规划指出，在经济发展降速的环境下，必须发展低碳经济，实现节能减排目标。十大新兴产业是产业结构调整升级的方向，同时现代服务业与高端装备制造的结合发展也是产业结构调整的重要战略方向。产业结构决定地区的碳排放，十大新兴产业引导的产业结构调整升级能实现有效减排。需要加快产业结构调整升级的产业包括：一是技术条件相对比较成熟，产业已经具备一定的基础，能在近短期就发挥作用的，如物联网产业、下一代互联网产业；二是技术进步较快，在近短期有发展潜力的，如新能源产业、新材料产业、节能环保产业；三是在中长期更有战略意义的，如生物产业、新能源汽车产业。

通过建设用地利用结构与布局的优化，使建设用地的功能结构符合新兴产业代表着加快产业结构调整升级方向，并为新兴产业提供用地空间，促进单位建设用地低碳排放，实现节能减排的经济发展目标。此外，还要严格用途管制，加强用地节地的考核，落实安徽省"十四五"规划确定的目标：单位地区生产总值建设用地下降 30%；积极鼓励建设用地的立体利用，开发利用建设用地的地上、地下空间，提高建设用地地下空间的利用率。

2. 着力发展主导产业，引导产业集聚

区域按照主体功能定位、比较优势，结合能源、资源、市场及环境等因素，着力发展主导产业，完善产业链。立足于省情，对现有的支柱产业（即制造业）进行振兴和改造，提高其自身研究与开发能力。集中力量培育新一代信息技术产业等新兴低碳产业；以信息化带动工业化，加快发展高新技术产业，提高高新技术对传统产业的渗透程度；结合发展现代服务业与高端装备制造，促使产业竞争力得到增强。对不符合发展低碳经济、实现节能减排的经济发展目标要求的现有企业，要求其加快改进节能减排生产工艺，或促使其退出市场。同时也要充分利用经济减速的宽松环境，将淘汰落后过剩产能与结构调整优化相结合，引导生产要素与相关产业集聚，形成规模效应、组团效应，提高产业集中度，打造一批具有雄厚竞争力的先进制造业基地。以产业链条为纽带，以产业园区为载体，通过产业链整体转移、高端技术合作，结合发展现代服务业与高端装备制造业，发展新的现代产业集群，如以合肥市、芜湖市、滁州市、马鞍山市等地为依托，进一步提升安徽省在智能家电领域的基础制造能力和智能化水平，增强智能家电产业集群的全球影响力，培育世界级集群[①]

---

① 安徽十四五规划和 2035 年远景目标纲要。

9.2.3 实行科技自主创新与引进相结合策略，推进建设用地利用科技进步

1. 实行科技自主创新与引进相结合策略

理论与实践证明，技术进步才是经济持续发展的最具创新的持久动力，技术作为生产力的要素渗透于生产过程之中，能有效实现经济发展方式由粗放型向集约型转变，同时，更多的技术投入和技术创新也能有效实现建设用地利用方式由粗放型向集约型转变。加大技术投入和技术创新力度是提高建设用地利用集约度的重要途径。通过相应的建设用地利用科技手段和措施的应用，可以提高建设用地的利用效益，缓解用地矛盾。2019 年安徽省研发经费投入占地区生产总值比例提高到 2.03%，但与发达国家仍有较大差距。例如，2018 年美国研发经费投入占 GDP 的比例为 2.8%；韩国的占比为 4.5%；日本的占比为 3.2%。第 4 章技术进步对建设用地影响的实证表明，安徽省的研发经费投入影响不足，外贸依存度贡献波动较大，同时，第 7 章实证也表明，安徽省建设用地利用效率的提升主要来源于规模效率贡献，技术扩散效率贡献有限，技术创新效率欠缺，安徽省建设用地技术创新水平有待大幅度提升。

实行科技自主创新与引进相结合策略，坚持科技自主创新，建设创新体系，科技进步围绕促进产业结构调整、民生改善探求新突破，重点在十大新兴产业发展重大需求领域取得核心技术进步能力。加大研发经费投入，建立有效的多元投资主体的投入机制和分配体系，提高安徽省潜在的创新能力。努力提高经济技术水平，显著地促进外商直接投资和国际贸易产生的技术溢出效应，不断缩小与上海市、江苏省、浙江省的技术差距。同时，建立适当的科技人才激励机制，提升人力资本水平；完善以企业为主的技术创新体系，政府通过企业科技研发的经费、补贴、政府采购等方面直接支持企业的研发活动；完善法律法规，以保护企业研发成果的产权。

技术引进在一定程度上可以推进技术进步，因此安徽省应创造宽松的贸易政策环境，通过放宽开放度，引进与我国及安徽省现有的技术条件、市场容量相适应适宜技术，并充分地吸收外国技术，完成由模仿向创新的转型。

2. 推进建设用地利用科技进步

坚持科技创新，提高建设用地利用领域创新能力。树立建设用地高效利用的观念，强化建设用地高效利用的政策导向，建设用地上承载的一切生产活动要与科技高度结合，提高生产经营的科技含量，传导作用于建设用地节约集约利用，实现建设用地利用低消耗、低排放、高效益。坚决遏制浪费建设用地、破坏建设用地的现象。

建设用地利用的技术创新包括两个方面：一是通过对被占用或破坏的土地复垦，推动土地的二次利用技术创新；二是通过"旧城镇、旧厂区、旧村庄改

造""城中村改造""建设用地退二优二、退二进三"等进行技术创新。通过建设用地的再开发可以保障战略性新兴产业和低碳经济产业用地的供给，同时有效增加商业、娱乐、住宅用地的供给。围绕我国建设用地再开发，可以进行建设用地的调查与评价技术、建设用地集约与节约用地评价技术体系、建设用地调控与监管技术、建设用地再开发数字化监管技术等技术研究和创新。这些技术研究和创新对于推动建设用地的集约利用有重大影响。

9.2.4　差别化建设用地集约利用管理，促进经济高质量发展与建设用地集约利用良好协调发展

1. 实施建设用地利用功能分区模式，推进经济高质量发展与建设用地集约利用良好协调发展

第8章实证表明，合肥都市圈建设用地集约利用滞后，皖北城市经济发展滞后，并且，两区域协调发展空间极化效应显著，因此，安徽省应差别化建设用地集约利用管理，促进经济高质量发展与建设用地集约利用良好协调发展。第6章城市间建设用地经济产出基尼系数实证结果表明，安徽城市间建设用地经济产出不平衡性还处在合理水平，可以继续壮大经济发展增长极，发挥其空间溢出效应。因此，按照以下三个原则实施建设用地利用功能分区模式：其一，坚持适宜开发、集约开发、协调开发、保护自然的理念，统筹谋划全省人口分布、经济布局、国土开发利用，引导经济、人口向适宜开发的区域集聚，保护农业和生态发展空间，构建城镇化、农业发展、生态安全三大战略格局。其二，结合经济发展与建设用地集约利用协调情况，差别化建设用地集约利用管理，促进经济高质量发展与建设用地集约利用良好协调发展。其三，重点高质量发展"一带一圈一群"（即皖江城市带、合肥都市圈和皖北城市群），形成重要的增长极，再发挥增长极的空间溢出效应，带动全省其他地区高质量协调发展。

具体来讲，第一，对资源环境承载能力较强、人口集聚和经济条件较好的城市化地区进行重点开发，推进工业化、城镇化，提高经济和人口集聚能力，使这些地区成为支撑经济发展的重要增长极。城镇化战略格局："一带一圈一群"。重点发展合肥市、芜湖市、安庆市、蚌埠市、阜阳市等区域中心城市，支持皖江10市示范园区建设，推进现有开发园区扩区升级，筹建一批省级开发区，鼓励园区合作共建，加快培育10个千亿元核心园区、50个百亿元特色园区；其他地区围绕现有城市进行据点式开发。第二，在皖江城市带、合肥都市圈深化土地管理制度改革，其中包括推进城乡建设用地增减挂钩、启动农村宅基地产权制度改革、完善征地补偿机制、推进集体经营性建设用地等内容；差别化建设用地集约利用管理政策还体现在对不同规模城市的制度约束上，作

为城镇化着力发展的中小城市和小城镇，未来将在用地方面上享受政策倾斜；构建建设用地政策倾斜产业转移平台，高水平建设江北、江南产业集中区，使其成为承接产业转移的示范"窗口"。创造优美建设用地生态环境，严格执行产业准入标准，推进资源集约节约利用，支持循环经济试点和低碳园区试点工作，实施长江防护林、巢湖流域水环境综合治理等生态建设重点工程，努力建成资源节约型、环境友好型社会的先行建设用地利用区。第三，对保障农产品供给安全的农产品主产区（如皖北等平原区），应遏制建设用外延式扩张，充分挖掘建设用地集约利用的内涵潜力。第四，对影响全局生态安全的重点生态功能区，应加大环境保护和修复力度，构建以大别山区、皖南山区和江淮丘陵区森林生态安全屏障，水系林网、农田林网和骨干道路林网生态安全网络为主体，以重点生态功能区为重要支撑，由点状分布的各类自然保护区、自然文化遗产地、森林公园、地质公园、风景名胜区、蓄滞（行）洪区等为组成部分的生态安全战略格局。建设用地利用方式是点状开发、面上保护，因地制宜发展资源环境可承载的特色产业，对各级各类自然文化资源保护区和其他需要特别保护的区域，依法实施强制性保护，严禁不符合主体功能定位的建设用地开发活动。

2. 建立建设用地集约利用共同责任制

在政府管制上，要构建集约利用建设用地管理新机制，首先要制定促进建设用地集约利用的政策。一是科学制定产业政策，促进产业结构调整和升级；二是统筹不同地区发展的区域政策；三是制定促进建设用地集约利用的财政金融政策；四是制定科技政策，奠定建设用地集约利用的技术基础。其次，建立健全政府用地行为制约机制和科学的绩效考核机制。一是建立针对地方政府用地程序的制约机制，规范地方政府修改国土空间规划；对补充的耕地进行质量鉴定；完善建设项目用地过程中全程跟踪管理等，然后进行相应的责任目标考核。二是建立明确的集约用地绩效考核机制，明确耕地数量与质量等级的目标要求，明确不同行业单位建设用地消耗、建设用地产生率及排放定量指标，以数字定绩效，从而准确考核各级地方政府建设用地集约利用绩效。最后，建立集约利用建设用地的公众参与制度，加快形成公众、各行各业、规划建设部门、自然资源部门等为重要参与方的协调管理机制，共同构建建设用地集约利用管理平台。

9.3 研究不足与展望

（1）受数据收集手段的限制，部分指标（如农村建设用地绿化率等）没有纳入评价模型，这对建设用地利用的持续性度量有一定的影响，这有待于进一步具体到县市研究区域，通过遥感影像解译与实地踏勘等手段收集相关指标数据，完善经济发展、建设用地集约利用的评价模型，优化评价结果。

（2）第 6 章分解产业结构调整优化的产业结构与集聚效应时，仅从安徽省的城市间建设用地第二、第三产出不平衡视角分解，但安徽省各县区之间差异较大，这有待于进一步以各县区为单元，深入研究产业结构与集聚效应，启发不同县区的产业结构调整方向。

（3）第 7 章建设用地第二、第三产出的技术进步效应的计算仅使用一种方法，这有待于进一步采用多种方法测算并比较技术进步效应，提高测算结果的科学性与准确性。

（4）受限于选取的相关模型适用条件，第 4 章、第 6 章、第 7 章仅以地均第二、三产业增加值单指标代表建设用地利用集约利用度；第 5 章与第 8 章的交互驱动力探测仅以建设用地扩张单指标代表建设用地利用集约利用度，建设用地集约利用的内涵包括投入水平、利用程度、利用效益与可持续性等，这有待于进一步探究合适的方法与模型全面考察经济发展三个维度分别对建设用地集约利用度影响程度。

（5）本书构建的经济发展对建设用地集约利用影响分析框架还需要进一步深化。经济发展过程较为复杂，影响因素众多，不仅仅包含经济增长、产业结构与技术进步三个维度，因此，有待于进一步完善理论分析框架；同时，实证仅在安徽省范围内来验证，实证研究范围也有待于进一步拓展和补充。